中国侗族

生态文化研究

陈幸良　邓敏文 ◎ 著

侗族主要分布在湘、黔、桂三省毗邻地区，具有相对独特的社会历史背景，相对独立的地理环境，富有特色的人文习俗。侗族聚集区是中国南北文化和东西文化的交汇处和结合部，传统文化发达，人文荟萃。

中国林业出版社

序

　　近代工业革命以来，科学技术日新月异，社会生产力高度发达，然而令人忧虑的全球性生态危机也十分严重，气候异常、灾害频繁、资源枯竭、能源短缺、环境污染、森林消减、土壤退化等问题有增无减，而且相互交织，严重威胁着人类的生存与可持续的发展。

　　在生态危机已成为全球性重大问题的背景下，人类不得不开始重新审视自己的社会经济行为，深刻反思传统的发展观、价值观、环境观和资源观，力图以新的发展思维走出生态危机的困境，消除人类与自然难以和谐的状况，寻找新型的人与自然关系。许多科学家认为，在统治、征服自然的观念制约和影响下，人们追求的主要是使自然界来合乎人的需要，却较少考虑如何使人的需要和特性等适应自然的法则和规律；人们注重强调人征服和战胜自然力量的增长，而忽视人和自然之间物质交换的调节与改善。归根到底，人类需要从文化的深层次上解决人与自然的关系问题，建立新型的人类文明和可持续发展关系。由此，以协调人与自然关系为核心，提倡保护生态环境、追求人与自然和谐相处的新兴文化——生态文化应运而生。

中国是一个历史悠久的文明古国，在长期的生产实践中，我们的祖先创造了光辉灿烂的文化，其中包含了许多对宇宙和天人关系所作的富有创造性的思考，有着极其丰富的生态文化思想。很多思想和理念与今天的环境学、生态学、资源学等学科理论一脉相承，这是我们从传统文化吸取营养，走文明发展新道路的独特优势。传统文化的孕育发展，融合了各民族的共同贡献，侗族就是其中的一个典型代表。侗民族历史悠久，历史上具有相对封闭的地理环境，时至今日，仍然存留了一些古代先民独特的原生态文化遗产，它们反映着侗民族人与自然和谐相处的价值观念、道德意识、风俗习惯、行为方式、管理制度等，具有珍贵的价值和启发借鉴意义。

中国林业科学研究院陈幸良研究员等专家，带着挖掘中华民族传统文化中的生态文明精髓的目的，历时3年多，深入开展了侗族生态文化的研究。他们循着人与自然关系的历史演变，深入到侗族村寨、森林田野，考察发掘了侗民族特色的原始信仰、道德意识、价值观念、生产方式、历史传统、民间规约、风俗习惯等文化现象，查考了大量资料，调查了众多历史遗迹和民族村落，发掘和提炼了侗族生态文化的内涵，揭示了传统文化的价值。他们的研究至少在三个方面给我们以启示。一是侗族生态文化与生态环境保护的统一。时至今日，侗族地区山清水秀，生态环境良好，是难得的"世外桃源"，究其原因，一方面是其独特的自然地理条件使然，另一方面与该地区遗留很多原生态的、传统的生态文化有关系。二是侗族前秦时期遗留的耕作文化习俗与生态文明的融合。侗族保留了古代先民，特别是前秦时期的耕作和生活习俗，很多蕴藏着丰富的生态文化内涵，成为孑遗的文化遗产，应深入挖掘，有的需要加强保护。三是侗族传统生产生活方式的科学价值。侗族很多历史传袭的传统生产生活方式，例如"高山梯田固土保水耕作制度"、"稻鱼鸭共养方式"、"村寨依山傍水环境选择"等，具有类似于生态系统理论、环境学理论、循环经济理论的原理，有着重要的科学价值。这些观点开阔了我们的视野，展现了生态元素在传统文化中的原貌，感受到了民族传统文化蕴涵的力量。

当前，我国正处在工业化、城镇化、信息化推

进时期，建设资源节约和环境友好型社会，树立人与自然同存共荣的文明观，实现人口、资源、环境的可持续发展，任务十分艰巨。这部《中国侗族生态文化研究》就是研究人与自然和谐相处的理念和生产生活方式，繁荣生态文化的有益实践。我们希望，有关方面重视这项研究成果，加强侗族生态文化遗产的保护，继续深化研究成果，吸收传统文化的力量，为生态文明建设提供动力支持。

是为序。

中国工程院农学部主任
中国工程院院士

2013年8月8日

目 录

可爱的侗乡

【第一章】
侗族生态文化概论

生态文化是人类在认识自然、适应自然、利用自然和改造自然的历史进程中所形成的一种文化，是基于生态保护和建设的道德意识、价值观念、管理制度、风俗习惯和行为方式等的总称。侗族生态文化是侗族人民长期与自然相处，在历史进程中形成的具有本民族特色的人与自然关系的文化。本章将探讨侗族生态文化产生、发展、演变的历史过程及当前面临的问题。

第一节　文化与生态文化的内涵

文化是人类智慧的结晶，是人的意识形态、能力意志和认知水平的集中体现。文化作为人类特有的社会现象，其发生、发展总是人与人，人与自然的关系和社会文明进程紧密联系在一起。中国最早的文字是甲骨文，是人用匕首在龟甲或野兽的骨头上刻画的一种符号，所以中国人最早对"文化"的理解是"人＋匕首"，是指"文字"。直至今日，许多中国人还把"文化"局限于"文字"领域。把某某人有没有"文化"理解为认不认识字，这是早期中国人对"文化"的一种理解，是一种狭义的文化概念。

从"人＋匕首"这个概念出发，"文化"的概念逐步扩展，最后形成了一种广义的"文化"概念，即文化的实质是"人化"，是人对客观世界的认识和改造，是人的言行及其所产生的结果。人类为了生存和繁衍，必须用自己的行动向自然索取衣、食、住、行等最基本的生活资料，这种行动及其所产生的结果，就是我们所说的物质文化。人类为了生存和繁衍，必须进行广泛的"社会交流"，必须用思想、言语、文字、音乐、图像等非物质的东西来促成这种"社会交流"的广泛实现，这种非物质的行为及其所产生的结果，就是我们所说的精神文化。将物质文化和精神文化加在一起，就是我们所说的人类文化。文化的发展史说明，一方面，人用文化来适应自然环境和社会环境，不断改善自己在自然界中的位置和状态，并通过认识自然、探索自然和改造自然，创造和发展了多种形式的文化；另一方面，文化也在以特殊的思想传承、道德约束与价值认同方式，不断地影响和调整着人的思维模式、行为模式，并直接渗透到生产生活的各个领域。从这一点出发，我们可以说，人是文化的主体，文化是人的载体，人类创造了文化，同样文化也创造了人类。

一般说来，人类文化大体可划分为两大类：一类是涉及人与人之间相互关系（社会关系）的人文文化，它反映的是人与人在生产过程中结成的相互关系，主要追求的目标或者解决的问题是以人类社会为研究对象，认识和把握社会发展规律和人类自身发展规律。一类是涉及人与自然之间相互关系的科学文化，它反映的是人与自然在历史过程中结成的复杂关系，主要追求的目标或者解决的问题是探知自然奥秘，认识和把握自然规律。

生态文化是随着人类对自然的认识逐步深化而产生的。它是人类在向大自然索取衣、食、住、行等最基本的生活资料过程中所形成的一种物质文化和精神文化的综合体；是人类在生产、生活过程中逐步学会与大自然和谐相处的一种文化；是人类从古至今探索、认识和改造自然过程中逐步形成的一种文化。一个人从出生到死亡，要与自然界的万事万物发生这样或那样的种种关系。人类在生产、生活实践活动中逐步认识到处理好人与自然的关系才能长期和谐地生存和发展。可以说，生态文化是人与自然和谐相处、协同发展的文化，也可以把生态文化理解为研究人与自然相互关系的文化。广义的生态文化是指人类历史实践过程中所创造的与自然相关的物质财富和精神财富的总和；狭义的生态文化是指人与自然和谐发展、共存共荣的意识形态、价值取向、制度适应和行为方式。生态文化的重要特点是用生态学的基本观点去观察现实事物，解释现实世界，处理现实问题，从而使人们在现实的生产、生活中逐步增加爱护自然、保护自然的自觉意识和自觉行动。

文明是人类文化发展的成果，它代表一个国家或民族的经济、社会和文化的发展水平与整体面貌，是人类社会进步的标志。从人类文明发展的历史来看，多数学者认为，人类已经走过了原始文明、农业文明、工业文明的历程，正在向生态文明迈进。与此相对应，人类生态文化的演进和发展，大体也可分成采摘文化、渔猎文化、游牧文化、农耕文化、工业文化等类型。

采摘文化是一种最原始的生态文化模式。这种生态文化模式完全依靠自然的恩惠，人类只能是"坐享其成"并受大自然的任意摆布。果子熟了，人们上山去采摘；肚子饿了，人们就用野果来充饥。这种生态文化模式虽然很少对自然造成破坏，最多只能在采摘野果的过程中折断几根树枝，践踏几株野草。但是，那时候的人类与自然的关系也并不像我们所想象的那样自由与和谐，风、雨、雷、电、酷暑、寒冬、虫、蛇、猛兽也会随时向他们发起攻击。

单靠野果充饥是难以长久维持人类生存和繁衍的，人类在同其他动物的生存竞争中，逐步意识到虫、鱼、鸟、兽也可以作为维持人类生命的食物，于是人们开始将索取食物的目光从植物界投向了动物界。一场人与动物争斗、旷日持久的血战开始了，这场食物链所形成的种种文化，就是我们所说的渔猎文化。渔猎文化是人类征服自然能力提升的标志，也是人类按照物竞天择、适者生存的原则走上统治地位的序幕。

人类毕竟是大自然的精灵，为满足生存繁衍的需要，逐步推进了采摘文化和渔猎文化向农耕文化和畜牧文化的诞生演变。我国是历史悠久的农耕文化的发祥地，考古学发现了大量的古代先民早期农牧业文明的遗址。2005年，在浙江省宁波市余姚县境内，首次发现了距今约7000年的河姆渡文化早期原始

村落——傅家山遗址。据文物学家考证，傅家山先民定居以后，种植水稻是他们最主要的食物。这反映了早在 7000 年前，生活在我国东南沿海一带的先民们，经过长期的摸索、观察、实践已经脱离了"刀耕火种"的落后状态，发展到使用成套农业生产工具，普遍种植水稻的阶段。农业已成为当时主要的生产活动。研究表明，距驯化野生稻的初期阶段应有一二千年之久，证明了长江下游是世界上最早栽培水稻的地区之一。农耕文化和畜牧文化的诞生，表明人类开始从原始地被动利用自然，走上了科学地主动改造自然的漫长征程。人类的认知能力、科学技术水平得到大大的跃升，对自然的改造和影响日趋扩大，荒山变成了良田，野生植物变成了栽培植物，野生动物变成了家禽家畜，食物和能源规模大幅扩大，人类大规模繁衍、逐步统治世界的愿望变成了现实。

蒸汽机的出现，吹响了 18 世纪工业革命的号角。从这以后，人类社会日新月异，人类主宰自然的能力日益增强。从工业社会到信息社会，人类社会知识智慧和能力不断增加，世界科学技术发展突飞猛进，自然在人类的大规模改造下正在发生前所未有的巨变。迄今为止，人类的作用已经突破了地球巨系统的局限，向外太空系统进发。然而，当人类在高唱征服自然的胜利凯歌时，却逐渐发现自己正陷入某种前所未有的生存困境中——大气污染、水土流失、土地沙漠化扩大、森林资源减少、生物多样性破坏……，当陶醉于现代工业文明的物质成就中的人们蓦然回首时，发现自然界已是遍体鳞伤、千疮百孔了。可以说，正是人类生产力的巨幅提升，过高地估计了人类强大的征服能力，也大量滥用对自然的支配和开发能力，科学技术发挥了"双刃剑"的作用，导致对自然规律把握的失误和失控，导致全球性问题不断产生，生态破坏、环境污染、生物多样性锐减严重地威胁了人类赖以生存的环境。

第二节　生态文化的兴起

从原始文明、农业文明到工业文明，人类走过了漫长的道路。在这个发展过程中，人类在不断地认识自然，也在不断地认识自己，人们开始对工业文明之后的发展道路重新进行思考。

日趋严重的全球性生态危机的加剧，给人类敲响了警钟。气候异常、灾害频繁、水土流失、荒漠化扩展、物种消失、污染严重等生态问题促使人类猛醒。进入 20 世纪后半期，占全球人口 85% 的发展中国家也陆续进入工业化阶段。如何解决日益紧迫的人口、资源、环境与工业化加快、经济快速增长的矛盾，更是日趋激烈的挑战。人类开始以科学理性的态度认真思考和重新审视人与自然的关系，对传统经济理论和传统经济增长方式进行深刻的反思。1972年6月，联合国在斯德哥尔摩召开了有史以来第一次"人类与环境会议"，讨论并通过了著名的《人类环境宣言》，从而揭开了全人类共同保护生态环境的序幕。

20世纪80年代末，生态文明意识逐渐在世界各国产生。可持续发展战略的提出，是人类文明史上的一次飞跃，它体现了人类正在更高层面上追求和创造文明。1983年11月，联合国成立了世界环境与发展委员会，1987年该委员会在其长篇报告《我们共同的未来》中，正式提出了可持续发展的模式。正是在这个意义上我们说可持续发展体现了一种新的文明观。20世纪90年代，联合国环境与发展大会通过的《21世纪议程》和《里约宣言》的发表，真正拉开了生态文明时代的序幕，更是高度凝结了当代人对可持续发展理论的认识。走出困境的唯一出路就是尽快结束工业冲突阶段，与自然实现新的更高层次的和谐，以使人类与自然的关系实现由原始文明的自然合一、农业文明的古朴和谐到工业文明的激烈冲突再到生态文明的自觉和谐的飞跃。

严酷的现实告诉我们，人与自然都是生态系统中不可或缺的重要组成部分。人与自然不存在统治与被统治、征服与被征服的关系，而是相互依存、和谐共处、共同促进的关系。在一定的历史阶段中，人类的认识是有限的，人类的力量也是有限的，人类并不可能在任何时候、任何地点、任何情况下都能利用或支配其他生物或非生物来为自己服务。尤其是在强大的自然力面前，如干旱、暴雨、冰灾、地震、火山、泥石流等自然灾害，人类的力量还显得十分渺小。即便是在某些不起眼的微生物面前，如非典病毒、艾滋病病毒、癌症病毒、白血病病毒、口蹄疫病毒、疯牛病病毒等等，人类也还找不到更好的办法来对付它们。人类尚未认识的领域还十分广阔，人类的力量同整个自然力相比实在是微不足道的。所以，人类在大自然面前还不能为所欲为。

实现可持续发展，是当今世界各国共同面临的重大和紧迫的任务。人类共处一个地球，各国经济发展必须有利于其资源的永续利用，有利于地球生物圈的良性循环，绝不能以浪费资源和破坏生态环境为代价。多年来，国际社会和各国政府为实施《里约宣言》和《21世纪议程》做出了不懈努力，在推进经济与人口、资源、环境协调发展方面迈出重要步伐。同时也应看到，全球环境恶化的趋势还没有根本扭转。人口剧增、粮食紧张、贫困饥饿、资源浪费等老问题远未得到解决，全球变化、气候异常、淡水不足等新威胁又不断出现。随着经济全球化趋势的发展，南北差距、数字鸿沟还在不断扩大。显然，国际社会面临的生态压力和挑战不是

少了，而是多了。实现可持续发展，需要世界各国的共同努力和广泛的合作。

世界著名生态和社会学家唐纳德·沃斯特指出："我们今天所面临的全球性生态危机，起因不在于生态系统本身，而在于我们的文化系统。要度过这一危机，必须尽可能清楚地理解我们的文化对自然的影响。"这说明，只有从更深的思想文化层面解决问题，才能为生态文明建设和可持续发展奠定坚实的思想基础。

为了使人类及其所创造的文明能够得以延续，人类需要选择一个与自然协调发展的新文明模式，即生态文明，由此，与生态文明相对应的生态文化应运而生。当前，党和国家已经将生态文明提高到与物质文明、政治文明、精神文明相同的高度，作为全面建设小康社会的奋斗目标。近年来，理论界和学术界对全球化问题的关注，特别是对生态文明和生态文化的探讨表明，生态文明时代的到来作为一种共识已经确立和形成，牢固树立起可持续发展的生态文明观，大力弘扬天人和谐的生态文化，已成为时代发展的大趋势。

第三节　侗族生态文化的形成

中国是一个历史悠久的文明古国，有着 4000 多年文字可考的历史。在长期的生产实践中，我们的祖先创造了光辉灿烂的文化，其中包含了许多对宇宙和天人关系所作的富有创造性的思考，有着极其丰富的类似于今天的环境学、生态学以及资源利用的思想，这是中华民族传统文化对世界文明的伟大贡献。

侗族作为中华民族大家庭中的一员，与各民族共同创造了光辉灿烂的中华文化。侗族独特的社会历史发展背景和所处的地理环境，使得侗族文化既有中华文化的共性特点，又保留了独特的个性色彩，蕴藏在其中的生态内涵十分丰富、博大精深，具有极大的研究价值和当代的启发借鉴意义。

之所以说侗族生态文化历史积淀深厚，博大精深，具有极大的研究价值，主要从以下几个方面考察：

一、山清水秀的自然环境，是侗民族与自然和谐相处的体现

侗族聚居区的存在已有 2000 多年文字可考的历史。今日侗族聚居区同样经历了社会文明的各个阶段，生态环境虽经一定程度的破坏，但仍然是全国生态最好的区域。走入湖南西南、广西西北、贵州东和贵州东南一带的侗族聚集区，这里山清水秀，天蓝地阔，空气清新，民族风情浓郁，是大自然馈赠人类

阴沉木（约1245年）

的天然森林公园。因此，这里被称为"绿色明珠""森林的故乡""人类疲惫心灵的最后家园"。在其他地区生态遭受大规模破坏，甚至山光水枯、黑烟四起的背景下，能保留下来这片难得的"世外桃源"，实属不易。究其原因，一方面是其独特的地理位置。因为这里是长江、珠江的上游，也是两江流域的分水岭，处于云贵高原和湖广山地的结合部位，这里群山连绵，坡岭相峙，地形复杂，既有高山峻岭，也有河谷盆地，气候温和，雨量充沛，有利于动植物的生长，形成了丰富的动植物群落和多样性生态系统。另一方面是民族社会文化发育独特，这里是中原和长江流域先民迁徙的区域，远离统治中心，相对闭塞，人与自然关系保留了原生态状态，形成了和谐的"绿色王国"。可以说，难得的地理条件和独特的民族生态文化为生态研究工作提供了深厚的背景。

二、悠久独特的发展历史文化，是侗民族特有的生存观和价值观的体现

据考证，侗族是古代越人的后裔。其先民从古越国迁徙至此，在历史上没有建立过自己的独立政权，各支系之间没有发生过相互争战，与周边苗、瑶、壮、汉、水等兄弟民族也能和睦相处。所以，这一地区很少受到战争烽火的摧残，流动人口并不很多，商品经济也不发达。直至20世纪末，这一地区基本上还保持着自给自足的自然经济，原生态农林经济始终居于社会经济的主导地位。这种相对封闭的发展历史，使得侗族保留了古代先民，特别是前秦时期的耕作和生活习俗，使之成为孑遗的文化遗产。我们到东亚、东南亚一些国家考察，常常发现侗族的某些生产生活习俗与该国民族有某些相似之处。例如，研究日本的农耕业发现，日本也是稻作历史悠久的国家，他们基本没有旱作农业。因为日本是多山国家，旱作农业不仅不利于农林复合生产，还会产生水土流失、

生态破坏，这与侗族地区传统的农业十分类似。因此，研究这些极其珍贵的生产生活制度，对丰富中华文化的内涵和发掘其多方面的功能具有重要的意义。

三、同宗共祖的原生观念，是侗民族原生态意识和朴素的生态伦理观的体现

同宗共祖的原生观念是侗族生态文化的重要组成部分，也是早期侗族人民对客观世界的认识和态度的集中体现。侗族同宗共祖的原生观念主要反映在侗族远古神话传说之中。侗族祖先认为：人类最早来源于自然，来源于"龟婆孵蛋"。而且，人类与蛇、龙、虎、猫、雷、狗、猪、鸭、鹅、熊等生物或非生物同宗共祖。他们都是松桑、松恩的子孙。侗族的这些神话观念似乎在启发我们：人类只是生物或非生物系统中的一个成员。人类必须与自己身边的其他成员相互尊重，和谐共处，否则就会带来灾难，两败俱伤。同宗共祖的原生观念为万物有灵的原始信仰和天人和谐的生态观念奠定了认识基础。显然，这种观念与我们今天要建设的生态伦理道德如出一辙。

四、万物有灵的原始信仰，是侗民族原生态哲学和生命平等思想的体现

近些年来新兴的学科——生态哲学、生态伦理学正在发展，其主要观点就是生命有价，人类要尊崇生命，敬畏自然，不可滥用对自然的支配能力。侗族人是万物有灵的崇尚者。他们认为，树木也和人一样是有知有觉、有情有感的，而且认为树木和人的灵魂是相互依存、患难与共的。所以人们要珍惜森林、爱护树木，甚至要祭拜某些古老的树木，以求得树木灵魂的护佑。这就是侗族神树崇拜的认识根源。侗族的神树崇拜，客观上起到了保护古树、保护树种、保护森林、保护自然生态的作用。侗族的神树崇拜，从古至今对侗族地区的自然生态和环境保护都产生着积极的影响。侗族人还认为，人和山、水、树木、石头等等都有两种属性：一种是看得见摸得着的躯体，侗语称之为"xenl xangh"；一种是看不见摸不着的灵魂，侗语称之为"guaenl"。因为躯体是看得见摸得着的有形部分，所以侗语称之为"mangv yangc"（阳界）；因为灵魂是看不见摸不着的无形部分，所以侗语称之为"mangv yiml"（阴界）。阴界和阳界相互依存，因而组成了整个世界。这样支持他们尊重自然、维护自然的信仰并一直坚持，可见其珍贵的价值。

五、依山傍水的人居环境，是侗民族崇尚自然和自由生活的体现

追求与自然融合，回归自然，"万类霜天竞自由"，自古以来就是人类幸福的终极理想。今天的侗族人居环境，虽然受到了不少现代化、新潮流的影响，但总体上依然保留了比较传统的原状。村寨依山傍水，村前是清澈的小河或稻田，寨

后是翠绿的古树或竹林。寨内，鼓楼高耸，木楼相依，鳞次栉比；寨脚，花桥跨河，绿树婀娜。这种人居环境，不仅说明侗族人民对生态保护的历史传承，也是侗民族生存发展观念的写照。侗族人靠山养山，傍水惜水，居住的都是木楼，没有树木他们就居定所，所以他们必须爱护森林，保护树木，植树造林。寨前的稻田，是他们的食物之源，没有食物，他们就无法继续生存，所以他们必须保护溪流，保护水源。山山水水，为他们提供着源源不断的生产和生活资料。

六、固土保水的耕作制度，是侗民族创造性生态型生产方式的体现

土是万物的根基，水是生命的源泉。侗民族在长期的生产实践中，创造性地开发出了具有重大历史、生态意义和科学价值的固土保水耕作制度，在今天的农林牧业综合发展看来，仍具有很大的借鉴意义。据考证，侗族人的先民——古代越人是以糯米为主食。侗人种植糯稻已经有相当久远的历史。侗乡的糯稻田依山而建，山有多高，田有多高；田有多高，水有多高。天下雨了，无数的糯稻田就把雨水积蓄起来；天干旱了，糯稻田里的水自然蒸发，变成云雨，调节气候。这种独具特色的"天然水循环系统"既避免了温室效应，也有利于水土保持，侗族地区的青山绿水，就是这样形成和保持下来的。因传统糯稻植株较高，一般在 1.5 米以上，有的高达 1.8 米甚至 2 米，所以不怕水淹，便于积蓄深水进行稻田养鱼。糯稻的生长期也较长，一般都在 160 ～ 180 天左右。传统糯稻不用晒田，一年四季可以蓄水，侗语称"yav mas"（软田），汉语称"过冬田"或"滥冬田"。这些糯稻田实际就是一些大大小小的水库。今天侗族地区生态环境良好，水旱灾害相对较少，与这种耕作制度有很大的关系。传统的糯稻生产，主要是施用有机肥，如猪牛粪、秧青等等。秧青实际就是嫩绿的树叶或青草，侗语称"bav meix"（树叶）。每年谷雨前后，山上的树叶、青草都长起来了，侗家人都要上山打秧青，侗语称"aol mav meix"（采树叶）。然后将这些树叶或青草撒进田里，踩进泥里。等树叶或青草腐烂变成肥料，就可以"朗田"（侗语称"weenp yav"）插秧了。秧苗转青之后，一旦发现稻田里有病虫害，人们就用茶油枯或叶烟秆进行治理，不施无机农药。这样的耕作制度为生态文化提供着珍贵的研究资料和宝贵的实践经验。

七、植树爱林的人文传统，是侗民族崇尚森林和反哺森林的体现

森林是人类的母亲，她为人类提供源源不断的衣食住行所需的食物原料和绿色财富。森林滥觞了人类文明，人类更要反哺森林。侗族人自古爱林、护林、养林、育林，同时也是经营森林、从森林获取食物能源和衣食住行原料的行家里手。侗族的家居、用品等一切物品都取之于森林，他们世居木楼，鼓楼、花桥、戏台、凉亭

以及生产、生活用具基本上都是用木头或竹子制造，所以他们对树木拥有非常特殊的感情，并形成植树护林的优良传统。据有关专家考证，侗族聚居区——今湖南省城步苗族自治县长安营乡大寨村已经发现距今1500多年的东晋时代人工栽培杉树的遗迹。侗族古歌中也说："燕子绕山寻杉种，飞过千个坳来万重坡"。"得了杉种回侗乡，拿到山冲去种植。栽在岩石旁，根茎像水桶，树干像庞桶，树枝像大腿……"明清时期，贵州省锦屏、天柱、黎平等侗族聚居区已经成为全国著名的"杉乡"，江苏、浙江、湖南、广东等地木商蜂拥而至，至今当地民间还保留有数十万份当时的"林木契约"。有些侗族村寨，凡新生婴儿，无论男女，其家长或亲友都要为他们种树，为他们今后修建房屋或制办嫁妆做准备。这些优良传统至今在一些侗族村寨仍有传承。侗族人爱护森林、保护森林和永续利用森林的传统习俗，对改善生态环境、维持生态平衡、保护人类生存发展起到了重要的作用。目前侗族聚居区森林覆盖率达到70%以上，茂密的森林和依托其生存栖息的物种和生物多样性，对调节气候、涵养水源、保持水土、防风固沙、改良土壤、减少污染等发挥着重要的功能。

八、协调节制的人口繁衍，是侗民族人文社会生态独特发育的体现

当今世界人口剧增，成为世界性的难题。然而，在对侗族人口繁衍问题的社会考察中，我们发现，协调节制的人口繁衍意识是侗族生态文化颇具意义的一个亮点。从国内外许多民族的迁徙史诗中我们得知：其迁徙的主要原因是因为战乱或其他政治原因，但侗族的迁徙史诗《Ongs Bux Qak Nyal》(《祖公上河》)《Ongs Bux Dogl Senl》(《祖公落寨》)却看不到战争的烽火或硝烟。侗族祖先为什么要辗转迁徙？原因之一有可能是战争因素，虽然历史记载难以查考，但还有一个重要原因是因生产生活需要而疏散人口。如史诗中说：

Naih yaoc eis angs duh mangc
现在我不讲那样
bens angs dah unv ongs bux jiul naih
单讲从前我们的祖先
Eis dah ah nup map oh
不知是从哪里来啊
Dah ah Ngux Xul jinl Yinc Xul nyal jah map
从那梧州边音州河那里来
Dih wangp jav oh
那个地方啊

meec naemx yah eis meec jinh

有水也没有高地

meec nyenc yah eis meec yav

有人也没有田

Eis meec jinc dih eip wangp

没有土地开荒

eis meex daeml dangc sangx soh

没有田塘养命

Jav hah nyaoh eis wanp、qonp eis saot

那才住不安、穿不暖

Dah xic naih qit

从这个时候起

ongs hah eis xut

公公才不肯留守

bux hah eis nyaoh

父亲才不肯居住

jiul hah uip laengh daengl yic

我们才逃离迁移

qak ah jiuc nyal nah map

沿着这条河往上走

"这条河"就是指珠江及其支流都柳江。由此可知，侗族祖先在很早以前就已经具有了协调发展的人口意识。更值得重视的是，今贵州省从江县有一个古老而中外闻名的侗族村寨——占里。该村自古以来就流传着许多关于自然生态和人文生态协调发展的古歌。如："一棵树上一窝雀，多有一窝就挨饿"、"崽多无田种，娶不到媳妇；女多无银两，嫁不上山姑娘"、"人公生崽女，地不公生崽"等等。在这种古老而科学的人口意识指导下，占里村自古以来就严格自觉执行着一对夫妇只生两个孩子的"计划生育政策"。据有关部门统计，1951年全村总人口为762人，到2006年全村人口总数为791人，2009年全村人口总数为803人。在半个多世纪的时间里，占里村的总人口只增加了40多人，占里因此被人口专家们称为"中国人口文化第一村"。

九、天人和谐的艺术追求，是侗民族寓美于天人和谐最高境界的体现

天人和谐是人类与自然关系的终极追求，对这种追求的美好沉浸和向往，以

独特的民族文化寓意表现，产生了独有的文化现象。2009年9月，联合国教科文组织将侗族大歌批准列为"人类非物质文化遗产代表作"。侗族大歌是一种多声部、无指挥、无伴奏、无固定曲谱的民间合唱艺术，就其旋律和演唱艺术而言，可说是侗族歌谣艺术中最高级的品种之一，特别是歌的多声部曲调，为中外民间音乐所罕见，具有十分重要的学术价值和欣赏价值，是中外民族民间音乐宝库中的珍品。侗族长期在优美清新的自然环境中繁衍生息，优美的田园生活环境和单纯的男耕女织的农业劳动生活，容易使歌手们对周围环境那富有音乐感和节奏感的大自然和声产生浓厚的兴趣和广阔的联想，必然会形成他们本能的无意识的模拟对象，成为直接认识和模仿的音乐雏态。这样就形成了侗族产生和声、复调音乐的自然生态阐释。例如《蝉歌》《知了歌》《布谷崔春》等名曲，其艺术来源于对蝉虫鸟叫声音的模仿的观点，得到大多数学者的认同。侗族人把侗族大歌中的高音部称为"soh seis"（公音或雄音），把侗族大歌中的低音部称为"soh meix"（母音或雌音）。所以人们把侗族大歌称为"人与自然的和声"。侗族之所以能创造出震惊世界的艺术瑰宝——侗族大歌，同样和侗族的生存环境和丰富多彩的民间生态文化分不开。侗族人民在日常生活和劳动中创造出的语言、民俗、建筑、地方制度和伦理等文化体系。侗族大歌目前主要流行在南部方言的第二土语区，侗语本身调值极为丰富，这一土语区语言有9个舒声调和5个促声调，字与字之间在发音上需要通过细致的训练，才能在歌唱中准确的使用和表现。因此，有人说听侗家人讲话，如听歌声一般。侗语的特点是声调多，且字调高低相对，其升降变化呈现一定规律，但它的抑扬顿挫的变化又无固定音高和音律可循，对旋律音调起到一定的制约作用。因此，侗族人民在自己那具有音响美的语言中经过长期的加工、提炼和寻求出了美的音乐旋律与和声——侗族大歌。侗民族讲求"以饭养身，以歌养心"，几乎所有的民间风俗都有特定歌唱方式参与，而且大多数以自然、田园生活等为主体，蕴含丰富、博大精深的人与自然和谐的朴素思想，侗族有民谚："侗人文化三样宝：鼓楼、大歌和花桥。"鼓楼和花桥建筑材料都采自森林，是纯木质结构（不用一颗铁钉和现代材料），是侗寨的象征。花桥则象征着村寨的边界和寨与寨之间的联系。鼓楼文化可以说是侗族物质文化、制度文化、精神文化的缩影。侗族建寨先建鼓楼，是大歌演唱和传承的重要场所。从这些情况中看出侗族人对自然的热爱，对天人和谐的艺术追求。

十、自我约束的民间规约，是侗民族特有生态道德和制度规范的体现

在历史上，侗族人一直过着结款自治的生活。款，是侗族人特有的村寨联盟形式的社会组织。通过不同村寨间的交往和联盟结成军事、政治共同体。其对内

的主要功能是协调族人的平和关系，而以款形成地方性制度与伦理。这种民间组织在民族生态文化上产生了一种适应，不仅有效地维护了侗族地区的社会秩序，同时也保护了当地自然生态环境。直到今天，侗族人都在地域和社区归属上认同侗款的划分，产生的款文化对生态保护形成了独特的民间制度和乡规民约。例如，许多村寨的款规款约严格规定：不许违章挖山、砍树、挖笋、毒鱼（用药毒鱼），有违犯者，必须严厉惩处。如《约法款》中规定："如若哪家孩子，鼓不听捶，耳不听劝，不依古理，不怕铜锣。他毁山毁冲，毁河毁溪，毁了十二个山头的桐油树，毁了十二个山头的杉木林。寨脚有人责怪，寨头有人追查，寨中有人告发。我们就跟他当面说理，我们就给他当面定罪。是真就是真，是假就是假。是真就共同查办，是假则共同纠正。哪怕他告到龙王殿上，哪怕他告到州府县衙，哪怕他骨硬如钢，哪怕他筋韧如铜，我们也要把他敲碎，我们也要把他锤熔！"（邓敏文、吴浩，1995）。惩处的办法多半是由各村各寨自己制订，自己执行。如砍一棵树要补种若干棵树，毒一次鱼要向全寨公众检讨等等。而且这种处罚多半是由本家或本房族的父老或兄弟监督执行。这样，既教育了本人，也教育了群众。侗族儿童从五六岁就开始接受环保教育。再如，侗族民间一向认为，毁坏山林、污染水源都是一种"缺德"行为。如有人毁坏当地的风景林，不仅要受到公众的谴责，还要向公众赔礼道歉，改过自新。如有人在水井旁边拉屎拉尿，必须敲锣喊寨公开向全寨人赔礼道歉，还要去井边焚香化纸，祭祀井神并向井神求饶。这种有形或无形的监督，也是群众自己教育自己的一种行之有效的方式。为了达到教育的目的，为了防患于未然，许多村寨还有"三月约青，九月约黄"的习俗。所谓"三月约青"就是在农历三月要召开一次全村男女老少都参加的群众大会，会上主要宣讲"封山育林"的有关规定，如不许乱放牛羊上山践踏春苗，不许上山挖笋毁林等等。所谓"九月约黄"就是在农历的九月再召开一次全村男女老少都参加的群众大会，主要重申"防火防盗"的有关规定，如不许放火烧山，不许乱采乱摘他人劳动果实等等。这些民间规章制度，代代相传，深入人心，为侗族地区的生态保护提供了保障。

第四节　侗族生态文化传承面临的问题

历史不断前进，社会不断发展。新的历史和新的社会又不断地向我们提出新的问题和新的挑战，对处于生态良好、环境优越、生态意识比较浓郁的侗族

地区而言，也面临严峻的挑战，目前主要面临如下几方面的问题：

问题之一：森林植被的强度破坏。

20世纪50年代初期，新中国刚刚成立，国民党残存势力与当地土匪躲进深山老林。为了剿匪，在一些侗族地区放火烧山，致使一些原始森林遭到涂炭。1958年全民"大炼钢铁"，为了烧炭炼铁炼钢，侗族地区的原始森林首次遭到大量砍伐。随后人民公社化，农业学大寨，开山造田，挖坡造地，侗族地区的森林植被自新中国成立以来第三次遭到人为破坏。20世纪80年代初期，改革开放的春风吹进侗乡，市场经济逐步活跃，贫困的侗族人民开始意识到当地森林是一笔巨大财富，由于生态保护地区的补偿和运行机制没有建立，在"木头财政"和"木头经济"的驱使下，"乱砍滥伐"的现象几乎遍布整个侗乡，几乎所有的侗族村寨都有几个因为做木材生意而发家致富的侗族农民。正因如此，许多大树、古树遭到砍伐，许多原始森林因此消失，许多深山老林变成荒坡秃岭。此后的"植树造林"、"退耕还林"及"天然林资源保护"等等措施虽然取得了一些补救效果，但侗族地区的"生态元气"始终未能得到彻底的恢复。直至今日，由于利益的驱使，"毁林种树"、"毁林开发"、"毁林割脂"（松脂）的现象仍屡见不鲜。造林树种单一，难以发挥其应有的生态效应。采取掠夺开采的方式，走"木头财政"的发展路子破坏了可持续发展的基础。更有甚者，某些地方为了追求眼前GDP的迅速增长，不顾长远利益，大力发展高耗费森林资源的森工企业，特别是对珍贵材的采伐，对生态造成严重破坏。

问题之二：耕作制度的彻底改变。

侗族地区自古以来沿袭着水田种植糯稻的耕作传统。侗乡的水田依山而建，山有多高，田有多高，水就有多高。山溪里的水经过稻田湿地之后形成大大小小的水库，还可经过渗透补给地下水。这种独具特色的山水林田生态系统相互依存，持续循环。有林就有水，有水就有田，有田就有鱼。所以，千百年来，侗族人民是把养山、育林、保水、护田作为系统的耕作制度。正是这种可持续、循环利用资源的经营方式保存了当今侗族地区良好的生态状况。自20世纪50年代后期，侗族地区开始推广"糯改黏"耕作制度。许多本来种植糯稻的水田变成了旱田。20世纪70年代以后，侗族地区各级政府全面推广杂交水稻新品种，使传统的耕作制度发生了根本性的变化。杂交水稻的确大大提高了稻田的产量，解决了亿万人民群众的吃饭问题，但也使侗族地区耕作方式发生了改变。这个变化产生的环境影响，按照生态学的观点来看，也许还要进行新的评估。杂交水稻植株很矮，一般都在80厘米左右，不能深水灌溉。杂交稻生长期很短，一般在100～120天左右，如果再减去晒田的时间，杂交稻田真正的蓄水时间还不到 100 天。而且杂交稻田一般都不让保水过冬。这样一来，杂交稻田每年的蓄水时间还不到全年的三分之一，其余时间都让雨水白白地流走了。由此，侗族地区无数的"梯田湿地"和"稻田水库"就这样被杂交稻给晒干了，"山有多高、水有多高"的生态环境因而产生了变化。侗乡河水逐步减少，水井逐步干涸，加上化肥、农药的大量使用，青蛙、泥鳅、黄鳝、蚯蚓等生物逐步减少，这对生态环境的影响是巨大的。

问题之三：工业污染的不断扩散。

如果说，过去主要是农村对城镇的"有机污染"，如猪粪、牛粪、杂草、杂物等等，如今则主要是工业对农村的"无机污染"，如化肥、农药、塑料袋、洗衣粉、洗涤剂、鱼藤精、鱼雷炮等等。这些都是历史上侗人闻所未闻、见所未见的"现代污染物"。过去，侗族人脚穿草鞋，身穿布衣，用茶油枯洗衣服，用淘米水洗头发，用网捕鱼，用辣蓼草闹鱼等等，现如今，人们脚穿塑料鞋，身穿呢绒服，手提塑料袋、塑料布、塑料桶、洗衣粉、洗涤剂等"无机垃圾"已经遍布整个侗族地区的城镇与乡村，成为一种无处不见的"现代公害"。尤其是鱼藤精、鱼雷炮的大量引进和使用，以及电鱼技术的不断翻新，溪流塘堰的各种鱼类、水生生物均遭到了毁灭性的打击，使侗族地区的生态环境遭到严重破坏。

问题之四：价值观念的更新换代。

价值观念决定人的行为方式，价值观念的改变，无疑要影响到人们的行为方式。侗族原生态文化正受到现代新思潮的挑战。随着市场经济和商品观念逐步渗透到侗族地区，利益至上逐步代替了传统的热心公益；急功近利的生态和资源索取逐步代替了传统的保护和利用；集中规模化的大生产逐步代替了一家一户的小生产方式。现在的水源、水井、古树很少有人自觉地出人、出力去保护，公益事业意识淡薄，传统的养山育林、固土保水经营方式正在改变。现在的土地归集体所有，农民缺乏长远的经营安排，自我管理及自我教育的"民间自治制度"遭到了破坏或者削弱，人民群众的主人公意识逐步淡薄。"大事管不了，小事无人管"的现象在一些侗族村寨普遍存在。如山林纠纷、乱砍树木、滥割松脂、电鱼、毒鱼、炸鱼等现象时有发生，无人过问，对当地生态平衡造成极大破坏。

问题之五：发展方式的冲突和困境。

发展是硬道理，是侗族聚集区民众脱贫致富的根本选择。然而，至今侗区仍未找到自己的发展道路，经济发展滞后，人民生活水准低，与外面差距加大。侗族聚集区曾经走过以木材生产为主的道路，木材成为地方经济的支柱产业。据统计，从 1951～2005 年的 55 年间，贵州省黔东南苗族侗族自治州就向国家提供商品材 1941 万立方米，平均每年 35.3 万立方米。在自治州财政收

入中占有 30% 以上份额。由于长期大规模地过度采伐，加上政策上的偏差，侗族聚集区的森林覆盖率急剧下降，曾一度降至 26.7%。1998 年以后，国家实施天然林保护工程，商品材大量减少，木材产业在经济中的支柱作用逐渐丧失。发展历史表明，大量的木材采伐曾带来侗族聚集区一时的发展和繁荣，但是过度采伐也造成了森林生态资源的灾难性破坏，最终导致了经济的衰退和人民生活水平的下降。然而，工业化的进程表明，走工业兴区之路也面临现实困境。20 世纪在湖南、广西、贵州区域发展了一批电子工业，后来又发展了矿山开发、轻纺、烤烟等产业，然而由于地理环境和人才等资源配置的弱势地位，分散地、粗放型地发展工业，其结果仍难发挥比较优势、形成具有竞争力的特色产业。与此同时，现代市场经济发展弊端和隐患却逐步显现出来，比如，某些地区正在承接高污染、高排放、高能耗、低产出的产业转移；原生态农林牧业和传统产业制度面临彻底改变；掠夺式的经营方式和粗放增长等等。经济发展和自然保护，社会发展与生态建设，农民致富与可持续发展的矛盾尖锐，困境矛盾和冲突大量存在，实现既要绿水青山又要金山银山的目标任重而道远。

第五节　自然科学与社会科学的共同任务

人类文明史是一部人与自然关系的发展史。几千年来，中国经历了渔猎采集文明向农耕文明再到工业文明的转型，而历史上每一次的文明转型都面临着人口、资源、环境的激烈矛盾，尤其是 300 多年的工业文明史，对自然的破坏达到了惊人的程度。

以高效率、高利润为主要特征的工业文明积累了人类产生以来还高几百倍以上的财富。但是，这种以对自然资源的过度掠夺和对生态环境的野蛮干预为代价换取的发展方式，对可持续发展造成了严重威胁。现在，森林锐减、土地沙化、湿地减少、水土流失、干旱缺水、物种灭绝、气候变暖已成为全球面临的重大战略问题。科学家警告：生态恶化将使自然界失去供养人类生存的能力，生态危机有可能成为人类面临的最大威胁。联合国发布的《2000 年全球生态环境展望》指出：人类对木材和耕地的需求，使全球森林减少了 50%，难以支撑人类文明大厦。纵观全球的发展，并结合我国发展的进程，需要审视过去发展的经验教训，我们必须警醒：经济建设必须考虑资源生态承载力，自然环境的可再生能力是人类生存的基础和文明演进的前提。

进入 21 世纪，随着我国经济的持续增长、规模不断扩大，对资源的支撑、能源的消耗、生态的承受的压力和矛盾也越来越突出和严峻。生态文明建设上升到党和国家的战略高度。2002 年党的十六大把推动整个社会走上生产发展、生活富裕、生态良好的文明发展道路确定为全面建设小康社会的四大目标之一；2003 年党的十六届三中全会提出了全面、协调、可持续的科学发展观；2006 年党的十六届六中全会提出了构建和谐社会、建设资源节约型和环境友好型社会的战略，并把"统筹人与自然和谐发展"作为构建社会主义和谐社会的原则和"五个统筹"之一。2007 年党的十七大报告提出要建设生态文明，基本形成节约能源资源和保护生态环境的产业结构、增长方式、消费模式，同时提出，将到 2020 年成为生态环境良好的国家，作为全面建设小康社会的重要要求之一。2012 年 11 月党的十八大又明确提出，建设生态文明，是关系人民福祉、关乎民族未来的长远大计。面对资源约束趋紧、环境污染严重、生态系统退化的严峻形势，必须树立尊重自然、顺应自然、保护自然的生态文明理念，把生态文明建设放在突出地位，融入经济建设、政治建设、文化建设、社会建设各方面和全过程，努力建设美丽中国，实现中华民族永续发展。这些都充分体现了我们党对生态文明建设认识的深化和战略的不断提升。

建设生态文明是对当代中国科学发展、共建和谐的战略选择，是建设美丽中国，实现中华民族永续发展的必由之路，也是对全社会的动员和行为道德规范。中国经济正处于高速增长期，人与自然的矛盾空前紧张使我们已经没有足够的资源来支撑高消耗、高污染、超出生态容量的经济增长方式。必须强化全民的生态资源和环境危机意识，严格保护生态，改变不可持续的生态资源利用方式和竭泽而渔的短视做法；必须提高资源使用效率，发展清洁生产，降低生产过程中的污染成本；必须发展绿色消费，减少消费过程对生态的破坏，发展新能源，实现生产方式的彻底超越，唯有如此，才能实现社会的可持续发展，实现向生态工业文明的跨越，培育出一个人与自然、人与人双重和谐的生态文明。

在对侗民族文化进行长期的研究过程中，我们欣喜地发现，侗族生态文化既是一种客观存在，也具有内涵丰富、博大精深的发掘价值，是极其珍贵、价值厚重的民族特色文化。在全社会、各民族共同推动生态文明建设的进程中，出于时代紧迫感和责任感，我们认为，自然科学和社会科学领域必须同时进军，深入研究探索侗族地区的生态文化，发掘和整理出属于中华全民族和全人类的共同瑰宝，为生态建设和可持续发展提供丰富的研究资料。这种研究能有助于我国的生态文明理论和实践的探索，有助于侗族地区的生态环境保护，有助于政府的科学决策和制定落实长远的发展战略。

美丽的侗乡

第二章

得天独厚的地理环境

任何民族的生息繁衍都有其具体的生存空间。地理环境是构成生态文化的客观条件和基础。地理的生态结构似乎总是反映出民族的特性，侗族也不例外。他们所聚居的这片土地坐落在中国西南部，云贵高原向湖广山地过度的中间地带，西起云贵高原苗岭山脉，东到南岭西端，北至雪峰山一线，南至桂北山地北缘。这里动植物区系起源古老，群山绵延，溪流众多，山地气候类型多样，是亚热带季风气候区，温暖湿润，冬无严寒，夏无酷暑，适宜各种动植物和农林作物生长，形成一个有特色的独特生态地理单元，由此孕育了富有特色的生态文化类型。

第一节 "两江"上游和分水岭

唐代大诗人李白在《闻王昌龄左迁龙标遥有此寄》这首诗中写道:"杨花落尽子规啼,闻道龙标过五溪。我寄愁心与明月,随风直到夜郎西。"这龙标故县,五溪之地,夜郎古道,就是今日侗族人民繁衍生息的地方,就是今日侗族聚居的地理环境,我们简称之为"侗族地区"或者"侗乡"。这是一片神秘的绿色王国。

侗族现有 300 多万人口,主要分布在湖南、贵州、广西三省(自治区)毗邻地区,其中包括贵州省的黎平、榕江、从江、锦屏、天柱、三穗、剑河、镇远、铜仁、玉屏、万山、岑巩、石迁、江口、松桃、都匀、独山、荔波等县(市);湖南省的通道、新晃、芷江、靖州、会同、绥宁、城步、洞口、黔阳等县;广西壮族自治区的三江、龙胜、融安、融水、罗城、东兰等县;以及湖北省的恩施、宣恩、咸丰、利丰、来凤等县(市)。其住地大约位于东经 108°～110°,北纬 25°～31°之间。

青山绿水生态美

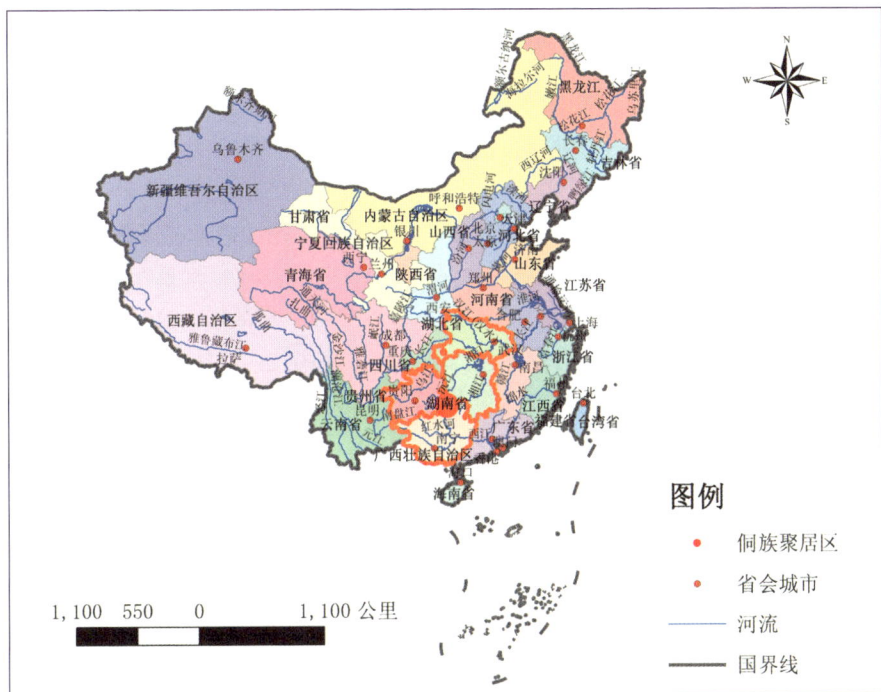

侗族主要聚居区示意图

侗族聚居区正处于云贵高原向湖广山地过渡的中间地带，故地形复杂多变，地貌绮丽多姿，既有高山峻岭，也有河谷平川。侗族聚居区的主要山脉有苗岭山脉、雪峰山脉、武陵山脉以及三省坡、越城岭、九万大山。

苗岭山脉在贵州省南部，位于舞阳河以南、都柳江以北的广大地区，呈东西走向。北部由沙帽顶、团坡山、黄飘山、黄土坡、沙木山等组成舞阳河与清水江的分水岭。南部由龙泉山、冷竹山、黄阳山、三转坡、三省坡等构成清水江与都柳江的分水岭。雷公山是苗岭山脉的主峰，位于黔东南苗族侗族自治州中部，地处雷山、台江、剑河、榕江四县之间。雷公山因"山有连天之高，是雷电之源"的民间传说而得名。其主峰海拔 2178.8 米，是黔东南地区第一高峰。

雪峰山脉在湖南省西部，位于沅水（今沅江）和资水（今资江）之间，近于南北走向。其中有云山、巫山、唐纠山、神坡山、望阳山、罗翁八面山、黄泥山、兴隆山、太平山、金竹山、岭溪山、紫荆山、杨公岭、金牛山等主要山岭。雪峰山脉的最高峰是苏宝顶，海拔 1934.3 米。

武陵山脉在湖南省西北部及湖北、贵州两省边境，是舞阳河与乌江的分水岭。其主体山脉与支脉多呈北东走向，主要山峰有大燕山、凤凰山、老青山、椅头山、小顶山、佛顶山、九龙山、云台山。其中大燕山海拔 1600 余米。

三省坡位于湘、黔、桂三省区交界处。西面是贵州省黎平县洪州镇，东面是湖南省通道侗族自治县独坡乡，南面是广西壮族自治区三江侗族自治县独峒乡，故名"三省坡"，侗语称"Longl Samp Senh"。其主峰 1336.7 米，是苗岭山脉、雪峰山脉向越城岭过渡地段的最高峰，也是贵州、湖南、广西三省（自治区）侗族人民团结和睦的象征。

越城岭是中国南方"五岭"之一，亦称始安岭、临源岭、全义岭、越岭，位于广西壮族自治区东北部和湖南省西南部，主峰猫儿山海拔 2142 米。三江、龙胜、城步等县的侗族同胞住在这里。越城岭是由湖南入广西的交通要道，也是秦始皇"南开百越"的重要战场，位于兴安县内的严关和秦城遗址就是当时的历史遗存。1934 年中国工农红军长征路过的"老山界"就在这越城岭上。

九万大山亦称九万山，也叫大苗山，位于广西壮族自治区北部的融江和龙江之间，山体延伸至贵州省榕江及从江等县。其主峰为元宝山，海拔 2081 米。罗城、融水、融安、荔波、榕江、从江等县的侗族同胞居住在这万山丛中。

因为侗族聚居区正处于长江水系和珠江水系的分水岭上，所以这一地区水源丰富，溪流众多，河流众多。属于长江水系的主要河流有渠水、舞水、沅水等。属于珠江水系的有浔江、都柳江等。

渠水又称渠江，古称叙水，有西、东两源：西源出自贵州省黎平县地转坡，称鄱阳河或洪州河，然后向东注入湖南境内；东源出自湖南省城步县南山

"两江"上游和分水岭

大茅坪，称通道河或临口河。西、东两源在湖南省通道侗族自治县犁头嘴汇合之后经靖州、会同至黔阳托口注入沅江。

舞水又名无水或舞阳河。源于贵州省瓮安县尖坡，经黄平、施秉、镇远、岑巩、玉屏、新晃、芷江至洪江市黔阳镇注入沅水。

沅水发源于贵州省东南部，有南北二源：南源出自都匀县云雾山鸡冠岭，称龙头江或马尾河；北源出自麻江县平越山，称重安江或诸梁江。南北两源在螃蟹上汊河口汇合之后称清水江。而后经台江、剑河、锦屏、天柱、芷江至黔阳与舞水汇合，始称沅水。然后再经怀化、溆浦、辰溪、泸溪、沅陵、桃源、常德等县市注入洞庭湖。

浔江发源于湖南省城步苗族自治县，经广西壮族自治区龙胜各族自治县注入三江侗族自治县与都柳江汇合。

都柳江属珠江水系，发源于贵州省独山县拉林，经三都流入榕江、从江县境。其主要支流有平永河、寨蒿河、宰便河、四寨河等。然后再经广西三江、融安、柳州流入柳江、黔江、西江、珠江注入南海。

由于侗族聚居区河溪众多，地形复杂多变，水力资源极为丰富。据贵州省黔东南苗族侗族自治州调查，全州有 2900 多条河溪，年径流总量达 225 亿立方米。据湖南省怀化市调查统计，全市境内有大小河流 2716 条，河流总长度达 17 704.5 千米，河网密度为 0.64 条 / 平方千米。全市人均占有水资源 14929 立方米，是全国人均的 1.9 倍。全市水能蕴藏量 23.851 万千瓦，有开发价值的为 10.187 万千瓦。这些水资源，为生态农业和生态林业生产及环保能源开发提供着广阔的发展前景。

第二节　肥沃的土地与温暖湿润的气候

侗族聚居区地表土层较厚，多为土山，裸露的石头山很少，有利于各类植物的生长。据湖南省新晃侗族自治县农业区划委员会调查，该县共有 9 个土类，21 个亚类，62 个土属，134 个土种，61 个变种。其中水稻土 155 659 亩 [*]，占该县土地总面积的 7.44%；菜园土 308 亩；糊土 384 亩；红壤 1136036 亩，占该县土地总面积的 54.27%；黄壤 584 800 亩，占该县土地总面积的

---

[*] 1亩=0.0067公顷。

27.94%；黄棕壤 84 258 亩，占该县土地总面积的 4%；黑色石灰土 49 775 亩，占该县土地总面积的 2.38%；红色石灰土 81 782 亩，占该县土地总面积的 3.91%；紫色土 369 亩。由此可知，该县的土地以红壤和黄壤为主，其次是水稻土，有利于农业和林业生产。其他侗族聚居县的土地大体也是如此。

侗族聚居区属亚热带山地湿润气候，年平均气温为 14 ~ 18℃之间。1 月份最冷，月平均气温为 3.7 ~ 7.3℃之间；7 月份最热，月平均气温为 23 ~ 27℃之间。年平均无霜期为 300 天左右。冬春高寒及背阴地区有冰雪，而河谷及向阳地区有鲜花。故有"山下桃花山上雪，山前山后两重天"的民谚。

侗族聚居区雨量充沛，年降水量在 1100 ~ 1400 毫米之间，全年总降水量的 70% 左右在春夏两季，全年降水日数在 170 天以上。这种气候条件，有利于水稻及林业生产。例如湖南省怀化市境内山丘重叠，峰峦起伏，境内溪河纵横，全市年平均气温 16.4℃，西南部山间盆地年均气温较高，北部和南部山岗地段较低。年均无霜期为 287 天。境内光照较为充足，平均年日照时数为 1303.5 ~ 1519.2 小时。

多雨潮湿，云雾缭绕，这是侗族地区气候的主要特点之一。关于这方面的特点，侗族民间也有许多美丽的传说故事。《杨天应收云雾》就是其中的一则：相传很久很久以前，今湖南省怀化市新晃侗族自治县中寨一带山高林密，雾气沉沉。住在这里的吴、姚、龙、谢四姓人家一年到头见不着太阳，终生过着无日无夜浑浑浊浊的日子。因为没有太阳、月亮和星星，地里不长庄稼，树上不结瓜果，人们只能靠打猎捕鱼为生，过着饥一餐饱一顿的生活。有一天，吴家的长子吴世万在中寨村古鸠桥边做活，眼看刚刚出土的庄稼由于没有阳光长得像头发丝那样又黄又细，他很伤心。正当他伤心叹息的时候，突然听到树林中有一只小鸟三番五次地叫喊："唧咙乖，唧咙乖，要得云雾开，除非请了杨氏天应来。"吴世万回到寨子里，把鸟儿说的话告诉大家。大家个个都感到惊讶！有人提议："恐怕这是天意，我们何不去找扬天应来试试看。"大家赞同，于是便推举吴世万去完成这个任务。吴世万四处寻找，终于在靖州飞山寨（今湖南省靖州苗族侗族自治县地）找到了一个只有六七岁的孤儿杨天应。吴世万谎称自己是杨天应的舅舅，就把他带到新晃中寨来住下。可是过了很久，云雾并没有散开。一天晚上，吴世万问杨天应："天应，你说我们这里的云雾几时才能散开呀？"这时杨天应才明白吴世万带他到中寨来是为了驱赶云雾。杨天应想：地上之所以有大雾，肯定是有一个出雾口。只要把那个出雾口堵住了，地上就不会有大雾了。于是他背着刀翻山越岭，涉水过河，去寻找喷云吐雾的口子。有一天，他爬上一座很高很高的高山，来到山

雾雨润良田

顶，他情不自禁地高声喊道："天真坏！天真坏！云雾为何不散开？太阳为何不出来？"杨天应的喊声划破长空，四面八方也喊出同样的声音。回声刚落，一只小鸟边在树林里叫道："唧咙乖，唧咙乖，天应天应跟我来。"杨天应觉得奇怪，就随着小鸟飞去的方向不断地往前走。来到一座悬崖下面，小鸟停在一棵树上叫道："唧咙乖，唧咙乖，崖上有根通天木，快快把它砍下来。"杨天应攀藤爬崖，终于把悬崖上的那根通天木砍下来了。鸟儿又叫："唧咙乖，唧咙乖，拿去做杆杠，撬开地铺盖。"杨天应四处寻找，也没找到地铺盖。于是他问小鸟："鸟儿乖，莫作怪，地面这么大，哪里有铺盖？"小鸟答："不是怪，不是怪，翻坡就是地铺盖。地铺盖，不撬开，浓雾堵不住，太阳出不来。"于是杨天应三刀两刀把那根通天木削成一根长杆杠，随着鸟儿飞的方向继续前行。翻过几座山，终于来到一座岩山脚下。鸟儿停在一棵树上叫道："云雾快散开，铺盖揭开，天应已到来。"杨天应四处一看，只见岩山下面有一个大缝隙。杨天应把杆杠往缝隙里一戳，轻轻一撬，只听里面轰轰地响，整个岩山都摇摇晃晃。他再用力一撬，像打雷一样一声巨响，山岩被撬得粉碎。口子被堵

住了，云雾看不见了，火红的太阳挂在蓝色的天空里。从此，在新晃这块肥沃的土地上风和日丽，禾壮果硕，鸟语花香。

从这些美丽的神话传说中我们可以看到，自然环境对侗族人民的生产生活是多么的重要！自古以来，侗族人民就以自己独特的视角和独特的思维方式观察、解释这片他们赖以生存的土地。更加值得重视的是，侗族祖先对于天象的解释是那样的富有哲理。例如云雾本来是一种天文现象，但侗族祖先们却在地上寻找原因。虽然他们的解说非常幼稚，但与自然的本来面貌及科学原理却不谋而合！

第三节　丰富的物种资源

侗族聚居区的植物种类丰富，树种繁多，素有"神秘的绿洲"之称，是国家重点林区之一。但遗憾的是，至今没有对整个侗族地区的动植物分布状况进行全面调查。据湖南省、广西壮族自治区、贵州省林业部门分别统计，我们初步测算，侗族地区森林覆盖率应达到70%左右。林木品种中，除杉、松等常见用材林外，还有纹理细密、质地光滑的梓木、楠木、椿木、红锥等；有木质坚硬的水青冈、黄杨木等；有刚柔并济的桐木等；有芳香扑鼻的观光木和深山含笑等；有举世罕见的银杉等。此外还有油桐、油茶、漆树、杜仲、乌柏、山苍树、蜡树、盐肤木、棕榈、厚朴、桃树、李树、梨树、枣树、柿树、杏树、橙、柑橘、枇杷、杨梅、板栗、核桃等经济林木。侗族聚居区的竹子种类也多，其中有楠竹、金竹、银竹、黑竹、苦竹、精竹、方竹、斑竹、桂竹、毛竹、扁竹、水竹、冬竹、紫竹、蒿竹、烟竹、湖竹、实心竹、龙头竹、箭杆竹、甜笋竹等。还有各种各样的天然中草药。据湖南省通道侗族自治县初步调查统计，该县共有中草药1700多种。这些丰富的植物资源，为发展生态绿色产业提供了极为有利的条件。

侗族聚居区也是一个动物生存的理想王国。直至20世纪50年代初期，老虎、豹子夜晚还经常到寨子里来偷猪咬牛，野猪、野羊到处出没。其中属国家二级保护动物的有麝、大鲵、金钱豹、穿山甲、毛冠鹿、猫头鹰、白冠长尾雉等。牛、羊、猪、马、兔、鸡、鸭、鹅等家畜家禽也应有尽有。此外，还有各种各样的淡水鱼，如鲤鱼、草鱼、鲢鱼、鲫鱼都应有尽有。黄蜂、地蜂、蜜蜂等各种各样的昆虫也举目皆是，是一个神秘的动物世界。

第四节　世外桃源

　　侗族聚居区的人文环境也很特殊。湖南、贵州、广西边界地区，自古以来就是中国南北文化和东西文化的交汇处或结合部。远在春秋战国时期，大诗人屈原就被流放到今湖南西南的湘沅一带，并在其名篇《楚辞·离骚》中写道："兰芷变而不芳兮，荃蕙化而为茅。"今日湖南省芷江侗族自治县就是因为出产兰芷而得名的。屈原在其所著的另一名篇《涉江》中，对这一地区当时的自然环境及人文环境也作了生动的描述：

　　　　　　　入溆浦余僔徊兮，迷不知吾所如。
　　　　　　　深林杳以冥冥兮，乃猿狖之所居。
　　　　　　　山峻高而蔽日兮，下幽晦以多雨。
　　　　　　　霰雪纷其无垠兮，云霏霏而承宇。
　　　　　　　哀吾生之无乐兮，幽独处乎山中。

侗族地区的常绿阔叶林林相

　　远离中原、南北交汇的独特地理位置，逐渐形成了今日的历史人文环境。战国末年，楚将庄足乔曾溯沅水经今日侗族聚居区伐夜郎，并由此通往云南。据《淮南子·人间训》载：秦始皇二十八年（公元前219年）"又利越之犀角、象齿、翡翠、珠玑，乃使尉屠睢发卒五十万，为五军，一军塞镡城之岭，一军守九疑之塞，一军处番禺之都，一军守南野之界，一军结余干之水，三年不解甲弛弩，使监禄无以转饷，又以卒凿渠而通粮道，以与越人战，杀西呕君译吁宋。而越人皆入丛薄中，与禽兽处，莫肯为秦虏。相置桀骏以为将，而夜攻秦人，大破之，杀尉屠睢，伏尸流血数十万。乃发适戍以备之"。秦始皇的五十万大军虽然来势汹汹，并杀死了越人的首领西呕君译吁宋，但越人并没有因此而缴械投降。他们迅速将阵地战转变为游击战，"越人皆入丛薄中，与禽兽处，莫肯为秦虏"，并"相置桀骏以为将，而夜攻秦人，大破之，杀尉屠睢，伏尸流血数十万"。由此可知，这场战争不仅规模宏大，而且十分残酷。其中的西路战场就在今日侗族聚居区内的"镡城之岭"，世居此地的

■ 侗乡秋色

世外桃源平甫侗寨

侗族祖先不可能不卷入这场保卫家乡的战斗中。今日侗族中的一个重要支系"Gaeml Danc"或许就是因此而得名。

这些史料说明：今日湖南、贵州、广西边界侗族聚居地区不仅是越人的居所，也有楚人的足迹，是属于楚越边境地区。这一地区既是长江流域和珠江流域的交界之处，又是古代中原地区和岭南地区或楚文化和越文化的结合部位。月亮山、雪峰山、越城岭等苗岭余脉构成了中原文化与岭南文化的天然屏障。直至今日，人们还称这一地区为"南楚极边"和"百越禁喉"。既然是"百越禁喉"，就必然有越人防守。这部分越人，很可能就是侗族先民的组成部分，所以他们自称自己为"Nyenc Gaeml"（防卫之人，详见本书第三章）。

正是这种自古以来被边缘化的人文环境及山多水多的自然环境，造成了今日侗族聚居区交通闭塞。这一地区又正处于贵州、湖南、广西三省（自治区）边界地区，离大中城市都比较远，所以直至新中国成立之初绝大多数县城都没

有公路，更没有铁路，全靠水路小木船及肩挑脚运输送物资，加上侗族人"养牛为种田、养猪为过年，养鸡为吃盐"等耻于经商传统观念的影响，商业很不发达。直至 20 世纪 40 年代，"斗米斤盐"（用一斗＊米换一斤＊盐巴）的现象在侗族聚居区还普遍存在。直至 20 世纪 70 年代修通湘黔铁路，才有第一条铁路经过侗族聚居区。

闭塞的交通状况，为侗族聚居区林木繁茂、少受污染的生态环境起到了客观的保护作用。

第五节 侗族祖先对地理环境的初始认识

关于天地的形成，万物的来源，气候的演变，侗族民间有许多非常浪漫而美丽的传说。如：

Siik Kuangp Lagx Yiuc daengv dens dih

四广、乐尉来造天

Dinl Guangl Wangc Nyih daengv dens menl

颠光、枉谊来造地

Nyenc daengv dens menl weex daih yuns

造天的人造得窄

Nyenc daengv dens dih weex daih gungc

造地的人造得宽

Nyenc xih daengv menl xal eis dah

天窄地宽盖不住

Lis maoh Baol Heeuk ags dah

有个报亥力气大

Liunx dih wenp babl

卷地成皱

Debl jenc wenp jemh

折山成冲

＊ 1 斗 =1 升；1 斤 =0.5 千克。

Menl dih xih biingc yenc

天地才均匀

Wul menl sedp xigt sedp

天有七尺七

Dees dih beds xigt jangc

地有八尺多

Menl ebx eis dah gal siik baol

天盖不过剩四角

Menl xal eis lieeux gal siik wangp

天盖不完余四方

Lis maoh ongs Laox Yongx

有个老荣公

Mags legc yuh mags soh

力气大老火

Yaenx dih wenp jenc

收地成皱

Wungt xih wenp jemh

缩岭成冲

Yav xih dogl bianv

田归平坝

Naemx xih dogl nyal

水汇江河

Songx dah xic jav

从那时起

Meml dih biingc yenc

天地一样多

关于四季的形成及气候的变化，侗族祖先也有自己的解释。如：

Dangl xup ongs lemc ul meml nyaoh

当初风公住天上

Kuenp siip qingt maoh luih dih map

坤岁上天请他来

Maoh luih dih map piece nyinc nguedx

风公下地四季分

Xenp hap sup dongl nyac ags nyac

春夏秋冬巧安排

Dangl xup ongs lemc il lis soh

当初风公力无比

Naenl gaos maoh xok yangh baol senc

脑壳尖像黄牛角

xenp xic songk soh qinp hak nyonh

春天出气天下暖

Hak xic songc soh menl dogl bienl

夏天出气雨降落

Dangl xup ongs lemc il lis soh

当初风公力无比

Naenl gaos maoh xok yangh baol guic

脑壳尖像水牛角

Sup xic songk soh meel ebx dih

秋天出气地打霜

Dongl xic songc soh jenc jih nuil

冬天出气大雪落

(引自《侗族文学资料》第5集150页)

关于昼夜的形成，侗族祖先也有自己的解释。如：

Dangl xup Loc Xenc dedl menl weex yac jodx

当初洛兴砍天成两节

Jodx xih weex dengv jodx weex guangl

一节亮来一节黑

Jodx xih weex guangl sags jinc dih

亮的一节种田地

Jodx xih weex dengv sav wul xangc

黑的一节床上歇

（引自《侗族文学资料》第5集149页）

从这些古老的民间歌谣中我们可以看出，侗族祖先对各种自然现象给予了极大的关注。尽管他们的认识和解释还很幼稚，但从这些幼稚的认识和解释中却体现出了他们对自然及自然力的敬重与服从。

■ 侗族地区的田园风光

秋收届的小河边

【第三章】
悠久独特的民族历史

中国悠久灿烂的文化，具有多民族的性质，既具有各民族形成的共同性，又具有不同民族的各自特点。在中华文化发展的过程中，虽然民族在中华文化发展中的地位和贡献不同，但都占有一定的位置和做出了应有的贡献。侗族是中华民族大家庭的成员，作为一个具有悠久历史和独特文化的重要成员，在构筑中华文化的历史过程中，做出了不可磨灭的伟大贡献。

第一节　古代越人的后裔

据历史学家、民俗学家、社会学家、考古学家们的长期研究及古代文献的零星记载，大家比较公认侗族是古代越人的后裔。

古代越人主要分布在长江中下游地区和珠江流域，包括今日湖南、湖北、江西、江苏、浙江、广东、广西、福建、海南及云南的一些地区。这些古代越人，夏朝称"于越"，商朝称"蛮越"或"南越"，周朝称"扬越"或"荆越"，战国时期称"百越"。如《汉书·地理志》注引臣瓒曰："自交趾至会稽七八千里，百越杂处，各有种姓。"《吕氏春秋·恃君览》亦载："扬汉之南，百越之际。""交趾"即指古代的交趾国，今越南地；"会稽"是指今浙江绍兴一带，因会稽山而得名。关于"扬汉"，学界认识不一，有的说是指扬州和汉水，有的说江西赣江原称"扬汉"。无论对"扬汉"作如何解释，都包括今长江中下游地区。在这片广阔的区域里，实际生活着众多的部落、部族或民族，他们各有种姓，各有名号，或称"吴越"（今苏南浙北一带）、或称"闽越"（今福建一带）、或称"扬越"（今江西、湖南一带）、或称"南越"（今广东一带）、或称"西瓯"（今广西一带）、或称"骆越"（今越南北部和广西西部一带）、或称"赣越"（今江西赣江一带）等等。正因为这些越人支系众多，所以人们通称之为"百越"。

侗族的祖先究竟是属于"百越"中的哪个支系？目前学界还有不同看法。有的说是"扬越"，有的说是"赣越"，有的说是"荆越"，大多数人说是"骆越"。或许侗族的先民，既有"扬越"和"荆越"的成分，也有"骆越"和"赣越"的部分，因为这是不同时代的不同称谓，也许是"百越"不同支系融合的结果。

第二节　侗族的自称与他称

侗族人自称"宁更"（Nyenc Gaeml）或"宁禁"（Nyenc Jaeml），就是"更人"或"禁人"（有人写作"金人"）的意思，因为侗语的名词定语是放在被限定词语的后面，与汉语正好相反。"宁"就是"人"，"更"或"禁"都是用来限定"人"这个主要词语或中心词语的。"更"或"禁"究竟是什么意思呢？侗族人为什么要把自己称为"Nyenc Gaeml"或"Nyenc Jaeml"呢？学术界一直没有统一的认识，民间也没有统一的说法。

"更"（Gaeml）或"禁"（Jaeml）在侗语中都具有"阻拦"、"封闭"、"防卫"、"隐蔽"、"藏匿"、"遮盖"等方面的意思。如"gaeml kenp"或"jaeml kenp"（把道路阻拦起来），"gaeml xaih"或"jaeml xaih"（把村寨封闭起来）、"gaeml bal"或"jaeml bal"（用树枝把鱼遮掩起来）等等。由此可知，侗族人自称虽然有"更"或"禁"的不同说法，但意思是一致的，只是侗语内部的方音不同而已。所以，侗族的自称"更人"或"禁人"就是"阻拦之人"、"防卫之人"或"隐匿之人"的意思，即相当于现在的"边防军"或"边防部队"，也类似东晋诗人陶渊明在《桃花源记》中所述的"乃不知有汉，无论魏晋"的"隐匿之人"。

如前所述，春秋战国时期，长江中下游地区基本上都是古代越人的活动区域，今日湘、黔、桂边界侗族聚居区肯定也是属于古代越人活动的地区。这部分越人，实际上应该是侗族祖先的土著部分。到了战国中期或后期，楚国的势力逐步南移，直至湘水和沅水一带。楚人屈原被流放到今日溆浦、芷江一带。楚将庄足乔溯沅水伐夜郎。这些史料都说明今日湘、黔、桂边界侗族聚居地区不仅是越人的居所，也有楚人的足迹，是属于楚越边境地区。直至今日，人们还称这一地区为"南楚极边"和"百越禁喉"。既然是"百越禁喉"，就必然有越人防守。这部分越人，很可能就是侗族先民的组成部分，所以他们自称自己为"Nyenc Gaeml"（防卫之人）。

到了战国末年，秦始皇发动了"南开百越"的统一战争，侗族的祖先们参与了这场战争。据《淮南子·人间训》载：秦始皇二十八年（公元前219年）秦始皇的五十万大军杀死了越人的首领西呕君译吁宋，但越人并没有缴械投降。他们迅速将阵地战转变为游击战，"越人皆入丛薄中，与禽兽处，莫肯为秦虏"，并"相置桀骏以为将，而夜攻秦人，大破之，杀尉屠睢，伏尸流血数十万。"由此可知，这场战争不仅规模宏大，而且十分残酷。其中的西路战场就在今日侗族聚居区内的"镡城之岭"，世居此地的侗族祖先不可能不卷入这场保卫家乡的战斗中。今日侗族中的一个重要支系"Gaeml Danc"或许就是因此而得名。

为什么说侗族的祖先与"赣越"也有关系呢？我们知道，江河是古代最重要的交通线路，也是古代战争的天然屏障。潺潺长江之水由西向东奔流不息，是历朝历代中国南部的天然防线，当然也是古代越人守卫疆土的天然防线。从中国地形图上可以看出，长江流到湖南、湖北、江西境内，出现两个V形拐弯，并形成两个大湖：一个是洞庭湖，一个是鄱阳湖。在这两个大湖的南边，即在南北走向的武陵山、罗霄山、武夷山之间分别有三条纵贯南北的长江支

流，分别是沅水（今沅江）、湘水（今湘江）和赣水（今赣江）。湘水和沅水，主要是在湖南境内，所以湖南简称为"湘"；赣水主要是在江西境内，所以江西简称为"赣"。古代没有公路和铁路，兵员或军需物资主要是靠水道运输。南来的北方或中原军队跨越长江天堑之后，必然要沿着沅水、湘水和赣水这3条南北走向的水道溯水向南挺进。"南开百越"的50万秦军自然也是如此。于是，沅水、湘水和赣水这3条水道及其沿线自然也就成了秦、越两军交战的重要战场。镡城之役及越城岭的战斗，就是在沅水和湘水一线发生的。守卫这一线的越人即是今日侗族中"Gaeml Danc"支系的祖先。

"赣江"这一名称，来源于一个古老而有趣的传说故事。据成书于战国时期的《山海经·海内经》载："南方有赣巨人，人面长臂，黑身有毛，反踵。"晋朝人郭璞在给《山海经》所载"赣巨人"作注时说："今交州南康郡深山中皆有此物也。长丈许，脚跟反向，健走、被发、好笑，雌者能作汁，洒中人即病，土俗呼为山都。南康今有赣水，以有此人，因以名水。"由此可知，"赣水"之名来源于"赣巨人"，因为赣江两岸居住着许多"赣巨人"，根据名从主人的法则，"因以名水"故称"赣水"或"赣江"。

下面再来讨论"赣巨人"是怎么回事，"赣"的古音既读 gàn，也读 gòng。无论读"gàn"或读"gòng"，都与今日侗族的自称"Nyenc Gaeml"的"Gaeml"近音。这可能是因为没有与"Gaeml"同音的汉字，所以汉族文人们将古越语中的"Nyal Gaeml"（Gaeml 江）写成了"赣江"或"贡江"。其实，"Nyal Gaeml"的本意就是"防卫之河"，相当于后世的"护城河"。或许这就是"赣江"或"贡江"这一名称的本意。再看看这"赣巨人"是怎么回事？据调查，今日许多侗族村寨都流传着这样一个故事：古时候，侗族祖先们常常遭到官兵的追赶和掳掠。因为官兵人多势众，武器精良，侗族祖先们不得不东躲西藏。后来，侗族祖先们想出一条妙计：他们事先编织许多又长又大的草鞋，并事先把这些草鞋弄成又脏又破的烂草鞋。晚上他们就拿着火把在官兵驻扎的营地周边山上大叫大嚷或哈哈大笑，然后把那些破旧的大草鞋扔在通往官兵营地的路上，并在路上的烂泥处制作了许多相反方向的巨大脚印。第二天天一亮，官兵们发现路上丢弃有许多又长又大的大草鞋，而且还留下许多相反方向的巨大脚印。愚蠢的官兵以为这个地方有巨人，就再也不敢继续追赶了。从这些传说故事中，我们似乎明白"赣巨人"是怎么回事了，似乎也可以断定"赣巨人"原来就是这一地区的"Nyenc Gaeml"（防卫之人）。晋朝人郭璞所说的"山都"，可能就是古越语（今侗语）"Duc Jenc"（野人）的汉字记音与译意。

前面我们已经探讨了侗族的自称"宁更"（Nyenc Gaeml）或"宁禁"（Nyenc

Jaeml）的由来。然而汉文史料中却常常把这些"宁更"或"宁禁"写成"狪人"、"峒人"、"硐人"、"洞人"、"峒民"、"峒苗"或"溪洞之民"等等。这又是怎么回事呢？古代汉族文人为什么要把这些"宁更"或"宁禁"称为"狪人"或"峒人"呢？除了民族歧视的原因之外，更重要的原因是古代汉族人对这些"宁更"或"宁禁"不很了解，或只知其然而不知其所以然。2009 年，今贵州省黎平县岩洞镇竹坪村（村民全是侗族人）组织编写了一本《竹坪村志》，上面有这样一段记载："竹坪自古以来，上经潘老、中潮通往湖南，下经双江、四寨可达广西。来往行人，有军队也有商人，还有成群结伙的盗匪。好人入村，借民房投宿，买卖公平。坏人闯寨，则捆绑勒索，捉鸡打狗，掳掠钱财，迫害良民。在兵荒马乱的年代里，竹坪人每家都在坡上十分隐蔽的地点挖一个深洞，侗语称'Jemc Longc'（肚洞），如同地窖。挖出的泥土，仔细装入口袋运往较远的地方去倒，不让他人发现。洞深 4 米左右，直径 2 米以上，洞口为 50 厘米大小，架木梯下去，以此储藏粮食和衣物，必要时全家人都可以躲在里面。现在竹坪的后龙山坡，还遗存很多'肚洞'，不过大多数已经残缺。因为没有文字记载，挖洞的具体年代已无可考。"

尽管挖洞的年代已无可考，但这种习俗的形成与这个民族的历史遭遇肯定是有关系的。如前所述，侗族聚居区正处于长江流域和珠江流域的分水岭上，正处于古代楚越文化的结合部位，正处于中原文化和南方文化的过度阶段，正处于古代越人和现代越裔民族聚居区的最北边。由于中国的中原汉人势力及中原文化首先由北向南然后再由东向西不断推进，侗族祖先实际上就是古代南方越人的前卫部队——"宁更"（防卫之人），也是越人土地和越人利益的先前捍卫者和保卫者，更是越人文化的先前保卫者和捍卫者。他们为了更有效地保存自己和消灭敌人，他们不得不想出各种各样的战略战术来对付封建统治者的征服、控制与镇压。"深挖洞"就是其中的一种战术。因为这种战术，不仅使远道而来的"客人"（侗语称 Gax）误以为他们是长期住在洞里的"野人"——"狪人"或"赣巨人"，而且也使那些试图剿灭这些"野人"的封建官

肚洞遗迹

兵无可奈何而使侗族祖先们得以继续繁衍生息，直至今日。

当然，新中国成立之后，在党的民族政策的光辉照耀下，人们终于看清了"狑人"或"赣巨人"的本来面目。经当时国务院总理周恩来的提议，一个勤劳、智慧、勇敢、善良的古老族群——"宁更"（Nyenc Gaeml）或"宁禁"（Nyenc Jaeml）终于有了自己的公认的正式名称——侗族。

第三节 独特的侗族民间习俗

民间习俗是现实生活的反映。从目前遗存下来的一些侗族民间习俗，也可以印证侗族祖先曾经充当过"边防战士"的角色。

首先，侗族民间广泛流行着一种非常特殊的迎宾习俗，侗语称"Sagp kenp"或"Sagp singp"，即"拦路"或"拦门"的意思。所谓"拦路"或"拦门"，就是主人用板凳、火钳、纺车、鸡笼、筶帚、树枝等物把客人阻拦在路口或寨门之外，并唱"拦路歌"盘问客人是从什么地方来、要到什么地方去、到我们寨上来干什么等等。客人也要通过唱"开路歌"来回答主人提出的各种问题，并请求主人开路。双方一问一答，直至主人心满意足才拿掉阻拦物让客人进寨。我们知道，任何民间习俗都来源于真实的社会生活。侗族的这种"拦路"或"拦门"习俗，很

▪ 拦路迎宾

可能来自早期的边防生活。即遇到生人来访，必须进行严格的盘问或审查。只有通过盘问或审查确认来者是真正的朋友，才能允许他们进寨或者通过，才能热情接待。否则，就会被当成奸细或敌人看待。这种来源于自卫或防卫的现实生活，后来逐步演变成现在的迎宾习俗而留在人们的记忆之中。

其次，古代侗族地区都有民间自治和自卫组织，侗语称之为"款"（Kuant）。"小款"由几个或十几个村寨组成；"中款"由若干个"小款"组成；"大款"由若干个"中款"组成。还有遍及整个侗族地区的"特大款"。无论"大款"

侗寨鼓楼

或"小款"，都有自己的"款众"、"款首"、"款军"、"款坪"、"款约"、"款碑"等等。"款众"包括款组织管辖的全体民众；"款首"由全体"款众"民主推举或自然形成，"款军"由青壮年"款众"组成；"款坪"是款组织集会或活动的固定场所；"款约"是款组织的条约规章或行为规范；"款碑"是款组织的碑记铭文。由此可知，款组织实际上是一种带有政治联盟和军事联盟的民间组织。

再次，鼓楼是侗族村寨的一种标志性公共建筑物，古老的侗族村寨都有鼓楼。鼓楼形如宝塔，高耸入云，全木结构。鼓楼最初侗语称"榜"（Beengc）。"Beengc"在侗语中是"堆"的意思。如"Yil beengc jidl"（一堆柴火），"Yil beengc jinl"（一堆石头）等。后来又称"拱"（Gongc），在侗语中是"台架"

竹坪款禁碑

或"楼上"的意思。如"Gongc yank"（丝瓜架），"Gongc buc"（南瓜架）、"Wul gongc"（楼上）。所谓鼓楼，是因为每个鼓楼的楼顶上置有一面牛皮大鼓，遇有紧急情况需要发出信号，就敲响鼓楼顶上的牛皮大鼓。人们听到鼓声，就会赶紧聚集到指定地点听从款首指挥。据新编《竹坪村志》介绍："鼓楼是最有权威和最有气魄的指挥所，鼓声是指挥员发出命令的信号。古代的款组织就有鼓声规定，而且在一个区域内是统一的。若有兵匪进犯、拦路抢劫、偷牛盗马等重大事件发生，

就连续敲击大鼓，不论坡上寨上，凡听到鼓声的人都会个个摩拳擦掌，携带武器火速跑到鼓楼集中，听从指挥，整装待发。如果发现火警，也敲急声鼓，不同的是打一阵，停一下，并高声喊叫，告诉人们火警发生在何方何处。人们听到此种鼓声，就会自觉地带上所需救火工具直奔现场。在坡上干活的人也会火速回家。如果是集会，或是迎宾接客，或者报告举行某种活动的时间已到等，就打慢声鼓，打一阵，喊一阵，再打一阵，人们就会很快来到鼓楼听候安排。逢年过节，尤其是春节，也要从鸡叫头遍至次日上午10点钟左右连续不断地打慢声鼓。由此可知，鼓声是竹坪人一切行动不可违误的命令。"该书还说："竹坪鼓楼顶上安放大鼓的那层楼板还有特别的防卫设备，即楼板上面要铺满砖块或青石块，这是因为如有兵匪或其他敌人来犯，击鼓人就是抗击来犯之敌的总指挥，所以敌人最恨击鼓人，击鼓人也就成了敌人首先要消灭的对象。所以在非常情况下击鼓人不能站立击鼓，必须躺在事先铺好的砖块或石板上击鼓，以

防止枪弹或箭头射击。如果敌人逼近鼓楼下面，还可以用砖头或石块打击敌人。在非常情况下，也不能一个人上楼击鼓，必须两三个人身带武器上楼击鼓指挥，以防万一。这些，款首或寨老们都会有安排的。"从以上的介绍中我们可以看出：侗族村寨的鼓楼，最早来源于自卫战争的需要，是作为侗族的先民——古代越人的瞭望台、信号台和指挥部而产生的，后来才逐步演化成侗族村寨的政治中心、接待中心和娱乐中心。

从以上遗存的民间习俗也可以看出，侗族先民，很可能与古代某种军事防卫组织或防卫战争有关，或许他们就是这些军事组织成员或参战人员的后裔。

第四节　汉文古籍中关于侗族的记载

因为侗族在历史上没有本民族的文字，所以关于侗族的文字史料不多，目前只见到汉文古籍中的一些零星记载。

唐代著名诗人王昌龄大约于天宝七年（748）前后由江宁丞再次被贬为龙标县尉，故有"王龙标"之别称。唐代龙标县位于今湘西南和黔东南侗族聚居区，其治所的具体位置说法不一。一说是在今湖南省黔阳县（今洪江市）黔城镇；一说是在今贵州省锦屏县隆里（原名龙里）乡。今黔阳县之黔城有芙蓉楼及诸多碑刻，都是后人为纪念王昌龄而修建的，碑刻中还有"洞蛮长跪乞新诗，岂复形神劳讼辞"、"蛮女乞诗书锦字，苍头拾叶佐炊烟"、"洞蛮索句真无奈，逐客伤离亦可哀"等诗句。锦屏县之隆里乡有龙标书院、状元桥及少白墓（王昌龄字少白）等古代文物，据说这些文物都与王昌龄贬所有关。如新撰《锦屏县志》载："龙标书院旧址在隆里所（隆里乡驻地）城北隅，距县城64千米。据清光绪《黎平府志》等书载，龙标书院创自唐王昌龄，清雍正三年（1725）隆里人张应诏捐资重建，光绪二十五年（1899）再重建，是一所历史悠久的书院。"该书还附录两篇考证文章，一篇是清人龙绍讷的《龙标考》，一篇是今人唐莫尧的《考王昌龄谪贬的龙标应是锦屏》。前文认为："龙里在龙标管辖之内，县在黔阳而尉在龙里，固不得以远为疑也。"后文"从李白诗谈龙标所在"、"从王昌龄谪诗谈龙标所在"、"从唐宋间史籍记载谈龙标所在"、"从传说和史志记载谈龙标所在"、"从谪诗中'沅溪'与'两个龙标'解释"等方面论证王昌龄谪贬的龙标应是锦屏而不是黔阳。唐莫尧认为："我

们从李白诗'过五溪'所指的地理位置结合'夜郎西'所指的地理位置来看，王昌龄谪贬的龙标都不应在黔阳，而应是锦屏。""从王昌龄有关谪贬龙标的诗来看，他对'沅溪'和'沅江'的使用上是有区别的，并不是一般的泛指。""沅江在黔阳附近已是大的水道，王昌龄诗中所指的'沅溪'，即龙标所在，当不在黔阳，而应是锦屏。"

尽管学界对王昌龄贬所的具体位置有不同认识，但对王昌龄到过龙标的历史事实是无争议的，其中李白的诗《闻王昌龄左迁龙标遥有此寄》可以佐证："杨花落尽子规啼，闻道龙标过五溪。我寄愁心与明月，随风直到夜郎西。"如果李白也只是"闻道"（听说）的话，那么王昌龄本人的诗《龙标野宴》及《送崔参军往龙溪》便不容置疑了：

> 沅溪夏晚足凉风，春酒相携就竹丛。
> 莫道弦歌愁远调，青山明月不曾空。

> ——《全唐诗 王昌龄 龙标野宴》（卷一四三）

> 龙溪只在龙标上，秋月孤山两相向，
> 谴谪离心是丈夫，鸿恩共待春江涨。

> ——《全唐诗 王昌龄 送崔将军往龙溪》（卷一四三）

无论龙标县治所是位于黔阳还是位于锦屏，都是今日侗族、苗族、瑶族先民的栖身之地。唐宋时期此地或称辰州、或称巫州、或称沅州、或称叙州、或称诚州、或称徽州等，如贞观八年（634）分辰州龙标县置巫州，天授初改名沅州，开元中复改沅州为巫州，大历五年（770）又改巫州称叙州。后周显德年间，"叙州蛮杨正岩遂以十洞称徽、诚二州"（《十国春秋·楚十》）。唐宋时期生活在这一地区的土著居民被称为"叙州蛮"、"叙州僚"、"飞山蛮"、"诚州蛮"、"徽州蛮"、"辰州徭"、"梅山蛮"、"武岗峒蛮"等，他们分别是今日侗族、苗族和瑶族人民的祖先。唐代，这一地区大多属中央封建王朝的"羁縻"之地，中原汉人"流官"极少到此，正如柳宗元在《送李渭赴京师序》中所说："过洞庭，上湘江，非有罪左迁者罕至。"柳宗元所说的"过洞庭，上湘江"，乃是指今湖南南永州零陵一带。当时的龙标县、今日的湖南西南和贵州东南比湖南南更为偏僻，如果"诗家天子"王昌龄不是"死不悔改"而遭再贬，也不可能来到这样一个"蛮僚"聚居的边远小县任职。

唐代诗人及散文大家柳宗元于元和年间被贬为柳州刺史，故世人称他为"柳柳州"。元和十四年（819）他卒于柳州任上，享年仅四十七岁。唐、宋时期的柳州，乃是"夷僚"的聚居之地。因柳州与桂州（今广西桂林市）、融州（今广西融水苗族自治县）、宜州（今广西宜山县）毗连，故史书多称此地土著居民为"桂州僚"、"桂州徭"、"融州蛮"、"宜州蛮"等，如《旧唐书·良吏下》载：武后称制时，有"始安贼欧阳倩拥徒数万，剽陷州县。（上）授怀古桂州都督，仍充招慰讨击使。才及岭，飞书招诱，示以祸福，贼徒迎降。自陈为吏人侵逼，乃举兵耳。怀古知其诚恳，乃轻骑以赴之。左右曰：'夷僚难亲，未可信也。'怀古曰：'吾仗忠信，可通于神明，况于人乎！'因造其营以慰谕之。群贼喜悦，归其所掠财货，纳于公府。诸洞酋长素持两端者，尽来款附，岭外悉定。"《新唐书·南蛮下》载：大历二年（767），"桂州山僚叛，陷州，刺史李良通去。"直至宋代，这些地区的"蛮"、"僚"、"瑶"仍活动频繁，如范成大《桂海虞衡志》载："瑶之属桂林者，兴安、灵川、临桂、义宁、古县、永宁诸邑，皆逼近山瑶。"《宋史·蛮夷传三》载：至和元年（1051），"有融州属蛮大邱峒首领杨光朝请内附，又有杨克端等百三人来归，皆纳之。诸蛮族类不一，大抵依阻山谷，并林木为居，椎髻跣足，走险如履平地，言语侏离，衣服斒斓，畏鬼神，喜淫祀，刻木为契。不能相君长，以财力雄强。"由此可知，唐、宋时期的桂州（今广西桂林市）、融州（今广西融安县）均属于边远的"蛮僚"之地。柳州居桂州与融州之南，所以唐、宋时期的柳州更为边远，更是南方土著居民集中居住的地方。柳宗元的《柳州峒氓》诗可以佐证，诗曰：

郡城南下接通津，异服殊音不可亲。
青箬裹盐归峒客，绿荷包饭趁虚人。
鹅毛御腊缝山罽，鸡骨占年拜水神。
愁向公庭问重译，欲投章甫作文身。

这些"异服殊音"的"峒客"，无疑是指当地的土著居民。这些居民就是今日壮、侗、苗、瑶等族人民的祖先。在侗族古歌中，也有"从前我们做大款（侗族民间自治和自卫组织），头在古州（今贵州省榕江县），尾在柳州（即今广西壮族自治区柳州市）"的说法。柳宗元《柳州峒氓》诗所写的民情风俗，也与今日壮、侗等少数民族人民的风俗习惯相同，如壮、侗人民均呼"集市"为"虚"或"圩"，如"歌圩"、"赶圩"等。"鸡骨卜"也是壮、侗民间的一种习俗，凡遇难断之事，则用鸡骨卜之，以判吉凶。侗族有民间自治和自卫组织均称为"款"，凡当地发生的各种案件，均由当地款组织出面处理，不进"公庭"，所以侗族先民均"愁向公庭问重译"。壮、侗等族都是"百越"民族的后裔，所以他们的祖先都有"文身"的习俗。柳宗元对壮、侗等族先民的风俗习惯如此熟悉，说明柳宗元与他们之间的关系十分亲密。柳宗元称柳州一带的土著居民为"峒客"或"峒氓"而不称"峒蛮"或"峒獠"，也说明柳宗元对当地土著居民以"客"相待或以"氓"（人）相看。此处的"氓"当读为"meng"（萌），阳平声，而不读"mang"（盲）。《韩非子·初见秦》直接用"萌"而不用"氓"。由此可知，"氓"、"萌"在古代同音并同意。"氓"者，"百姓"也，亦写作"甿"，如"氓俗"指民俗，"氓黎"指民众，"氓隶"指充当奴隶的平民。"氓"包括两种含义，一是指"流亡之民"，如《诗经·卫风·氓》："氓之蚩蚩，抱布贸丝。"又如《孟子·滕文公上》："（许行）自楚之滕，踵门而告文公曰：'远方之人闻君行仁政，愿受一尘而为氓。"二是指"草野之民"，如《战国策·秦一》："彼固亡国之形也，而不忧民氓。"至今，侗族人民仍称"人"为"氓"（mengx 萌）

◾ 今日侗寨（黎平水口）

如"一人"称"一氓"（il mengx 一萌），"大人"称"氓老"（mengx laox 萌老）。柳宗元所说的"柳州峒氓"，当指"远方之人"或"草野之民"，因为柳州位于边远的南方，居住在柳州一带的土著居民又尚处于经济文化比较落后的状态之中。正因如此，柳宗元一到柳州，便进行一系列的社会改革，积极进行文明教化，其中包括革除奴婢制度、兴办汉文学校、提倡中原礼法等等。这些革新、教化活动，均深受柳州各族人民的欢迎，如韩愈在《柳州罗池庙碑》中称："柳侯为州，不郫夷其民，动以礼法。三年，民各自矜奋，曰：'兹土虽远京师，吾等亦天氓，今天辛惠仁侯，若不化服，则我非人。'於是老少相教语，莫违侯令……"

由于侗族自古以来就是一个热爱和平的防守自卫族群及崇尚和谐的隐匿自治族群，所以侗族社会内部安定团结，夜不闭户，路不拾遗，历史上从来没有发生过这个支系与那个支系之间的战争，与周边苗、瑶、汉等兄弟民族也能和平共处，从而使这一地区的自然生态和人文生态得到较好的保护。

侗家喜事

【第四章】
同宗共祖的原生观念

侗族同宗共祖的原生观念，是侗民族原生态意识和朴素的生态伦理的体现，也是早期侗族人民对客观世界的认识和态度的集中体现。这种观念主张万物一体，众生平等，一切生物都有其生存权，作为人类应该崇敬自然，尊重生命，顺从自然生存的规律。侗族祖先认为，人类最早来源于自然，与各种生物同宗共祖，人类必须与自己身边的其他成员相互尊重，和谐共处，否则就会带来灾难，两败俱伤。同宗共祖的原生观念为万物有灵的原始信仰和天人和谐的生态观念奠定了认识基础。

第一节　龟婆孵蛋在溪边

同宗共祖的原生观念是侗族生态文化的重要组成部分，主要反映在侗族远古神话传说之中。如《Sax Biins Biaeml Geiv Nyaoh Geel Guis》（《龟婆孵蛋在溪边》）讲：

Dangl xup bonc guh eip meml dih

当初盘古开天地

Dees dih yangc anl nup yangh map

地上阳间怎样来

Baov daol wagx xangh nup yangh xanp

请众乡亲细思量

Dees dih yangc anl nup yangh sins

地上阳间怎样叫

Leis siv sax biins biieml geiv map

四个龟婆来孵蛋

Sax biins bieml geiv geel guis

龟婆孵蛋在溪边

Yenl yuih geel guis eis lail

因为溪边不好

ail samp naenl

四个坏了三个

Lis naenl geiv bagx sangx Songh Sangh

有个白蛋生松桑

Songh sangh muih wap gol nyeems nyeems

松桑娥眉笑眯眯

Muih wap Songh Sangh nyeems nyeems gol

娥眉松桑眯眯笑

Dees dih yangc anl il mungx nyenc

地上阳间一个人

Dees dih yangc anl il mungx yuns

一人在世太孤单

Sax biins biaenl geiv nyaoh geel gunx

龟婆孵蛋在坡脚

Yinl yuih geel guns eis haos

因为坡脚不好

Siik naenl aop bail samp naenl

四个坏了三个

Lis naenl geiv bagx sangx Songh Ngenh

有个白蛋生松恩

Songh Ngenh lagx lail gol nyeems nyeems

松恩英俊笑眯眯

Lagx lail Songh Ngenh nyeems nyeems gol

英俊松恩眯眯笑

Wenl denh nyinc anl il naih qit

混沌世界这样起

Banl miegs dongc dih yuh nyimp map

男男女女来世上

Dih edl sangx ongs nup

第一生哪个

Sangx ongs suic mienc langc

生个蛇名郎

Dih nyih sangx ongs nup

第二生哪个

Sangx ongs liongc mienc langc

生个龙名郎

Dih samp sangx ongs nup

第三生哪个

Sangx ongs memx mienc langc

生个虎名郎

Dih siik sangx ongs nup

第四生哪个

Sangx ongs meeux mienc langc

生个猫名郎

Dih ngox sangx sax nup

第五生哪个

Sangx sax bias guanh menl

生个雷婆管天

Dih liogc sangx ongs nup

第六生哪个

Sangx ongs nguap mienc langc

生个狗名郎

Dih sedp sangx ongs nup

第七生哪个

Sangx ongs nguk mienc langc

生个猪名郎

Dih beds sangx ongs nup

第八生哪个

Sangx ongs bedl mienc langc

生个鸭名郎

Dih jus sangx ongs nup

第九生哪个

Sangx ongs nganh mienc langc

生个鹅名郎

Dih xebc sangx ongs nup

第十生哪个

Sangx sax meel guanh jenc

生个熊名郎

Xil edl sangx ongs nup

十一生哪个

Sangx ongs nyenc Xangl Liangc

生人公姜良

Xil nyih sangx lis Xangl Muih

十二生姜妹

Xangl Liangc Xangl Muih map touk yangc

姜良姜妹来人间

（引自杨权、郑国乔，《侗族史诗——起源之歌》
第一卷24～31页，个别译文有变动）

　　大家知道，"龟"是一种现存最古老的水陆两栖动物。中国古代文献中多有关于龟的记载。如《山海经》中就已经有关于"旋龟"的记载。东晋道家葛洪所著《抱朴子·论仙》载："谓生必死，而龟鹤长寿焉。知龟鹤之遐寿，故效其导引以增年。"《洛书》曰："灵龟者黝文五色神灵之精也，能见存亡明于吉凶。"《洪范·五行》曰："龟之言久也，千岁而灵此禽兽而知吉凶者也。"《淮南子》载："必问吉凶于龟者，以其历久岁矣。"侗族人认为"龟"是人类及蛇、龙、虎、猫等动物的老祖宗应该不是凭空而想象。更有意思的是，侗族人认为人类及其他相关动物都来源于单细胞的卵生——"龟婆孵蛋"。而且侗族人还认为，"蛋"是生命的本源，某家生了小孩，必须煮"红蛋"表示庆贺。后来逐步演变成一种吉祥物。这与生物学的某些观点不谋而合。这是什么原因？从生态学及生态文化的角度，也很值得我们认真探讨。

　　从这段侗族创世古歌中我们可以看出，侗族祖先认为：人类最早来源于自然，来源于"龟婆孵蛋"，而且人类与蛇、龙、虎、猫、雷、狗、猪、鸭、鹅、熊等生物或非生物同宗共祖，他们都是松桑、松恩的子孙。这种同宗共祖的原始意识，反映了侗族先民对自身及客观世界的初始认识，尽管这种认识十分幼稚，但从生命的本源思考，这种认识也不是没有道理。

　　21世纪的科学技术把人类的文明提升到了空前的高度，也使人类征服和改造自然的能力大大增强。然而，也随之出现了很多事与愿违的事件，尽管人们采用各种方法试图缓解和消除生态危机，但危机不仅没有缓解反而加剧了。可见，全球生态环境问题的日益突出，不是科学技术单方面就能解决问题的，如果没有

迎亲传承香火

道德力量的约束，现代技术运用中的任何一种力量都可能显现出其破坏性特征，其结果必定会造成一种难以挽回的毁灭性力量。究其原因，不在于我们缺乏必要的技术能力，而在于缺乏必要的伦理意识。正是在对生态危机根源的反思基础上，诞生了一门新兴学科：生态伦理学。

生态伦理学（ecological ethics）是运用生态学和伦理学的综合知识，研究生态的伦理价值和人类对待生态的行为规范的科学，其目的是为保护生态环境提供一个恰当的道德根据。生态伦理学作为一种全新的伦理学，其革命性变革在于在强调人际平等、代际公平的同时，试图扩展伦理的范围，把人之外的自然存在物纳入伦理关怀的范围，用道德来调节人与自然的关系。

生态伦理价值观建立在对工业文明反思的基础上，是对长期统治人类的主导价值观的反叛，它主张人应该善待环境，人对自然环境负有道德责任，是一种以尊重为基础的人与自然和谐发展的崭新的世界观和价值观。生态伦理学赋予自然物以独立人格，再用传统的伦理规范来调节人与自然的关系。生态伦理学向人们提出了全新的道德要求，这意味着人类的一次深刻的角色转变，即由自然的征服者变成自然的调节者，实现这一角色的转换不仅需要强制性的政策法规，更需要道德的力量。生态伦理学便是要为人类适应这种新角色构建起系统的道德准则和行为规范。

尽管生态伦理学的很多观点还受到质疑，但其基本思想——人对自然的关爱，仍受到当代众多前沿理论家的欢迎和关注。人类来自于自然，胎生于鸿蒙宇宙。自然是人类的母亲，不仅是人类的创造者、养育者，更是在当前时代需要关怀的对象，自然也应和人一样，作为伦理的平等主体，人与人之间的伦理规范，要拓展到人与自然之间。尊重自然，敬畏自然，应作为道德伦理的约束，要摒弃人类中心主义价值伦理观，摒弃现代社会无节制的物质欲望、奢侈消费和享乐观念，倡导与自然和谐相处的"绿色生活方式"。从这点看，侗族"龟婆孵蛋在溪边"的古老传说仿佛为此提供了原始的注脚。

第二节　侗族人心目中的"生命之网"

生态一词，通常指生物的生活状态，指生物在一定的自然环境下生存和发展的状态。生态（eco-）一词源于古希腊字，意思是指家（house）。从侗族同宗共祖的原始观念中也可以看出，侗族祖先也是把人类及非人类的生存环境当作一个"家"来看待的。这个"家"的所有成员都是同宗共组的兄弟姐妹，他们本应该和谐相处。后来，因为家庭不和，出现纠纷，产生矛盾，致使"家庭成员"相互争斗，各败俱伤。如侗族古歌中说：

Dangl xup bedl aiv wox angs lix

当初鸡鸭会说话

Meix laox wox dos gal

大树会唱歌

Jedl ags map yanc

柴火自己来家

Memx daenl pieengp buil

老虎来家烤火

Yenl yuih xenl yenl yuih

因为复因为

Yenl yuih jaix nongx eos douh

因为兄弟不和

Ul bas eis hoc

姐妹不睦

Yanc nyenc eis kop

家庭闹纠纷

Jaix nongx miedl nas

兄弟翻脸

Ul bas miedl naengl

姐妹反目

Baov yanc eis lail

嫌家不好

Yangh xeengp nanc nyaoh

人兽难处

Ongs deic juh jiv

公拿主意

Sax deic jiv jods

奶想办法

Ongs deic jiv mangl

公施小计

Sax deic jiv nal

奶献大略

Ongs deic jiv lail

公谋好计

Sax deic jiv haos

奶出良策

Maenl lail xic haos

吉日良辰

Yinp maoh bis guail

让他们斗智

Aol nouc weex jaix

要谁当兄长

Nyimp maoh weex nongx

跟他做弟妹

Jaix nongx qak jenc gol nyeems nyeems

兄弟上山笑呵呵

Jaix nongx laos jemh nyeems nyeems gol

姊妹进冲呵呵笑

Jaix nongx weex il qit

兄弟姐妹在一起

Lix dah lix xeengp denv

言来语去相顶撞

Xangl Liangc Xangl Muih songk buil

姜良姜妹放火

Mac buil yak jenc yak jih

火焰照红山坡

Guaenc buil laos mas

浓烟入云

Mac buil biiangx menl

火焰冲天

Bux neix semp sais nanc nyaoh

父母心里难受

Heemx lagx soh ungs jenc xanp

呼儿唤女蒙山间

Memx yah laos jenc Liongc laos nyal

猛虎进山龙入江

Suic yais laos ngamc Bias laos mas

长蛇进洞雷钻云

Soh pangp soh taemk

高声低声

Bux neix naengl eis yaeml

父母不放心

Buil laox nanc naengh

大火难逃

Bux neix liaiv lagx lieeux gaos kap

父母因儿丢性命

Buil laox lioh gaos jenc

大火燎山头

Nyenc laox nyaoh dav buil

老人葬火海

Lagx lis kuenp bail

儿女有活路

Nyix siis lis donc nyaoh

子女得安身

（《侗族史诗——起源之歌》第一卷32～39页，个别译文有变动）

这段古歌，讲述了因为兄弟反目，人兽不和，作为人类代表的姜良姜妹放火烧山，致使"猛虎进山龙入江，长蛇进洞雷钻云"，并造成了"大火燎山头，老人葬火海"的悲惨结局。

然而，悲剧并没有到此结束。传说中讲：雷婆被姜良姜妹放火赶进云层之后大发雷霆。为了对姜良姜妹施加报复，雷婆从天上放水淹没人类，致使洪水滔天，人类几近绝灭，只剩下姜良姜妹躲在葫芦瓜里幸免于难。洪水退后，姜良姜妹为了繁衍人类，遵从天意，兄妹成亲，生养了侗、苗、汉、瑶等兄弟民族。

美丽的侗族家园

　　这是一个古老而美丽的神话传说。这些传说告诉我们：人类只是生物或非生物系统中的一个成员。人类必须与自己身边的其他成员相互尊重，和谐共处，否则就会带来灾难，两败俱伤。

　　美国著名学者卡普拉在《生命之网》中也认为：生命的存在模式是一个网络关系组成的系统。所有的生命形式，无论是动物、植物，还是微生物，也无论是生命个体、物种，还是群落，都是由网络组成的。地球生态系统正是由所有生命形式长期的共同生活与进化形成的结果。

　　难能可贵的是，侗族人民的祖先早就意识到了这种"生命之网"相互依存、相互矛盾、相互争斗的复杂关系及演化过程，并且能用形象的艺术语言表述出来，这在人类认识史上也是一笔珍贵的财富。

　　当前，随着生产和科学技术的迅速发展、人口数量的剧增、人的需求猛烈增长，造成了对生物圈的过度冲击，严重地破坏了生态平衡，引起了自然界的危机，也孕育着或已经引起自然对人类的报复。生态问题对人类利益的严重威胁迫使人类重新反思人与自然的关系，调整人与自然之间的行为。当前蓬勃兴起的后现代生态伦理观的核心观念，就是旨在于人类根深蒂固的价值与观念中来一场新的启蒙，把权利和义务关系赋予非人类的物种、自然物和整个生态系统。这种人与自然新的关系的确定有助于结束人与自然数百年的敌对状态。用新的道德规范来约束人对自然的行为，关注千百万个物种的福利，一场生态伦理和观念上的革命，侗族人民的原生态观念给了我们意味无穷的启示。

平甫鼓楼

【第五章】
万物有灵的原始信仰

如果说同宗共祖的原生观念是侗族人心目中"生命之网"存在的理由,那么,万物有灵的原始信仰则是侗族人心目中"生命之网"的实现方式。这种存在的理由与实现的方式共同构成了侗族传统生态文化的"理论基础"或"认识根源"。

第一节　侗族的民间信仰

侗族人信仰多神，是万物有灵的崇尚者。侗族人认为，人和山、水、树木、石头等等都有两种属性：一种是看得见摸得着的躯体，侗语称之为"Xenl Xangh"；一种是看不见摸不着的灵魂，侗语称之为"Guaenl"。因为躯体是看得见摸得着的有形部分，所以侗语称之为"Mangv Yangc"（阳界）；因为灵魂是看不见摸不着的无形

过阴招魂

部分，所以侗语称之为"Mangv Yiml"（阴界）。阴界和阳界相互依存，因而组成了整个世界。侗族人崇拜自然物，古树、巨石、水井、桥梁均属崇拜对象。以女神萨岁（意为创立村寨的始祖母）为至高无上之神。

在侗族人的民间传统观念中，没有"天堂"、"地狱"、"人间"三界之分，只有"阳间"与"阴间"两界之说。人、神同处，阴、阳相依，这是侗族民间信仰的主要特征。侗族人还认为，人死后，其灵魂都会回到侗族人心目中的祖源之地——"Gaoh Senl Ngac Nganh"（雁鹅村头）。那个地方四季如春，鸟语花香，没有灾难，没有痛苦，人的灵魂可以在那里自由自在地唱歌、跳舞。2004 年夏天，今贵州省黎平县岩洞镇岩洞村四洲寨有一位侗族妇女生病了，人们以为她的灵魂丢失了，于是就请当地的阴阳师（鬼师）来过阴招魂。中国社会科学院民族文学研究所和日本国学院大学的一些专家学者目睹了这次过阴招魂的全过程，并进行了学术性录像。

侗族的民间信仰，与汉族十分类似，是古代原始信仰的体现。

第二节　神树崇拜

侗族人还认为，山水、石头、树木、花草、牛羊等自然物的灵魂也和人的灵魂一样是有知有觉、有情有感的，而且认为这些自然物的灵魂和人的灵魂是

相互依存、患难与共的。所以人们要爱护自然、珍惜自然，甚至要用祭拜的形式请求各种各样的自然物护佑人的身体健康、村寨安全、五谷丰登等等。下面我们以"神树"为例来探讨侗族灵魂信仰的表现形式及其对生态文化的影响。

中国的神树崇拜来源久远。考古工作者们曾在今四川省广汉市南星镇真武村三星堆发掘出一棵"青铜神树"。该"神树"是用青铜铸造而成，高 3.96 米，顶部残缺，全高约 5 米。树枝上站立着许多昂首挺胸的鸟类。三星堆文化的上限时间距今约 4500 年，大致延续至距今 3000 年左右，即从新石器时代晚期至相当中国中原地区的夏、商时期。由此可以判断：距今约 3000 年左右，居住在今四川广汉一带的人类已经有了普遍的神树崇拜。

中国侗族的神树崇拜起源于何年何代？目前我们还难以作出确切的判断。从语言学的角度思考，我们认为中国侗族的神树崇拜或许与这棵"青铜神树"有关。从一些侗族古歌中我们得知，侗族的祖先曾经将"树木"称为"mogx xuh"。"xuh"是汉语"树"的音译。那么"mogx"是什么呢？根据侗语的语法规则，"mogx"大概就是"木"了。奇怪的是，在侗族语言中，"鸟"也称为"mogx"。也就是说，古代侗语的"木"和现代侗语的"鸟"读音完全相同。这是什么原因呢？是纯粹的巧合？还是另有因由？

让我们回过头去认真看看这棵产生于 3000 多年以前的"青铜神树"。我们不难看出：这棵树的树干笔直，套有三层树枝，每一层又有三根枝条。全树共有九根枝条。所有的树枝都柔和下垂。枝条的中部伸出短枝，短枝上有镂空花纹的小圆圈和花蕾，花蕾上各有一只昂首翘尾的小鸟。认真数数这些小鸟，全树共九只。由此可知，这棵"青铜神树"绝对不是一般的供人欣赏的艺术品，而是和这棵"青铜神树"制作者的树崇拜及鸟崇拜有关，而且他们是把树和鸟紧密地连在了一起。我们似乎也可以将这棵古老的"青铜神树"称为"青铜鸟树"。

让我们再回过头去想想侗族的民间神话及侗语中的"鸟"、"木"同音，就不能不联想到这棵"青铜神树"与侗族人民的神树崇拜和神鸟崇拜有着多么密切的关系了。至今，侗族民间还广泛流传着侗歌来源"鸟树"的神话传说（详见本书第九章）。

在侗族人民的现实生活中也有这样一棵神奇的"鸟树"。这棵神奇的"鸟树"就在今湖南省通道侗族

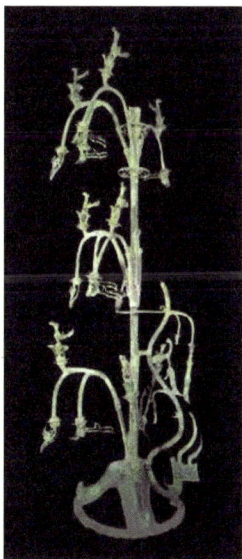

▪ 青铜神树

自治县境内，每天都有数百只鸟到这棵树上栖息，鸣叫、唱歌，年复一年，日复一日，赶都赶不走。

由此可知，神树崇拜并不是凭空想象，而是来源于现实生活，来源于人们对客观世界的长期观察和亲身体验。由此我们还可以发现，神树和神鸟关系密切，形影不离，这也是"生命之网"中的一种常见现象，是客观世界相互依赖、和睦相处、平衡发展的一种现实反映。

侗族神树崇拜的现实表现多种多样，最常见的主要有以下几个方面：

一、祭树

所谓祭树，就是逢年过节或特殊日子去祭祀神树。祭树是属于家族或村寨的集体祭祀行为。祭祀的方法各村各寨各不相同，有的比较简单，有的比较复杂。常见的方法是由祭师（男性鬼师或阴阳师）在神树下面杀一只公鸡，并将少量鸡血和几根鸡毛涂在神树的树干上。然后将鸡弃毛，煮熟，并与随身带去的糯米饭、糯米酒等一起作为供品摆在神树下面。接着由祭祀师烧香烧纸，朗诵《祭树词》。《祭树词》的主要内容是邀请各方神灵都来参加，包括山神、水神、土地神等，然后再讲树的来源、树的功德，并请树神保佑村寨平安、人

祭祀神树

畜兴旺等等。朗诵《祭树词》后，由祭祀师将少量糯米酒、糯米饭和鸡肉撒在神树根部。最后所有参与祭树的人一起面向神树鞠躬叩拜，并共同分享祭祀时的各种供品，包括糯米饭、糯米酒、鸡肉等。祭祀结束，参与祭祀的人们必须把那些供品全部吃完，不许带回家中。比较复杂或大型祭树仪式还要杀猪甚至杀牛，同时要用竹子、饭藤、彩纸等物编成花圈或花竿绑在神树的树干上。

二、拜树

拜树是属于个人或家庭的祭祀行为。常见的是幼儿拜树为"保爷"，侗语称"baiv bux mags"（拜大爷或拜大伯）。如某家幼童不太健康或经常有病，其

家人就会带着孩子去请当地祭祀师或阴阳师查找原因。祭祀师或阴阳师可根据这位儿童的出身年、月、日、时等资料判定他是否要去拜"保爷"，并判定应该拜什么样的"保爷"。其中有拜人、拜树、拜石头等等。幼儿拜树的仪式比较简单，一般是由其父母或祖父母带上幼儿及相关祭品(如纸钱、香、酒、肉、糯米饭等)到神树下面祭拜，并由其父母或祖父母用言语请求神树随时护佑他们的孩子。有的甚至还写上字据贴在神树树干上，表示自愿将自己的孩子"过继"给神树接养，称"接关"。如2005年6月6日，今湖南省靖州苗族侗族自治县飞山庙内的一棵神树上有这样一篇"接关"字据：

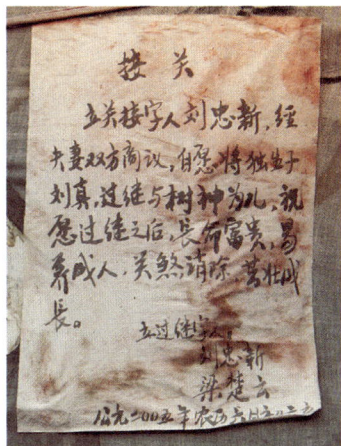

🔖 接关字据

接　关

立关接字人刘忠新，经夫妻双方商议，自愿将独生子刘真，过继给神树为儿。祝愿过继之后，长命富贵，易养成人，关煞消除，苗壮成长。

立过继字据人：刘忠新 梁楚云
公元二〇〇五年农历六月六日立字

　　拜树一般不请祭祀师参加。以后农历每月初一、十五或重大节日也都由家长带着孩子去祭拜这棵神树，直至孩子长大成人。这种拜"保爷"的行为，大概是受中国古代金、木、水、火、土相生相克"五行学说"的影响。

三、禁伐

　　所谓"禁伐"，就是不许任何人砍伐神树。假如有人砍伐或伤害神树，将受到神灵的严厉惩处。今贵州省黎平县岩洞镇岩洞村四洲寨曾经发生过这样两件事情：清朝末年，该寨侗族农民吴某去剥神树的皮来染布。不久他便得了重病，瘫痪在床。经阴阳师"过阴"查看，认定他是得罪了这棵神树并受到了惩罚。后来，他们家杀牛祭树，吴某的病情才逐步好转。此后，再也没有人敢去动这棵神树，直至在山上自然干枯腐烂。2004年春天，该寨邓某因为建房

岩洞村老神树

车寨古榕神树

挖宅基时挖断了一棵神树的根。这家新房建成之后不久,这棵神树便被大风刮倒,并压坏了这家新房的一角。于是,全村人都认为这家得罪了神树,并受到了神树的惩罚。

四、忌用

神树一般都被忌用,尤其是私人家庭都不敢动用神树来建房子、打家具、烧火做饭等。如果是神树自然倾倒,一般都由全寨人一起去拉来充当公用。如用于鼓楼烧火,或用来建造一些不是很重要的公共设施。

侗族人崇拜的神树多种多样,根据目前所掌握的资料,其中包括以下一些树种:

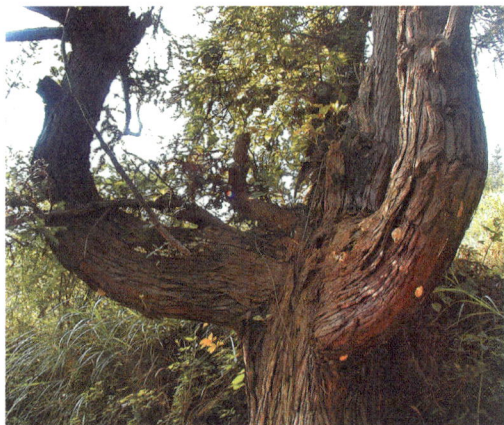

岩洞仙人神树

枫树（又名枫香树）——侗语称"Meix Yaop"，这是最常见的神树树种，分布广泛，到处可见。

杉树——侗语称"Meix Kuagt"或"Meix Beens"，这也是最常见的神树树种，侗族人建房屋、打家具都用杉树，分布也十分广泛，到处可见。

柔毛油杉（俗名老鼠杉）——侗语称"Kuagt Not"，这是比较珍贵的神树树种，为数不多，比较少见。

松树——侗语称"Songc Begs"或"Meix Begs"，是侗族地区最常见的树种，但能成为神树的松树并不多，除非它有比较奇特的形象。如竹坪村的"迎客松"。

榕树——侗语称"Meix Liongc Xuh"，树枝和根系都很发达，是都柳江沿岸各侗族村寨常见的神树。

楠树（又称楠木树）——侗语称"Meix Namc"，也是一种比较珍贵的神树树种，一般也比较少见。

猴栗树——侗语称"Meix Nguangx"，树叶宽大，常用来包三月粑；树干挺直，常用来制作侗寨鼓楼上的木鼓。

银杏树（又名白果树）——侗语称"Meix Beex Gox"，侗族地区不常见，比较稀少。

由此可知，侗族人崇拜的树木品种较多，这与侗族人万物有灵的灵魂观念有直接关系。既然万物有灵，那么各种树木当然也都可以成为崇拜的对象。这是不言而喻的。

侗族人虽然信奉万物有灵，但并不等于把每一棵树都当成神树看待，人们崇拜的对象都是有选择、有条件的。就一般而言，侗族人崇拜的神树都要具备以下一些条件：

古老的大树——无论是什么种类的神树，一般都比较高大、古老。在田野调查资料中，所有的神树都没有低矮、稚嫩的小树。由此也可以看出由"灵"变"神"需要一个漫长的演变和发展过程，不是所有的灵魂都能变成受人敬畏的尊神。树神也是这样。

畸形的树木——有些树虽然并不十分古老，也不怎么高大，但形状比较特殊，同样也可以被人们尊崇为神树。如黎平县岩洞村四洲寨后山的"仙人树"，榕江县车江寨河堤上的"包碑树"，黎平县岩洞村和登岑村的"公母树"等，都因为树干畸形，形象特殊而成为人们心目中的神树。

村边路旁的树木——田野调查资料表明，侗族地区所有的神树几乎都在村寨附近或道路旁边，交通一般都比较方便。这可能是为了祭祀上的方便，也显

示出侗族人那种"神、人同处，相依为命"的观念特点。

神树崇拜，客观上起到了保护古树、保护树种、保护森林、保护自然生态的作用。侗族的神树崇拜，从古至今对侗族地区的自然生态和环境保护都产生着积极的影响。

第三节　山神崇拜

在侗族人的心目中，不光是山上的植物有灵魂，动物也有灵魂。旧时，人们集体上山打猎，行前必须举行祭祀仪式，并由猎首背诵《打猎敬神词》。该词共有五段：第一段是请各路山神光临，并说诸神光临"不是空吃，不是白吃"，而是要为我们（指猎人）"人财两发"，"鱼猎得利"。第二段是叙说出猎原因，主要是因为"红黑野猪，心肠坏透"，"白天踏坏田园麻地，黑夜拱坏田埂水渠"，让我们"栽秧不得吃，种棉不得穿"。第三段叙说获得好猎犬的过程。第四段叙说土地诸神和猎人一起出猎的情景。如祭词中说：

> Hox xaop duc dih jenc xeenp
> 敬请土地诸神
> Wagt kap laiv yak
> 狠扇红野猪的耳朵
> Dos maoh lagl kap
> 使它变聋
> Meec wox liaenh biac
> 不能钻山
> Biagl dal laiv naeml
> 狠拍黑野猪的眼睛
> Dos maoh pap dal
> 让它变瞎
> Meec xongp kenp bac
> 停留原地
> Songk jiul laengx beengv laengx douh
> 让我们一瞄就准

Laengx songk laengx kaenp

一射就中

　　最后一段祭词叙说打得猎物归来的喜悦心情："砍倒立木来抬，砍倒硬树来挑。扬腿跨步远，抬脚举足高。男女老少欢喜，个个眉开眼笑。"

　　从这首《打猎敬神词》中我们可以看到另一种"生命之网"——人神相处、人兽相残的复杂关系：红黑野猪们为了生存，"白天踏坏田园麻地，黑夜拱坏田埂水渠"，致使人们"栽秧不得吃，种棉不得穿"。人们为了生存，只好请求山神"狠扇红野猪的耳朵，使它变聋，不能钻山"；"狠拍黑野猪的眼睛，让它变瞎，停留原地"。这是一种多么残酷的生存竞争啊！这是一幅多么生动的生态图景啊！

第四节　人神崇拜

　　除树神、山神、土地神、动物神等自然神外，侗族民间也信仰祖先神、英雄神、天神等等。"萨岁"（Sax Siis）是侗族民间信仰中至高无上的女保护神，她集自然神、祖先神、英雄神为一体。传统侗族村寨都有她的坟墓或神堂，侗语称"Dangc Sax"（萨堂）。每年春节期间或重大节日，各村各寨都要举行隆重的"祭萨"活动。遇到天灾人祸等重大灾难，也要举行隆重的"祭萨"活动。

　　"祭萨"活动一般由"Sangh dengc"（公祭师）主持，全寨男女老少参加，多以"颂神"或"娱神"的方式作为祭祀活动的主要内容。一般都有传统并固定的祭祀之词，如《请萨进寨》（《Yenx Sax Laos Xaih》）祭祀词：

Maenl naih xic haos yenx Sax laos

吉日良时请萨进

Yenx Sax laos xaih juis laos maengl

请萨进寨鬼进潭

Juis xih laos maengl Sax laos xaih

鬼进深潭萨进寨

Sax daol laos xaih qak jinh daengl

萨岁进寨上殿来

Baenv bail egs nanh

丢弃灾难

Nyimp juis laos maengl

随鬼进潭

Naemx xonh judl bail

水旋卷走

Langh nyimp langh luih

随浪漂去

Luih nyal mongc mongc

顺河漂漂

Sangp ongp nyaoh donc

根不再留

Dal ongp leis nuv

眼不再见

Dadl jiuc sangp yax

砍掉坏根

Dagl jiuc Sangp waih

断掉灾源

Senl buh leis lail

村也繁荣

Xaih buh leis haos

寨也富强

Jenl buh leis nyongc

人也欢乐

Wanc mangc daengl saengp

无怨无恨

Lis longc sais kuanp

心头甜蜜

Nyinc bail nyinc map

年复一年

Nyanl dah nyanl bail

月复一月

Dah hangc maenl naih

从今日起

Longc ongp mangc xangk

心无忧愁

Lix ongp mangc angs

事无过失

Jav xuh lail nyaengc

那才真好

"Sangh dengc"（公祭师）都为年岁较高、班辈较长的男性。他们一般都识汉字，对本民族的历史和传统文化也比较了解，有较高的威望。他们的一言一行常常影响到全寨人的心理活动或公众情绪。

第五节　天神崇拜

侗族是一个以种植水稻为主的农业民族，雨水对侗族人民的生产生活至关重要。侗族人认为，雨水是由天神管理的，要让苍天下雨，必须求助于天神。今贵州省黎平县双江乡黄岗村一年一度的"喊天节"就是这样来的。2005 年 8 月 21 日，黄岗村举行了隆重的"喊天节"求雨活动。活动由该村 73 岁的寨老兼公祭师吴正国主持。下面，是吴正国祭师"喊天"时的一段祭词：

Menl oh

天啊

Dih oh

地啊

Ongs dogl senl

公落村

Bias laos menl

雷归天

Nyenc lix tut

人碎地

Xibx nyih lagx Songl Enl

松恩十二子

Xedt xih songl saip nyaoh dih

都是分散住地

Songl jiv nyaoh senl

相置住村

Daengx senl xah baov

全村都说

Menl naih mags

这天大

Daengx wagx xah baov

众人都说

Menl naih yonc

这天圆

Deev duc kuk mags

砍头大猪

Magt duc kuk buic

劈头肥猪

Leis daenl samp begs jinl menc

得来三百斤油

Leis daengl ngox begs jinl nanx

得来三百斤肉

Duc naih gaos il ngangc

这猪头如"昂"

Kgangc il juih

颚如箱

Lags kedp il binv dangl

肋骨如栏板

Lags kgangc il benc beec

颚骨如脚盆

Nas il udt

脸如筛

Mux il joh

须如筷

Qit loh il miaiv kuaot

鼻孔如酒瓢

……

　　"松恩"是侗族传说中的人类始祖。"昂"是侗人用来烘烤糯禾等农产品的竹制用具。由此可知,"喊天"活动实际是通过祭师及相关仪式来赞天、求雨,以求得天神的保佑与恩赐。

　　"喊天"活动虽然是一种幼稚的民俗举动,但却反映出了侗族人民对天的敬畏与无奈,也反映出侗族人民对自然力的尊重与屈从。最近几年的天灾——汶川大地震、南方大冰灾、西南大干旱等等都说明了一个道理:在强大的自然力面前,人类的力量似乎还非常渺小,所谓"人定胜天"的理想,似乎还要很长的时间才能实现。

平埔侗寨

【第六章】
依山傍水的人居环境

侗族村寨都是依山傍水，随山形地势而建。村前是清澈的小河或稻田，寨后是翠绿的古树或竹林。寨内鼓楼高耸，木楼相依，鳞次栉比；寨脚花桥跨河，绿水环绕。村寨四周一般都栽植高大的枫树、木荷、榕树、楠木等古木，这些繁茂苍劲、枝叶婆娑的大树，将村寨环绕成一串串绿色的明珠。村寨与山水交相辉映，构成一幅天然的山水画。这不仅说明侗族人民对生态保护的历史传承，也是侗民族生存发展观念的自然写照。

第一节　青山绿水侗乡美

　　侗族是一个爱山爱水的民族。侗族村寨依山傍水而居的特征显示侗家人在营建村落时，是依托和顺应自然生态环境的，体现了人类早期生存实践中形成的生态经验。这种格局结合自然地形，不破坏自然形势，更是一种生动和谐的美学形式。正是侗族依山傍水的居住格局，使整个侗族村落环境显现出一种紧凑感，即田园、山水、林木、道路、村落、人家是一个整体。它们共同形成了侗家人的生态观、生命观、文化观和族群认同观。这样的人居环境，决定了他们"靠山吃山，靠水吃水"的生产方式以及爱山爱水的行为方式。

　　有一首叫《大山真美》的侗族大歌是这样唱的：

　　Das longl lail louh　（wah）
　　大山真美（哇）
　　xangh lingx xeenh lingx xedt mongl wap
　　漫山遍岭开鲜花
　　Deeul kguih biaoc wah　（ah）
　　画眉鸣叫（啊）
　　jenc jih xedt xih kgal
　　歌声满山崖

　　Nyenc nyaoh dav wap sais liouc lieeh
　　人在花中心欢喜
　　Haemk jais nyenc juh
　　邀约情伴
　　saip xaop xedt jih
　　大家一起
　　gaenx touk map　（leeh）
　　来赏花（咧）

　　Yangh baov bingc banx xedt touk map

假如朋友都来到

Mus daol siis dongc

咱们同行

qak kgah xangh liingx xeenl pangp

登上高山峻岭

nyeml wap sangl yuih

互送鲜花

kgus tingk dongc soh kgal

歌声满山崖

　　春暖花开，成群结队的青年男女上山挖棉花地、采蕨菜、打秧青，边劳动，边唱歌，鸟语花香，歌声悠扬。这不是传说中的人间仙境，这是侗族人民居住的地方。

　　侗乡的山四季常青，它不仅仅是青年男女谈情说爱的场所，也是一座座取之不尽的宝库。满山的杉树是最好的建筑和家具材料，侗人的房屋、用具基本上都是用杉木做成。桃、梨、李、杏、杨梅、板栗、锥栗、猕猴桃、人

■ 侗族山庄戏水

头果等瓜果到处都有，任人采摘。香菇、木耳、蕨菜、竹笋等山货到处都是，不足为珍。

侗乡的水终年常绿，它不仅仅是侗乡舟楫航运的通道，也是灌溉和食物的源泉。河溪两边，水车咿呀，不知疲倦地将河水灌进稻田。春季里，河心处鹅鸭成群，"白毛浮绿水，红掌拨清波"的景象到处可见。夏日里，侗家幼童们在河水里嬉戏玩耍，笑声朗朗。秋冬时节，侗家渔翁有的在岸边垂钓，有的在河边撒网，有的架船在河中指挥鱼鹰捕鱼。

第二节　鼓楼花桥侗寨奇

侗族喜欢聚族而居，大的村寨一千来户，小的村寨二三十户。一般是一个氏族住一个寨子，即便是几个氏族同住一个村寨，也是按氏族分片居住。氏族是按父系血缘划分，同一氏族的青年男女不许通婚。男女青年必须到外寨或外氏族去寻找对偶。如今贵州省黎平县岩洞村现有 800 多户人家，基本都是姓"吴"，但内部却分 7 个氏族，侗语称"jogl"（角落）或"douc"（窝）。逢年过节，都是以氏族为单位组建歌队或者戏班，并以氏族为单位接待宾客。这种社会结构，造就了侗族社会内部人与人之间的亲密关系，他们之间，不是兄弟姐妹，就是亲戚朋友。一家有事，全寨帮忙。

传统的侗族村寨基本都是木楼，所用材料都是杉木。鼓楼是侗族村寨的公共建筑，也是侗族村寨的标志性建筑，形如宝塔，矮者三五层，高者十余层，雄伟壮观。鼓楼一般建在寨子中间或氏族聚居区的中心位置。周围都是该氏族成员居住的吊脚木楼。鼓楼是侗族村寨的活动中心，村民议事、娱乐或接待宾客，基本都在鼓楼里进行。

由于侗族村寨依山傍水，为了通行方便，所以侗族地区的桥也特别多，而且多种多样，千姿百态。其中以花桥（亦名风雨桥）最为雄伟壮观。今广西壮族自治区三江侗族自治县的程阳风雨桥、巴团人畜分道风雨桥，贵州省黎平县的地坪风雨桥，以及湖南省芷江侗族自治县的龙津风雨桥等，都是中外著名的侗族民间桥梁建筑。

位于广西壮族自治区三江侗族自治县马鞍寨脚的程阳风雨桥是侗族民间建筑的集大成者。该桥集桥、廊、亭三者于一身，在中外建筑史上独具风韵。程阳桥又叫永济桥、盘龙桥，建于 1916 年，是侗寨风雨桥的代表作，是目前保存最好、规模最大的风雨桥之一，是侗乡人民智慧的结晶，也是中国民间木建筑中的艺术珍品。这座横跨林溪河，为石墩木结构楼阁式建筑，2台3墩4孔。墩台上建有5座塔式桥亭和19间桥廊。亭廊相连，浑然一体，十分雄伟壮观。据有关资料记载，该桥与我国的石拱赵州桥、铁索及泸定桥及罗马的钢梁诺娃上的沃桥齐名，为世界四座历史名桥之一。该桥长64.4米，宽3.4米，高10.6米，桥的两旁镶着栏杆，好似一条长廊；桥中有5个多角塔形亭子，飞檐高翘，犹如羽翼舒展；桥的壁柱、瓦檐、雕花刻画，富丽堂皇。整座桥雄伟壮观，气象浑厚，仿佛一道灿烂的彩虹。它的建筑惊人之处在于整座桥梁不用一钉一铆，大小条木，凿木相吻，以榫衔接。全部结构，斜穿直套，纵横交错，却一丝不差。桥上两旁还设有长凳供人憩息。游人坐

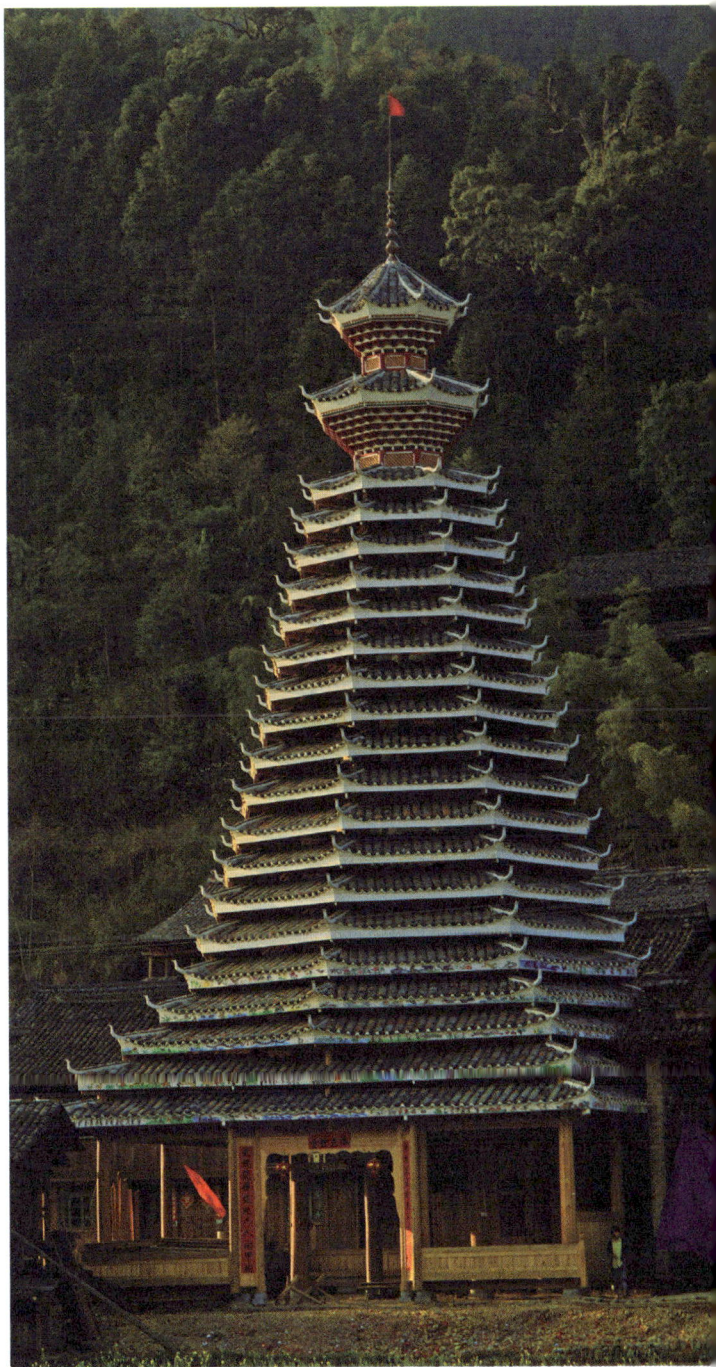

🔺 侗寨随处可见的鼓楼

在凳上向远处放眼，只见林溪河蜿蜒而来，桥的两边，茶林满坡，翠木簇拥；田园耕地，农夫劳作；河边水库，缓转灌溉。今贵州省黎平县竹坪村的石板桥虽鲜为人知，但却有其独特的风格和价值。竹坪村有为数众多的石板桥，仅村寨附近就有七八座。这些桥都用巨石凿成。无论河面多宽，都是一石跨越，或双石并排，河中不立桥敦。这些石板一般宽约 1.5 米，厚约 0.5 米，长短系根据河面宽度而定，长者十多米，短者也有 3 ～ 4 米。这些桥大多始建于清代乾隆、道光、嘉庆年间，有的已被大水冲垮，但石板还在。

竹坪人普遍认为，修桥补路是人生的一大善事。位于大寨寨脚附近沙石溪流（Guis Sep Xigx）之上的广嗣桥是一座由个人出资修建的石板桥，也是至今所知竹坪寨上修建年代较早的石板桥。该桥始建于清朝乾隆五十七年（1792）二月。如今已被大水冲塌，但石板还在，《广嗣桥》桥碑也完好无损，其碑文如下：

风雨桥

窃忆吾寨之西南有一桥，名沙石者，上通永从长春等处，下至古州两粤数省，往来行人络绎不绝。旧虽以木架之，然不时杇坏，徒劳兴作。予二人体先人之志，欲后嗣之昌，故不惜多金易以石片，庶几永乘不朽焉，是序。

施主：吴田虎 吴龙往

石匠：刘天隆

乾隆伍拾柒年二月初捌

寨脚石板桥位于大寨寨脚，是一座至今保存完好、规模较大的石板桥。其桥由两块巨大石板跨河平行铺设而成，桥宽约 3.2 米，长约 10 米，厚约 0.5 米，石板两边用两根大杉木做护拦，人畜均可通行。此桥始建于清道光十二年（1832），桥头立有当时建桥碑记《锁住斯境》，其文曰：

杠梁之设，统名曰桥者何？曰桥者，翘也，翘然于水面之上也。其所以使之翘然于水面之上者何？曰，或以通行走，或以锁龙脉也。而斯桥之建何也？曰，通行走锁龙脉也。其所以通行走者若何？曰贵境人民甚众，寨脚不可无桥以通行走，斯之建所以通行走也。其所以锁龙脉者若何？曰，贵境回山在远，寨脚不可无桥以锁龙脉，斯桥之建又以锁其龙脉也。夫通行走者在斯桥，锁龙脉者亦斯桥。斯桥所系大矣哉！何也？架之以木，终必有坏，则翘然者或颓然矣。今也易之以石，久亦不朽，则翘然者必常然矣。夫何行走之不通，夫何龙脉之不锁？此胜事也，所宜志也，於是手书。（捐钱人名单及钱数略）

募化：关天彩 关思堂 吴行往 吴本（才总） 吴银才

石匠：吴邦朝 吴它海 吴辰龙 吴恩传 李逢富 潭清杨 映云谏

道光拾贰年岁次壬辰季冬月

位于寨母河上的石拱桥造型独特，始建于道光十三年（1833）。其桥虽已被山洪冲毁，但桥碑《名播千秋》依然还在，序文如下：

先居洪范九畴之一者曰五行，而先居五行之一者曰水。是水者，万物籍以生，人民赖以活，若是乎水之利大矣哉。然亦有厉揭之艰焉，是故徒杠兴梁，王政所备哉。朝廷恩德潭敷弗远，届维山往之溪莫效法焉。余上寨有一溪，以及往来行人之所必经者也。自古迄今，皆以木架。旧木易杇，功则难久。欲图

竹坪寨脚石板桥

久远，不若易之以石。湖广匠人非以架美於前人，只期永远于后世。然奂易石桥用费必多，非一人所能给，是祈望乎仁人君子随禄耿金，凑成此桥。自必勒之於碑，以垂不朽。是序。（捐款人名单略）

道光十三年孟春月款立

石匠：刘仁亮 刘仁洋 刘仁政 同立

　　如今竹坪村尚存、且规模较大的石板桥还有位于大寨北面孖头河（Nyal Douc）上的孖头石板桥。此桥始建于清道光十年（1830），光绪乙酉年（1885）被洪水冲塌。今存旧桥《修桥碑记》残碑，此碑序文由当时正在竹坪学堂任教的潭清人杨映云撰写，由石匠信飞、杨建镌刻，许多文字已经模糊并有残缺。在黎平县民族事务委员会等单位的支持下，该桥于1991年和1993年曾进行过两次复修。其《复修桥碑》全文如下：

此地俗称孖头，是行人来往要道，自古架木为桥。道光年间，吴氏体相、体仁、体元、体龙主持，乡人奋志，献工捐资易架石板作桥，平稳坚固，无不赞美，刊石立碑以图流芳百代。不幸山洪爆发，石桥毁于光绪乙酉（1885年），幸存两端基座础石，乃复架木梁。今建校于桥北，行人更是朝夕不绝，现已木朽桥危，因无节制盗伐，林中已无架桥之材，男女老少，无不忧虑。中鼓楼老龄急在心上，乃向县民委申请报告。1991年获资助玖百伍拾元，鼓励发扬先人造福传统，当年抬色昔桥板安于东侧，次岁拉凉亭桥板置于西边，构成平稳石板桥面。色昔系向氏桥施主，是田虎龙、往二人。凉亭桥乃吴氏吴金主持。两桥皆毁于光绪乙酉洪流。幸存完整石板各一，因础石无存而闲置。公路通后，桥址均非属交通要道，经与两桥施主后裔洽商同意，众志奋力移架石板，修复斯桥。大寨群众踊跃捐资献工，上寨相助。志序。

公元一九九三岁次癸酉年秋季款旦日立
邓思善敬撰　吴振斌敬刊

此碑所述"色昔桥"，就是前面所写的"沙石"广嗣桥，距孖头石板桥约 0.5 千米。此碑所述"凉亭桥"，位于孖头石板桥西约 1.5 千米，因桥碑无存，其始建年代待考。据参与修复孖头石板桥的群众反映，当时搬运凉亭桥石板时，全村青壮年男子 100 多人全部出动，沿着公路，肩抬手拉，还借助拖拉机的力量，整整用了两天时间才将石板运到孖头桥头。200 多年前，这些重达数万千克的巨型石板却是从一个被称为"巨"（Jius）的陡峭山上采集并运输而来，此地离竹坪村约六七千米。在当时条件下既无钢钎雷管，又无公路吊车，人们如何采集？如何运输？至今还是一个难解之迷。

第三节　汪汪鱼塘家家有

侗族是一个离不开水的民族，除了村前的小河、山上的稻田四季蓄水之外，村寨里还有大大小小的鱼塘，侗语称"daeml"。这些鱼塘都是各家各户自己修建的，也有全寨人集体修建的公共鱼塘。这些鱼塘既可以养鱼，又以可防火、洗菜、洗衣、养猪饲料（如浮萍等水生植物）、供牛饮水、供水牛洗澡等。池塘底部的污泥也是上等的有机肥料。由此也可以证实，侗族是水性民族的后裔，他们一刻也离不开水，永远和水为伴。

今贵州省黎平县竹坪大寨中有一眼公共鱼塘，侗语称"Daeml Mags"（大塘）。这眼鱼塘属于大寨各个房族所共有，面积约3亩。一面临街，三面都是杉木结构的吊脚楼。水深约2米多，主要用于养鱼和防火，各家各户的水牛也经常在大塘里洗澡。

这眼大塘的神奇之处在于塘内有一条长长的大铁链。这条铁链制于何时已难稽考。传说旧时这条铁链夜间经常在寨内行走，还不时发出唏哩哗啦的响声，谁有不轨行为，铁链就自行将他捆绑起来，所以人们特别害怕。为了避免人们受到惊吓，后来寨子里的人就用狗血浇在铁链上，从此铁链也就失去了灵性，半夜三更不再出来游走了。

"开大塘"可谓是竹坪大寨的一件趣事。所谓"开大塘"，就是将大塘里的水放干。这不是一件简单的事情，首先要由"款脚"（款组织的传令员，村寨里唯一的"公务员"）敲锣喊寨，通知各家各户当天不要上山做活，一起来"开大塘"。开塘时首先要找到放水口。放水口位于2米多深的池塘底部，是用石头和黄土堵严了的。谁去把它挖开？尤其是冬天，既无潜水衣，也无吸气管。这项艰巨的任务只能落在"腊汉"（未婚男青年）们的身上。他们脱光衣服，喝碗米酒，潜入水中，用锄头和手指一次又一次地刨挖放水口。有时要几个人轮换下去，直至把放水口挖开，而且还要十分注意自己的手脚和身体不被放出的水流吸住，否则将出现难以想象的严重后果。

将水放干后，各房族要派人去把池塘里喂养的草鱼、鲤鱼或鲢鱼捉起来进行分配。因为各房族都在池塘里放鱼，如何识别各房族的鱼并进行合理的分配呢？这是一门有趣的学问。聪明的竹坪人很有办法，放鱼时他们事先约定：甲房族剪去鱼的一点尾巴；乙房族剪去鱼的一点胡须；丙房族剪去鱼的一点前左鳍；丁房族剪去一点鱼的后右鳍……总之，每条鱼的身上都有本房族的记号，只要根据这些记号进行分配就合情合理了。

待各房族喂养的大鱼捕捉完了，其他小鱼、杂鱼、泥鳅、黄鳝等等则是"各取所需"了，"开大塘"最热闹的时刻也开始了。只听寨老一声令下："Liaiv deaml loh！"（借塘啦！）早在岸边等候多时的全寨妇女、儿童拿着各种各样的捕鱼工具一起跳入塘中，捞的捞，捉的捉，挖的挖，叫的叫，笑的笑，有淘气者还存心用竹竿往人群密集的地方拍污泥，弄得抢鱼的人们身上、脸上都是污泥，可谁也不能生气，只是你看看我，我看看你，哈哈大笑。这哪里是在捉

竹坪侗寨大鱼塘

鱼，这实际是一种原始的劳动方式，也是一种原始的娱乐方式。在这样的时刻，任何人，任何苦难，任何仇恨统统都被抛到九霄云外。侗族人就是这样不断地寻找着他们共同的人生乐趣，在自然和谐中保持着他们的社会和谐。

第四节　清清泉水处处流

水对于人类来讲实在是太重要了，任何一个民族乃至任何一种生命都离不开水，侗族是一个以种植水稻为主业的民族，所以大多数侗族村寨都依山傍水，山有多高，水有多高，层层梯田，片片杉林，都仰仗于丰富水源的灌溉，无论您走到哪个山坡，都会有清清的泉水供您解渴，都会有涓涓细流供万物生长。泉水是指那些从地下或山涧里自然流出的水源，既可供人畜饮用，也可以用于灌溉田地。为了方便和卫生，侗族人不断对这些自然流出的水源进行加工或改造，如有的凿石成坑用来积水；有的镶以石板避免脏水流入；有的还建亭覆盖以避雨淋。凡此种种，就是泉水井，侗语称之为"闷"（Menv）。

下面介绍的是今贵州省黎平县竹坪村的泉水井，这些井不仅仅是自然的造化，也是文化的积淀，是侗族生态文化的个案资料。竹坪村每个自然寨都有一口或几口泉水井，仅竹坪大寨就有 7 口之多，如"闷抖"（Menv Douc）、"闷吊"（Menv Diaos）、"闷登"（Mnv Dens）、"闷得"（Menv dees）、"闷几雄"（Menv Jih Xongh）、"闷点阶"（Menv Dinl Jeiv）、"闷烂律"（Menv Lanl Lius）等。这些泉水井在竹坪人的心目都占有十分重要的地位，在他们的日常生活中是须臾不可缺少的基础设施。

在竹坪人看来，这些泉水井不仅仅给他们提供了清洁卫生的饮用水，也是全寨人新生活和新生命的源泉。例如，青年男女结婚，新娘到新郎家要做的第一件事就是到附近的泉水井挑一挑水，以实现夫妻和睦，白头偕老的愿望。再如，谁家生了小孩，必须拿几粒大米撒进附近的泉水井里，以求井神保佑孩子无灾无难，健康成长。又如，谁家的孩子有了疾病，必须到附近的泉水井边焚香化纸，以求得井神保护而消灾勉难。凡此种种，都说明泉水井在竹坪人的心目中是十分神圣的。正因如此，人们都不敢在井边随地吐痰，随便扔脏东西，更不敢在泉水井附近随便大小便。凡井中有了沙石或污物，都会有人自动清除。遇井壁塌陷或损坏，会有人义务进行修理。这些活动，在竹坪人的眼中都是一种善事，也是一种积德之举，都会受到人们的称赞与敬重，有的还为之立碑，以作纪念。《悠久无疆》就是于清道光年间为整修"闷掉"留下的一块泉水井碑文，其文如下：

竹坪闷吊泉水井

从来朝夕之所必需者，水也；昼夜之所宜防者，盗也。前者此井未修，斯亭未建，不独风水欠培植，兼且汲引不便，守望不周焉。是以本寨众等目击神兴，不惜囊内之资，大修寨头之井，鸠工集石，经数月而始成。采木造亭岂一时之可就，不异竹苞松茂，堪同鸟莹单飞，保障一方仁看，地灵人杰，纳祥百世，永庆天宝物华，而况取水则便、防盗则周乎，诚一举而得之美事也。爰志於碑，功德因兹垂不朽。姓名抄此，永播无疆矣。是为序。

> 道光三年仲秋月
>
> 木匠：杨详清
>
> 石匠：谷忠和
>
> 尚义吴元章拜撰

此井位于竹坪大寨寨头入口处，上下左右均镶有石板，井口还建有木亭供人跳水或饮水时歇息，是竹坪村最重要的泉水井之一。如今木亭已毁，但周边井石仍完好无损，清流不断，继续供人们饮用。

暮归

第七章

固土保水的耕作制度

耕作制度对生态环境的影响至关重要。耕作制度是人们根据作物的生态适应性与生产条件采用的种植方式，包括单种、复种、休闲、间种、套种、混种、轮作、连作等等。与其相配套的技术措施包括农田基本建设、水利灌溉、土壤施肥与翻耕、病虫与杂草防治等。耕作制度在一定的自然经济条件下形成，并随生产力发展和科技进步而发展变化。

第一节　耕作制度对生态环境的影响

西北地区的黄土高原，会使人联想到干旱、荒凉与贫困；凡到过西北地区的人，眼前都会浮现出一幅幅如电影《黄土地》《红高粱》中所反映的千沟万壑、沙尘漫卷的景象。可是，历史上黄土高原并不是这样，这里曾经是中华民族的发祥地和摇篮，曾经是山川秀美的地方。中国的夏朝、商朝、秦朝、汉朝和唐朝等几个朝代的国都都建在黄土高原上。据历史文献证实，夏商开始后的较长历史时期，由于社会发展速度有限，人口自然增长相对缓慢，人类的农耕与战争以及自然灾害等所造成的森林植被减少在千余年的历程中并不十分明显。当时我国疆域范围内除冰川、荒漠、草原外，绝大部分地区为原始森林覆盖。据考古发现，约在3000年前，我国大部分地区天然植被覆盖茂密，发育良好，森林和草原面积十分广阔，从东南向西北，大致是森林、草原与荒漠三个地带。其中，森林、草原占国土面积比例很大，最高区域达70%以上。自大兴安岭北部起，沿嫩江向东南，从今黑龙江、吉林、内蒙古一直到西藏的东南部基本上都是森林分布的地区，森林覆盖率很高，在我国古代天然植被中占了最大的面积。《后汉书》等历史文献也记载，我国当时除黄河流域中下游地区以外，仍有面积相当广阔的森林覆盖。即使是地处黄河中游的中原地区，森林覆盖率虽然有所下降，但仍维持在32%～42%。

根据文献资料和学者史念海先生考证，在远古时期，"由太行山东到淮河以北，到处都有湖泊，大小相杂，数以百计"。由于森林茂密，水源充足，气候温和，当时的黄土高原也种水稻。《诗经》是中国最早的一部诗歌总集，大约成书于距今2500多年的春秋时代。其内容主要是反映今陕西、山西、河北、河南、山东及湖北等地的自然及社会状况。《诗经》中就有许多关于种植糯稻的描写，如《诗·周颂·丰年》中写："丰年多黍多稌……为酒为醴，烝畀祖妣。"醴是用糯米酿的甜酒，古代黄河流域称稻为稌，那时的稌或稻，主要都指糯稻。《诗经》中的《小雅·甫田》《唐风·鸨羽》《豳风·七月》《小雅·白华》《鲁颂·闷宫》等篇也都有咏稻的诗句。这些诗句说明，当时的黄土高原及黄河流域也是种植糯稻、盛产水稻的地方。

到了唐代之后，由于黄土高原的自然环境和人文环境发生了变化。首先是气候逐步寒冷，其次是人口大量增多，原有的林地、草地转化为耕地，并长期

▪ 生态环境恶化的黄土高原

种植同一种农作物；采伐量长期大于林木的自然生长量，导致土地生态恶化。这些不合理的生产方式，在我国延续了几千年，结果把许多林地草地变成了濯濯童山，甚至荒山秃岭，导致林地草地失去或降低了保持水土、涵养水源、优化环境等方面的功能，这样一来，湿地越来越少，水源越来越少，河水越来越少，湖泊越来越小。为了生存，人们又不得不利用陡坡、荒山养牛养羊，发展畜牧业。牛羊既会吃草，也会吃低矮的树叶。随着畜牧业的大量发展，不但树木难以生长，草原也遭到了破坏。一到下雨，水土流失，河水的含沙量越来越多。于是"森山"变成了"荒山"，"水田"变成了"旱地"，"清河"变成了"黄河"，美丽富饶的黄土高原生态逐步恶化。

历史上我国湖泊面积在世界上首屈一指。由于经济社会的发展和人口的不断增长，人们为了生存和发展，开始在湖泊的浅滩上围田开垦，与水争地，致使湖泊资源衰减和湮废。究其原因，除了人们围垦外，气候变化、降水量减少和流域上游带来的大量泥沙淤垫湖泊区域，为围湖造田创造了条件，由此造成了湖泊数量减少，湖面缩小，湖水深度变浅。因此，农业耕作制度，对森林、湿地、草原等生态系统的影响是基础性的、长期性的，生态演变是长期的历史过程。

第二节　以种植糯稻为主的传统农业

侗族是古代越人的后裔，古称洞人、峒人或峒人。古代越人主要分布在长江中下游地区和珠江流域，包括今日湖南、湖北、江西、江苏、浙江、广东、广西、福建、海南及云南的一些地区，是农耕文明的缘起民族之一。2005 年，在浙江宁波余姚江北区境内，首次发现了距今约 7000 年的河姆渡文化早期原始村落——傅家山遗址。距文物学家考证，傅家山先民定居以后，种植水稻是他们最主要的食物。在河姆渡遗址第四文化层，发现了大量的稻谷堆积，平均厚度在 20 厘米以上，最厚处达 80 厘米。稻谷、谷壳、稻叶、米粒有的保存较好，出土时可以看出其叶脉和根须，谷壳表面稃毛清晰可辨，颜色如故，芒尖尚存。据农学家的分析鉴定，确认为人工栽培水稻，有籼稻和粳稻两种。与它同时出土有 270 多件用偶蹄类动物（如水牛）的肩胛骨和穿孔磨制的骨耜。这些生动地告诉我们：当时先民们在这一大片土地上撒下谷种，就是用这种骨耜绑上一根木柄进行耕作的。这种工具古代称为"耒耜"。同时还出土了用动物肋骨制作的骨镰、中耕农具鹤嘴锄和谷物加工用的木杵等。反映了早在 7000 年前，生活在我国东南沿海一带的先民们，经过长期的摸索、观察、实践已经脱离了"刀耕火种"的落后状态，发展到使用成套农业生产工具，普遍种植水稻的阶段，农业已成为当时主要的生产活动。这一切展示了河姆渡人在此之前已有悠久的栽培水稻的历史。研究表明距驯化野生稻的初期阶段应有一二千年之久。这对于至今仍众说纷纭的亚洲稻的起源中心、东传日本的时间和路线等农业考古上的国际重大学术问题，提供了极其重要的第一手材料，推翻了长期以来学术界大多认为印度是亚洲稻的原产地，中国的稻种来自印度的结论，提出了长江下游是亚洲稻作农业的起源中心，或中国和印度都是亚洲稻的主要起源中心之一的论点，证明了长江下游是世界上最早栽培水稻的地区之一。

河姆渡遗址就位于古越国的中心地带，至今浙江的简称仍为"越"。说明越人种植水稻有着悠久的历史。根据第三章的分析知道，侗族的先民由于躲避战乱或其他原因，迁徙至今天的分布地带，善于种植水稻是这个民族的传统。我们可以设想，到了山区之后，他们按照最佳适应性原则，对水稻种植业的种子选优、耕作技术、田野操作等不断创造出新的方式，形成了历史悠久、富有

糯稻 "Bagx Weenh"

特色的耕作制度。引发联想和思考的是，侗族古歌中也以诗意般描述了稻作历史的起源："当初稻子生在溪沟边，禾苗冲出土皮高九杆。稻杆像那枫树大，要用斧头去砍伐；砍伐倒地众人去把稻穗剪。颗粒像瓜大，一箩装一颗，萨玛采摘往家搬"（《侗族史诗——起源之歌》，"萨玛"是侗族民间虔诚信仰的祖母神）。"四又河头始有猪，公猪母猪嘴有手臂长。嘴长蹄粗长不大，给它熟食长得肥又胖"（《侗族史诗——起源之歌》，"四又河头"是传说中的地名）。

糯米是一种优良的水稻类型。侗人喜食糯米饭，长期以来以种植糯稻为主。侗语称糯米饭或糯稻为"Oux Dios"（粘饭）、"Oux Laox"（大饭）、"Oux Saos"（蒸饭）、"Oux Tanp"（摘稻）或"Oux Miangc"（穗稻）。其他粮食作物则被侗人通称之为"Oux Nguk"（猪饭）或"Oux Aiv"（鸡饭）。此外，侗人统称粮食为"Bagx Weenh"（白饭），而"Bagx Weenh"又是糯稻中的一个具有代表性的品种。

古代越人就是以糯米为主食的。大约成书于周秦时代的《山海经·南山经》就有"其祠之礼……糈用稌米"的记载。"糈"是祭神专用的精米；"稌米"指的就是糯米。由此可知，种植糯稻是古代越人的一种传统。说明现今的侗族与古越人之间千丝万缕的联系。

常言讲："土能生万物，地可发千财。"侗族人心目中的土地主要是指稻田。稻田侗语称"Daeml Yav"。"Daeml"在侗语中是"鱼塘"的意思，是指那些人工建造的养鱼池。"Yav"是指可以种植水稻的稻田。所以人们一般都把侗族的"Daeml Yav"翻译成"田塘"。"田塘"也是侗族人心目中财产的标志。如某家有多少财产常常用有多少"田塘"来表示。侗族人为什么要把"田"和"塘"紧密地联系在一起？就是因为侗族人的稻田是一种既可以养鱼又可以种稻的土地。由此也可以看出侗族是一个以种植水稻为主的农业民族。

侗族人计算稻田面积的单位不是"亩"，也不是"分"，更不是"顷"或"公顷"，而是"冟"（侗语称"Dunx"）。一冟田是指能收 10 捆（侗语称"Geeus"）禾把的稻田，大约相当于 1 亩。由此也可以看出侗族的水稻主要是指糯稻，侗族在历史上是一个以种植糯稻（禾糯）为主的民族。

侗族的稻田根据其所在的地理位置分梯田或塝田（侗语称"Yav Janc"）、冲田（侗语称"Yav Jemh"）和坝子田（侗语称"Yav Bianv"）。梯田或塝田约占侗族地区稻田总面积的 70% 左右，冲田约占 20% 左右，坝子田约占 10% 左右。由此可知，侗族是一个以梯田为主的山地稻作民族。侗族地区的梯田沿山修建，层层叠叠，直插云端，是千年万代侗族祖先血汗的结晶。侗族地区的梯田（最负盛名的如广西龙胜的龙脊梯田）其主要特点是周边都有树林。2010 年 8 月，日本梯田学会理事安井一臣先生到贵州省黎平县岩洞镇岩洞村参观当地侗族梯田时深有感触地说："这么高的山上也有水、有树、有田，的确很了不起！"

根据蓄水情况，侗族稻田又分成"软田"和"硬田"。所谓"软田"，就

侗乡梯田

是一年四季都蓄水的稻田，侗语称"Yav Mas"（软田）。所谓"硬田"，就是秋收之后不蓄水的稻田，侗语称"Yav Guas"（硬田）。历史上凡普遍种植糯稻的侗族村寨，"软田"约占稻田总面积80%以上，而"硬田"大约只占稻田总面积的15%～20%左右。"软田"和"硬田"不仅仅是蓄水时间的长短不同，在作物品种、耕作制度、耕作技术等方面都大不一样。

■ 溪流与良田

第三节　独特的湿地生态系统

　　水是生命的源泉，是农业的命脉。侗族人喜欢将财富称为"Oux Naemx"（谷水）。由此可知"水"在他们的心目中与"谷"（粮食）居于同等的地位。没有水就没有粮，没有粮就活不下去。这是最简单的生活原理。那么侗族"软田"里的水又是怎么来的呢？下面就让我们跟着"侗乡水"做一次长途旅行。

　　首先看看侗族人民如何利用"天水"？天要下雨这是一种自然规律，五洲四海，无论如何干旱，总会有下雨的时候。天下雨了，如何把雨水积蓄起来，不让它白白流走，这是最关键的一步。聪明的侗族人就是靠稻田把雨水积蓄起来的。我们粗略计算一下：1亩约666平方米。我们按平均蓄水深度为1尺（0.33米）计算，每亩的蓄水量就将近220立方米。1万亩就是220万立方米。就相当于一个中型水库的蓄水量。更值得重视的是，这220万立方米的水不是积蓄在一起，而是广布在至少666万平方米的土地上。这666万平方米的水域一方面要不断地向地下渗透，不断地补充"地下水"；另一方面，这666万平方米的水域要不断地气化升腾，不断地补充"天上水"。"天上水"变成云雨，又降落到侗家人的"软田"里。"地下水"变成泉水，又不断流进侗家人的"软田"里。殊途同归，来回往复，形成侗族地区所特有的"水循环系统"。

下面让我们再看看这"地下水"是怎样流进侗家人的"软田"里去的？如上所述，侗族地区到处都是终年蓄水的"软田"，所以到处都有源源不断的清泉。更为重要的是，侗族的"软田"不是在一个水平面上铺开，而是沿着山坡逐级提升，层层叠叠，形成立体式的水源分布。这种分布格局十分重要，它不仅保证了"山有多高，水有多高"的水源自然供给，也保证了不同海拔高度动植物对水的需求。一个立体式的生态供水系统就这样自然而然地形成了。当然，这种自然供水系统也需要人工做些补充修理。如梯田的建造，水渠的修理，水枧的架设，水车的安装等等。

梯田一般都修建在有一定坡度的山坡上，一般都环山修建，先挖田基，待有一定的宽度再用石头砌垒田埂，然后填土，夯实，使其底部不易漏水。田埂的高度要看坡度的大小及田块的宽度而定，矮者一两米，高者也有10米的。这是一种艰巨的工程，旧时没有推土机或挖掘机，全靠锄头、钢钎、肩挑、脚运所为，有时开一亩田要用几年、几十年乃至几代人的辛勤劳动。必须有"愚公移山"的精神。所以侗族人特别珍视这些田塘。没有非常特殊的情况，他们是不愿意离开故土的。

梯田造成之后，就要寻找水源。有时梯田附近就有泉水，只要将水引入田里就可以。如附近没有泉水，就要从较远或很远的地方开凿溪沟把水引来，这也是一项非常艰巨而且技术性很强的工作。首先要测量水位，看水源是不是高于要引入的田块。如水源低于要引入的田块，即便付出了艰辛的劳动，也难以达到预期的目的。在那些没有测量仪器、专业测绘人员的时代里，侗族农民们只能根据自己的目测和经验施工了。为了充分利用水源，并减轻个人的负担和取得更大的效益，侗族人常常自觉地组织来共同为一片或一线邻近的稻田开凿沟渠，这就需要有严密的组织及合理的管理体制了。总的原则是"不让沟头无水沟尾满，不让上丘干裂下丘溢"。也就是说，要合理地利用水源，不要让距离水源近的田块没有水，而让距离水源远的地方反而有水；不要让位于上面的田块干裂而让下面的田块浪费水，因为水是从上往下流而不是从下往上流的。如果违反了这个原则，当事人就要受到谴责甚至惩处。如当事人各方各持己见，出现纠纷并难以自行解决，就要请寨老、头人或款首出面调解了。

沟渠的保护也很重要，为了让泉水或溪水源源不断地流进稻田，干旱季节必须每天有人沿沟巡查，甚至一天要巡查几次。发现漏洞或沟堤崩塌，要及时堵住或者抢修，尤其是螃蟹、蚯蚓或水蛇之类的小动物，常常自觉或不自觉地破坏水渠，所以要特别引起人们的警觉。如遇大雨，也要将水及时排出沟外，以防大水把沟堤冲毁。

如果沟渠需要跨越洼地、河道或难以挖掘的崖壁，就要想法架设水枧了。如水流较大，一般都用杉木制成水枧，即先将杉木的一面削平，然后用锛挖槽，再拿到需要架枧的地方架设。如水流不大，就可以用楠竹打通竹节做成水枧输送田水。

有些稻田位于河边，但又高于河水的水面。这怎么办？在没有抽水机的年代里侗族人怎样利用河水灌溉稻田？聪明的侗族人想出两种办法来解决：第一种是在河的上游拦河设坝提高水位，然后将河水引进田里；第二种是制作水车利用水力将河水提升灌进田里。

梯田湿地

侗乡水车

第四节　天然的有机肥料

侗族传统农业的肥料基本都是有机肥，包括禾干草、秧青、人畜粪便、草木灰、植物油枯等。其中最有特色的是禾干草和秧青。

"禾干草"（侗语称"Bangl"），实际就是糯稻的稻草。因为历史上侗族喜欢"软田"里种植糯稻，秋收时人们只把糯稻顶部的稻穗剪下捆成禾把挑回家中晾晒，中下部的稻干和稻叶都继续留在稻田里。待到来年开春，天气转暖，侗族青年男女三五成群邀约去"踩禾蔸"（侗语称"Gait Gaos Bangl"）。所谓"踩禾苑"，就是用脚将糯稻田里余留的稻干和稻叶踩进泥里，然后让它在泥水里慢慢浸泡、腐烂，变成肥料。"踩禾苑"既是一种劳动方式，也是一种社交和娱乐方式。春暖花开，不同房族并可以通婚的青年男女相互邀约，由女青年带上糯米饭、咸鸭蛋、腌鱼腌肉以及盐巴辣椒等美味佳肴一起上山，一路行，一路歌。到了山上，他们先开田放水，并由男青年给每人砍一根树枝做拐棍，然后男女青年们杵着拐棍一起下田"踩禾苑"。因为这种活路比较轻松，只用脚，不用手，所以他们有说有笑，不时还飞出几句情歌。将到中午，田水放干了，他们开始捉鱼，也有借机打闹嬉戏，弄得大家满身满脸都是泥巴。接着便上岸烧鱼，共进午餐，歌声、笑声更是不绝于耳。这种劳动一般都采用互助换工的形式，一般都先帮女青年家踩，然后再帮男青年家踩。也有只帮女青年家而不帮男青年家的。无论帮哪家"踩禾苑"，主人家都要为大家准备丰盛的晚餐。然后男女青年在一起喝酒吃饭、唱歌，直至深夜。侗族地区的原生态农业与原生态文化就这样有机地结合起来了。

"秧青"（侗语称"Bav Meix"），就是"树叶"的意思。每年农历二三月间，青草长了，树叶绿了，春耕播种的时候到了。侗乡的青壮年男女都要上山去采嫩树叶，侗语称"Aol Bav Meix"。然后将采来的嫩树叶均匀地撒在田里，踩进泥里，让这些树叶在泥水里慢慢腐烂，变成肥料。这是一种非常好的有机肥料，尤其是有利于糯稻的生长。这也是一种非常艰苦的劳动，人们不仅要翻山越岭采集嫩树叶，还要挑到田里，踩进泥里，十分辛苦。

人畜粪便是常见的农家有机肥。人粪主要用于育秧，秧田播种前必须施些人粪，秧苗才能茁壮生长。侗家的畜粪，主要是指牛粪，包括黄牛和水牛的粪便及经过粪便沤烂发酵的青草。侗家的牛一般春夏秋冬都关在离自家稻田最集中的山坡上关牛的地方侗语叫"Deengc"（棚子），实际是一种简陋的双层木房。

秧青与禾苗

田肥苗壮

底层是牛圈，可以关牛；上层是房屋，可以住人，所以人们都称之为"牛棚"。把牛关在山上主要是为了割草喂养方便，不用来回挑草，也不要来回挑牛粪，也省得来回赶牛。农忙季节，为了节省往返的时间，各家最主要的男性劳动力也都住在牛棚里，有时全家也在牛棚里居住。只有农闲时节或特别寒冷的季节，牛棚才没有人居住。即便晚上没人居住，白天也要有人按时上山去喂牛。牛粪是一种上等的有机肥料，因为牛吃的都是青草或者稻草，其粪便的养料非常丰富。每过一两个月，牛主人都要给牛"腾肥"，侗语叫"Togp Maoc"。就是把牛圈里的牛粪、吃剩的青草以及垫圈的干草都腾出来堆在牛圈旁边，使之继续沤烂发酵，待来年春天再挑到田里施作底肥。

其他肥料，如草木灰、植物油枯等主要用于作物生长期的追肥。因为侗族地区森林覆盖率高，人们平烧水做饭主要是用柴火，日积月累，自然也就有许多草木灰，但数量也不是很多。植物油枯主要是指茶油枯、桐油枯等。侗族地区盛产茶油和桐油，茶油籽和桐油籽榨油之后，剩下的油枯也是一种很好的有机肥料。茶油枯还可以用来洗衣、洗头等等。

总之，侗族农民在 20 世纪 80 年代以前都不用无机肥料或化学肥料，直至 80 年代改革开放之后才陆续开始引进化肥。

第五节　多样化的糯稻品种

据贵州省黎平县岩洞镇岩洞村老农吴德标、吴光福、吴良修及该镇竹坪村邓思善、银文修等人介绍，20 世纪 60 年代以前，岩洞村和竹坪村农民主要是吃糯米饭，80% 以上的稻田都种糯禾，其中有 Oux Yongc Longl（荣弄禾）、Oux Yongc Mees（乜洞荣禾）、Oux Yongc Jenc（山地荣禾）、Bagx Weenh Laox（大白万禾）、Bagx Weenh Niv（小白万禾）、Oux Yeex Laox（大页禾）Oux Yeex Niv（小页禾）、Oux Seep Gal（色嘎禾）、Oux Naemx Liagp（冷水禾）、Oux Naemx Yagx（锈水禾）、Oux Bins（变禾）、Oux Binl Guix Laox（老水牛毛禾）、Oux Binl Guix Niv（小水牛毛禾）、Oux Padt Ngoh（鳝血禾）、Oux Padt Nganh（鹅血禾）、Oux Bagx Dangl（白香禾）、Oux Bagx Dangs（当香禾）、Oux Yeex Laox（大野禾）、Oux Yeex Legx（小野禾）等 20 多个品种。

至 2006 年 4 月，岩洞糯稻保护与开发项目办公室（以下简称"糯稻项目办公室"）先后从黎平县双江乡黄岗村、坑洞村、乜洞村，岩洞镇岩洞村、竹

🔖 生机勃勃的
侗乡秧田

坪村、高掌村，地坪乡岑扣村、平茶村、下寨村、岑格村以及从江县往洞乡朝利村等十多个侗族、苗族、瑶族村寨采集到 43 个传统糯禾品种。然后，糯稻项目办公室工作人员和当地老农及当地农技人员一起对这些采集来的糯禾品种进行初步分类并制作禾穗及稻粒标本。并于当年在岩洞村和竹坪村进行实验种植。其中包括同域实验和异域实验两种方式。

同域实验田位于黎平县岩洞镇岩洞村四洲寨附近，由项目办公室与岩洞镇农牧站有关农技人员及当地农民直接指导和参与管理。其中包括进行旱地育秧、两段育秧、常规育秧、宽窄行、杂交稻与糯稻间种、深水区与浅水区、肥田与瘦田等方面的对比实验。

异域实验种植分别安排在岩洞镇岩洞村、竹坪村进行，直接参与农户共 52户，其中岩洞村 40 户，竹坪村 12 户。种植总面积 32.49 亩，其中岩洞村 27.02亩，竹坪村 5.29 亩。涵盖项目组当前已经收集到的 43 个糯稻品种中的 42 个品种。采取的主要方法是：首先由自愿参与实验的农户根据传统经验选择自己认为最合适的品种种植在自己认为最合适的田块，大多由参与实验的农户自己选种，自己育秧，自己栽插，自己管理。对那些刚从外地引进、当地农民缺乏种植经验的品种，由糯稻项目办公室及岩洞镇农牧站农技人员指定部分参与实验的农户认领种植，由糯稻项目办公室及当地农牧站农技人员指定专人对这些品

🔖 侗人采摘糯稻

种的种植情况、生长情况进行适时观察记录，并共担风险。异域实验种植的地点包括岩洞村的归迷、边代、亚井、堂豆、迫坝、德断、亚腊以及竹坪村的登稿等不同地段、不同朝向、不同海拔、不同水源、不同土壤、不同肥力的地段。

实验的结果是：糯稻的产量相差十分悬殊，最高亩产出田谷可达 840 千克，最低亩产只有 200 多千克，相差可达 4 倍以上。其中的因素很多，主要是品种不同、田土不同、管理不同、所受病虫害程度不同等。如吴显良选择的是当地的优良品种无名禾和秃禾，其田块向阳，土质肥沃，田边又正好有一座养猪场，主要施用猪粪作有机农家肥，田主的生产经验比较丰富，管理也比较到位，又能及时防治病虫害，所以他的实验田产量最高，大大超过了当地杂交稻的产量。而梁炳文村长的实验田属水毁修复田，土质很薄，又在仓库旁边，有些背阴，为了带头承担风险，他选择了 7 种未经在本地试验种植过的外地品种进行实验种植，加上他本人工作很忙，不能对实验田进行精心管理，虫害也比较严重，所以产量最低亩。而竹坪村实验种植的地点是在该村东北面的登稿，其海拔在 600 米以上，比岩洞村所在地高出 100 多米，实验田又多属背阴的锈水烂泥田，所选品种又是比较晚熟的荣弄禾，加上当年遭受严重虫灾，离镇政府所在地岩洞尚有 10 千米，缺乏农技人员的适时指导，所以当年的糯稻实验田普遍产量较低，平均亩产只有 218.5 千克。由此可知，糯稻的不同品种对土壤、气候、肥料等自然条件有非常严格的选择。这也是侗族人民长期观察、培育的结果。

自 20 世纪 60 年代以来，传统糯稻种植面积在侗族地区逐年减少，许多品种濒临绝灭的一个重要原因是因为传统糯稻产量较低。种植糯稻能不能提高当地农民的经济收入和生活水平？这是目前需要深入探讨的一个重要问题。岩洞等地糯稻实验种植的数据初步显示：糯稻的产量虽然普遍比杂交稻低，但其产值却普遍比杂交稻高。减产而增收，是岩洞等地糯稻多品种实验种植的最终结论。

以 2006 年遭受严重虫灾、产量最低的竹坪村糯稻实验种植为例，该村参与糯稻实验种植的稻田总面积是 5.29 亩，2005 年种杂交稻的总产量是 3860 斤。2006 年种糯稻的总产量是 2311.7 斤，实际减产 1548.3 斤。根据当时岩洞地区粮食市价，杂交稻米每斤 0.8 元左右，糯禾米每斤 2 元左右。每 100 斤出田谷大约可以加工出 65 斤大米。照此推算，竹坪村参与糯稻实验种植的 5.29 亩稻田 2005 年种杂交稻的总产值是 $0.8 \times 3860 \times 65\% = 2007.2$ 元。2006 年竹坪村参与糯稻实验种植的 5.29 亩稻田种糯禾的总产值是 $2 \times 2311.7 \times 65\% = 3005.21$ 元。两相对比，2006 年竹坪村参与糯稻实验种植的 5.29 亩稻田种植糯禾的总产值实际比 2005 年种植杂交稻提高 998.01 元（$3005.21 - 2007.2 = 998.01$），平均每亩增值 188.66 元（$998.01 / 5.29 = 188.66$）。

让我们再看看 2006 年糯稻普遍收成较好的岩洞村的情况：

先以收成最好的吴显良参与糯稻实验种植的 1 亩稻田为例。2005 年该田种杂交稻的总产量是 1200 斤（本人自报），2006 年种糯禾的总产量是 1680 斤，实际增产 480 斤。该田 2005 年种杂交稻的产值是 $0.8 \times 1200 \times 65\% = 624$ 元。该田 2006 年种糯禾的产值是 $2 \times 1680 \times 65\% = 2184$ 元。该田 2006 年种糯禾比 2005 年种杂交稻实际增值 1560 元（$2184 - 624 = 1560$），每亩平均增值 1560 元。

再以岩洞村农民吴应昌参与糯稻实验种植的 1.4 亩稻田为例，2005 年种杂交稻的总产量是 1680 斤（本人自报），2006 年种糯禾的总产量是 1526 斤，实际减产 154 斤。2005 年该田种杂交稻的总产值是 $0.8 \times 1680 \times 65\% = 873.6$ 元，2006 年种糯禾的总产值是 $2 \times 1526 \times 65\% = 1983.8$ 元。该田 2006 年种糯禾比 2005 年种杂交稻实际增值 1110.2 元（$1983.8 - 873.6 = 1110.2$），每亩平均增值 793 元（$1110.2 / 1.4 = 793$）。

以上数据说明：种植糯稻，既可能减产，也可能增产，但一般都能增值，

而且增值的可能性和幅度比种杂交稻要大得多。这对岩洞地区乃至整个糯稻种植区的农村产业结构调整、增加农民收入、生态环境保护都具有十分重要的意义。

当下，贵州省黔东南苗族侗族自治州农科部门在国家有关部门的支持下，正在进一步开展糯稻研究和实验工作。应该说这是一个很有发展前景的生态经济产业。

第六节　稻鱼鸭并养的生态模式

自古以来，侗族农民就有在糯稻田里养鱼养鸭的传统习惯，但都没有进行过认真的科学总结。

传统糯稻植株较高，一般都在 1.5 米以上，有的高达 1.8 米甚至 2 米，所以不怕水淹，便于积蓄深水进行稻田养鱼。糯稻的生长期也较长，一般都在 160 ~ 180 天左右。传统糯稻不用晒田，也有利于养鱼养鸭。

稻田养鱼养鸭好处很多。如稻田里的鱼可以把稻苗根部的害虫吃掉，稻田里的鸭子可以吃掉稻苗中部和上部的害虫。鱼和鸭子还可以吃掉稻田里的杂草，可以疏松稻苗根部的土壤，可以搅拌稻田里的水使之循环从而达到上下水温调节的作用等等。此外，这种耕作技术不但可以大大提高土地的利用率，还可以实现自然资源的综合利用和生态平衡的目的。如鸭子的粪便变成鱼的饲料，鱼的粪便变成糯稻的肥料等等。这些经验和技术，是现代生态农业所提倡的最佳模式。

目前，我国的水稻田植面积约 4 亿多亩，笔者几乎走遍全国的水稻种植区，但像侗乡这样的稻田养鱼模式，笔者所到之处从来没见到过。曾问过很多地方的干部、农民和科技人员，为什么不在稻田里养鱼呢？回答都很惊讶，好像从来没有想过这类事情。也有回答是因为施农药、施化肥或水接续不上，鱼儿无法生存。现在，侗乡稻田养鱼的面积在大规模地缩减，侗乡的稻田养鱼模式急需加以保护！

在稻田养鱼方面，侗族人民积累长时期的历史经验。他们从插秧开始，就把鱼苗放入稻田，到秋收时，或家里有重要的客人来时，捕收田鱼。

稻田里养的鱼主要是鲤鱼，侗语称"Mieix Yav"（田鱼）。

侗族民间有许多关于鲤鱼来源的歌谣，其中一首是这样讲的：

🔹 稻田养鸭

Jinc dangc dih dunh ugs map bux neix mieix

田塘地段原产公母鱼

Bux mieix neix mieix nyaoh dees guangl

公鱼母鱼住在禾草下

Dongl xic bux mieix neix mieix ags duc ags haongl nyaoh

冬天公鱼母鱼各自住一方

Xenp xic bux mieix neix mieix jids xangl wangh nyix xeenk dos dangc

春时公鱼母鱼结亲产子在鱼塘

　　这首歌简明、形象地讲述了侗族农民自己繁殖鲤鱼苗的情景：每个侗族村寨都有一两位经验丰富的老农专门喂养雄性鲤鱼（公鱼）和雌性鲤鱼（母鱼）。每年春天的"谷雨"节前后，他们把公鱼和母鱼放养在一个池塘里，并放置许多被侗族人称为"Nyangt Geiv Mieix"（鱼子草）的藤本植物。公鱼和母鱼自由交配之后，母鱼就把鱼籽生在鱼子草上。然后老农再将这些附有很多鱼籽的鱼子草挪到另外一眼阳光充足的小水池里孵化鱼苗。待鱼苗都生出来之后，各家各户就可以去跟老农买鱼苗放到各家各户的秧田里了。这时的鱼苗还十分娇小，跟眉毛差不了多少。娇小的鱼苗和田里秧苗一起渐渐长大，一个来月之后，秧苗可以栽插了，鱼苗也长得像手指头这么大了。这时，各家各户就把那些像手指头大的小鱼分散到已经插好秧的稻田里去喂养。待到秋收时节，稻田里的小鱼都长成每条半斤左右的大鱼了，就可以用来充当人们的美食了。

稻田里养的鸭子主要是当地土鸭。鸡、鸭都源于鸟类。据考证，汉语里"鹜、鸥、鷃、鸭"都属鸭类。"鹜"最早见于公元前5世纪的汉文史籍，而"鸥、鷃、鸭"最早都见于公元前3世纪前后的汉文史料中。由此可以知道中国人对鸭子的认识和喂养至少已经有2500年以上。侗语称"鸭"为"Bedl"，是个古入声字，很可能是"鸥"或"鷃"的古音。由此也可以知道侗族人认识和喂养鸭子的时间为时不晚。关于鸭子，侗族民间也有许多美丽的传说。其中一则是这样讲的：

有一天，鸭子和鸡在河边觅食。
鸭子对鸡说："河那边有更多好吃的东西，咱们到河那边去找食物吧？"
鸡对鸭子说："我不会游水，还是你自己去吧。"
鸭子对鸡说："没关系的，我可以背你过河去呀！"
鸡对鸭子说："那太好了。那我能为你做什么呢？"
鸭子对鸡说："你就帮我孵孩子吧。"

🔸 鱼潜稻野

鸡点头答应。于是鸭子背着鸡一起到河那边去寻找更多好吃的东西了。鸡也很守信誉，从那以后鸡一直帮鸭子孵小鸭，直到小鸭自己能下水觅食才交给鸭妈妈。

这则童话很有意思，它一方面反映出侗族人民对这种自然现象

鱼跃粮丰

的朴素解释，另一方面也反映出"生命之网"各个部分相互联系、相互依存、和谐共处的客观情景。

关于稻田养鱼，千百年来侗族人民积累了极为丰富的经验，现代一些学者对此也进行过较为深入的调查研究。如2007年罗康智先生研究认为：侗族聚集区发展的一套适合于所处生态环境的"稻鱼共生"农业经营范式，是侗族对生态环境的深度认识和把握的基础上积累起来的智慧与技能的整合，是一种投入少，单位面积产量高的生态农业。他还认为：侗乡的稻鱼共生经营模式，大体由以下5个环节构成：

（1）稻田的配置特点。侗族在农田建设时，要在稻田里做一个鱼的"房屋"，是一个深1～2米、宽2米左右的水坑，侗语称为"汪"，在"汪"上还通常盖上简易茅草屋。在插秧时，要留下专门的"汪道"，好让鱼能游遍整个稻田。"汪"中的深水区可避免阳光和高温，鱼儿在这里夏可乘凉，冬可保暖，使其终年可以生长。而"汪道"可以让鱼四处游动觅食，并靠鱼儿为水稻中耕、增温、增肥。

（2）稻种的选择。为适应侗族地区的地形地貌、气候特征、河滨地区水流的涨落等因素，稻谷品种的选育一般都必须具备以下两个特点：一是要秆高，高秆品种不仅有利于稻田高位蓄水，适合鱼儿生长，还使稻种能在山区获得更多的阳光，获取更多的产量。二是品种要多样性。在侗族地区普遍栽种的糯稻有30多个品种，这些高秆谷种适应了侗族在稻田里常年蓄深水养鱼的要求。

（3）鱼种的选择及喂养。鱼塘养鱼以养草鱼为主，兼放鲤鱼和鲢鱼，其他鱼随其自然繁殖。稻田中以养鲤鱼为主，鲢鱼为辅和杂鱼。为保证鱼苗的产

出，在侗族地区还有利用塘、田匹配就地繁殖各种鱼苗的成套技术。由于鱼塘与稻田所处地位不同，水、肥结构不一致，光照、水温也互有差异。针对这些差异，侗族居民还懂得严格控制鱼苗放养的密度和鱼种的放养比例。这样做可以最大限度的使鱼利用饵料和产出肥料，促进稻谷生长。

（4）鱼塘与稻田有机匹配。侗族的稻田养鱼分为鱼塘养鱼和稻田养鱼两种，地点不同，其放养鱼种和饲养方法也存在差异，所发挥的作用也不同。从结构来看，鱼塘与河流相通，稻田位于鱼塘下方与鱼塘相通，这样就使得河流、鱼塘、稻田三者之间好像一个连通器，从而为养鱼及稻作生产所需的水源提供了保障。鱼塘和稻田这样匹配可以根据不同的季节对不同的鱼种进行交叉饲养，方便适时取用。鱼塘和稻田的这种匹配还有利于水生动植物的生长（如田螺、蚌壳、广菜、茭白、莲藕等）。通过鱼塘也可以将取食这些水生动植物的鱼种（如鲢鱼、草鱼）与这些水生动植物分隔开来，这样一来，既可以避免对稻田的产量造成损失，还可以使生物多样性能够和谐并存并持续发展。

（5）耕渔制度。稻田之间存在着明显的高度差异。为了解决稻田水源问题，侗族常常采取架枧从深山引水入田，也可以使用筒车从溪河里提水灌溉。由于这类引水设施不为个体家庭所有，因此，在使用和维修方面，多由家族内部共同投工、共同管理。也由于水源灌溉不是由具体家庭所控制，因此，在稻田耕作时，必须全社区协调一致，于是就产生了活路头，由活路头进行有效管理。在水资源紧缺时，首先要确保鱼稻共用田，再灌溉单纯的稻作田；水资源富足时，才确保鱼塘的用水。为了解决水资源紧缺的纠纷，还采取修筑水坝贮积水资源。这种对水资源的利用模式，他们通过"合款"的方式解决，按款约去规范各宗族成员的水资源利用行为，使各社区长期保持和睦相处的格局。这样不仅有效地解决了水资源紧缺所引发的矛盾，还使水资源得到最大程度的多层次、多渠道利用。特别是水在流经社区时可以充分吸收太阳光，有利于水温的提高而满足稻谷生长的基本需要，克服因日照不足而引发稻谷产量下降。

罗康智先生认为，侗族稻鱼共生范式的生态价值主要表现在如下五个方面：

第一，全方位的循环，无废物污染。人及家禽家畜的粪便排入稻田中作为糯稻生长的肥源，或被田中的微生物分解后成了水生动物的饵料，这些水生动物又成为鱼类的最好的饵料。鱼食用后又以粪便回田，成为糯稻生长所需的肥料，不会污染环境。所以在侗族社区可以实现污染物的零排放。

第二，生物多样性能按稳定比例存在。在侗族稻田养鱼的经营中，对于稻田中产出的其他动植物，他们也采用均衡利用的办法去对待。稻田中自然长出的广菜、茭白、莲藕等水生植物以及若干种昆虫、软体动物和两栖动物，都是

🐟 鱼粮丰收

他们加以取食的对象。这里，仅以他们控制螟虫危害的做法为例，体现他们均衡利用生物资源的生态智慧。侗族地区气候温热，二化螟、三化螟是水稻的主要虫害。但侗族居民并不采用农药加以控制，而是将螟虫的幼虫从稻秆中剥出，作为美味佳肴食用。他们认为只需将螟虫的危害控制在一定范围即可，无需彻底根除，因为昆虫也是他们所理解的稻田产品之一。由此可见，侗族社区对生物产品的取用很有节制，他们并不依赖囤积和储藏去抵御歉收风险，而是依靠从多种生物产品中，分季节均衡获取去实现食品供求的平衡。因而，在侗族社区中的各种生物资源都可以正常生长繁殖，很少出现被过分榨取而灭绝的情况，这是生物多样性并存和利用的活样板。可见，侗族的稻作经营范式妥善地解决了生物多样性维护的难题，是一种可以无限延伸的持续运行的农耕范式。

第三，投工少而收益大。在侗族稻鱼共生的经营范式中，由于常年蓄水，田地根本不需要深耕，有时直接插种禾苗即可，这样可以省去深耕这一环节，从而减少了劳动力的投入。稻田中耕除草在其他地方已用化学除草剂代替人工除草，但化学除草剂对土壤环境的污染比一般农药更厉害，并且用化学除草剂除草只能单纯收到灭草的效果，不能起到中耕松土的作用。稻田养鱼后，鱼类摄食杂草代替了人的中耕除草，效果比人工中耕除草更具经常性和彻底性，还可以起松土作用。稻田养鱼不仅省去了中耕除草这一项艰苦的劳作，还可以避免在劳作中伤害水稻秧根，水稻生长会更健壮。稻田养鱼实现了投入最小化、效益最大化。

第四，水土资源高效利用，无水土流失之害。在侗族地区，稻田的水位由人工开设的池塘和改道后的河流控制，整个社区的水域互通连成一体。进入社区的水资源均在被利用后才流出社区，这样使水资源得到了高效利用。并且透过鱼塘和稻田后，水中所含的营养物质、饵料被充分利用后通过自然净化才往下游排放。因此，每个侗族社区都发挥了水体净化厂的功能。在侗族社区，为避免山上的流水冲击稻田，在林地与稻田的交界区，人工培育宽窄不同的浅草带，这样的草带不仅可以缓冲地表径流，抵御流水对稻田的侵蚀，还可以将稻田与林区隔离开来，即便于在失火时也可以防止火势的漫延；更为有利的是，这些浅草带还可以作为牧场放养耕牛和家禽。这样的土地资源利用与使用办

🔲 插花干

法，既有利于整体的规划利用，又能将利用与维护融为一体，从而起到维护生态安全的作用。

第五，无化肥、农药污染之祸。在侗族稻鱼共生的经营范式里，鱼在四处觅食的过程中，将稻田中的杂草作为饵料食用，其中30%左右能被鱼消化吸收，其余70%左右成为鱼粪回田，这就增加了土壤有机质的含量，起到了肥田作用。鱼的翻土，扰动了土壤的胶泥层的覆盖和封固，增大了土壤孔隙度、有利于氧气渗入土壤深层，起到了熟化土壤、提高肥效的作用。同时，稻田中的微生物将鱼粪充分分解，激活了整个田地中的生物资源。微生物、菌类的生存与繁殖使稻田时刻处于一个充满活力的生态环境下，能量与物质交换速度加快，土壤肥力大为提高。因而，侗族稻田养鱼生产下的农田根本不需要村民投劳施化肥，就可以维持稻谷的连年稳产高产，土壤永葆活力。这就有效地避免了因使用化肥而带来的土壤板结、引发可耕性下降等方面的困扰，从而实现了投入最小化、效益最大化的生态价值。实行稻田养鱼，使得很多害虫，尤其是其幼虫必须在水体中生活的害虫，如二化螟、稻螟蛉、象鼻虫及食根金花虫等等无法滋生蔓延成灾。原因在于这些害虫的幼体正好是鱼类最好的饵料，使这些害虫的幼体还未发展到危害稻谷时就已经被有效控制。稻田养鱼还能消灭落水昆虫，起到了控制虫害的作用。据实验观察，鱼能取食稻脚部位及落在水面的稻飞虱、稻叶蝉、稻螟蛉等害虫。据各地对比试验，养鱼稻田农药使用量可以减少二分之一，甚至根本不用农药，这就大大减轻了土壤、水质的污染，根除了稻谷的农药残留，这是其他虫害防治方法所无法比拟的高效措施。稻田养鱼减少了农药的使用，可以从源头上切断了因施放农药带来的环境污染和食品污染问题。可以说，稻田养鱼是创造绿色农业的一个成功范例。

当前，现代农业面临着一系列难以克服的生态隐忧，如环境污染、生态蜕变、动植物物种的单一化等等，特别是增施化肥和施放农药危害更大。这不仅污染环境和作物，还会最后富集到人体内，影响人们的健康。在农业现代化过程中，如何进一步发掘传统农业的可持续潜力，特别像侗族传统耕作制度中的稻、鱼、鸭共生并养典型范式，发扬其可贵的生态价值，能为当今农林业可持续发展提供有益的借鉴。

第七节　独特的糯稻人文生态

　　糯稻的生产与食用和侗族人的生产、生活及风俗习惯关系异常密切。例如：

　　走进侗族村寨，你就会见到村旁寨边有许多用于晾晒禾把的粮仓或木架。这些木架都是专为晾晒糯稻稻穗特制的，侗语称之为"Liangv"。

　　秋收时节，女青年们见到某位男青年的糯稻田长势喜人，丰收在望，人品也好，于是就用竹子、棉花、辣椒等物做成花竿插在这位男青年的糯稻田里。然后男女青年们相互邀约一起去这块田里摘禾把，吃烧鱼，做瘪米，唱情歌，倾诉相互之间的爱恋之情。

　　男女青年订婚之后，逢年过节，男青年家必须用数百斤乃至上千斤糯米制作成大量的糍粑或粽子送到未婚妻家，然后再由未婚妻家分送给全寨各家各户，以通报这对青年男女已经有了自己的心上人。

　　结婚时，本房族的亲戚朋友要给新郎家送糯米，并蒸成糯米饭装进侗家人特制的葫芦瓜内，然后由精心打扮的本房族的年轻姑娘挑着糯米饭浩浩荡荡送

🔖 送大粽子

草包饭

去新娘家，侗语称"Sunx Oux Boh"（送葫芦饭）。新娘家收到这些糯米饭之后，再分送给各家各户享用，以通报大家：本家姑娘已经出嫁了。

生了孩子，全寨的亲戚朋友要给新生儿表示祝贺，最常见的贺礼就是采摘糯稻时捆成的禾把。然后大家在新生儿家一起喝糯米甜酒。所以侗家人把增人添口这件喜事称为"Janl Daoc Kuanp"（吃甜酒）。

人老了，全寨的亲戚朋友都要来给老人祝寿。侗家人最常送的寿礼也是用糯稻穗捆成的禾把，称之为"添粮添寿"。

平日里，侗家人多半是用糯米酒、糯米饭或用糯米做成的油茶招待客人。远路的客人离开时，还要用糯稻的草秆包糯米饭送给客人当午饭。

直至寿终正寝，侗家儿女们给老人亡灵敬献的主要食品还是糯米饭和用糯稻田里生长的鲤鱼精制而成的酸鱼，侗语称"Bal Sems"。亲戚朋友们悼念亡灵或送葬时，手中也要拿一穗糯稻的稻穗，以示无论走到哪里，无论阴阳两界，大家都有糯米饭吃。

总之，侗家人从生到死、从生产到生活都离不开糯稻或糯米。侗族文化，从一定意义上讲就是糯稻文化。在长期的历史发展过程中，侗人培育了数十个不同名称、不同颜色、不同生物特性、不同品质的糯稻品种，并积累了十分丰富的种植经验。这些品种和经验，都是人类物质文化和非物质文化的珍贵遗产，也是侗族生态文化的重要组成部分。

依田春庄

【第八章】
植树护林的民族传统

森林是人类文明的摇篮，是绿色财富的宝库，自古也是侗族人民衣食之源，生计之所。侗族人民依林、爱林、护林、养林，与森林结下了深厚的情缘。侗语称森林为"Das"或者"Longl"。是一个含义深远、类似于我们今天阐释的针叶林、阔叶林、针阔混合林的概念，可见其具有原生态的思想。侗族是一个善于耕山育林、伐木取材、锻木造房的民族，这与侗族所居的地理位置和长期的生产实践有关。

第一节　杉木、油茶等林特产品之乡

据地质学和林学专家的研究，侗族区域的地理环境十分优越。该地位于中亚热带，贵州高原东南缘向东南丘陵和广西盆地过渡地段，西北高东南低的群山地貌，静风而冬无严寒，夏无酷暑，无霜期长，太平洋暖湿气流逐步抬升而雨量较丰且较均匀。出露地层多为前震旦纪浅变质的碎屑岩（包括变质砂岩、浅变质的板岩、变余砂岩、变余凝灰岩）为主，发育厚度达数千米。在这样的地质构造上形成的土壤，土层深厚，土质疏松，持水能力强而终年保持湿润，微量元素丰富，宜林程度非常高，是我国乃至世界上最为优良的山区林业发展之地。誉称为"神奇之地"、"金不换的宝地"、"我国中亚热带植被的典型代表"。

该区域在地层发育上处在"江南古陆的西南部"，这块古陆在泥盆纪—石炭纪和二叠纪—三叠纪两次海侵时均未淹没。地史构造运动中的海西运动、印支运动和喜马拉雅运动，使该古陆不断抬升扩大，长期出露，地壳漂移变迁使其地理位置逐步由北回归线以南向北偏东位移到现代位置。由于古陆的古地理位置离赤道近（远离西伯利亚）以及山地避难条件，而成为距今 2.526 亿年左右的西伯利亚火山大爆发和距今 7000 万年的新生代第四纪大冰期两次大灾变的生物避难所，使众多的物种免遭劫难，因而这个区域保存的古老树种很多，不乏"国宝级"珍稀植物种类，也使这块地域的物种种内存在多型性和丰富的抗逆性。这块地域是众多林木的起源中心和现代（新生代第四纪）分布中心之一。

20 世纪 50 年代，我国的老一辈林学家乐天宇、吴中伦等到湖南、广西、贵州侗族聚集区考察，对该区域山地宜林之优越、林特产品之丰富十分赞叹，称之为"我国以杉木为优势林的最优良、最旺盛的地区"，处在这片侗、苗、壮、瑶等少数民族共同聚居的宝地的人民，特别有着经营森林、木材和木本油料的悠久历史。

今天，在贵州黎平境内尚有树体巨大的杉林。据 2009 年贵州省黎平县竹坪村编写的《竹坪村志》介绍：清朝以前，竹坪村境内漫山遍野都是参天古树，主要有杉、松、梓、枫和栗树等，森林覆盖率占山坡 80% 以上。据老年人说，清代初期，将荒坡分片，各片栽种杉苗，也有以房族为单位共

侗乡青山

栽的，自行管理经营。野生林地，也分片到个人，包括林中零星杂生杉树都由个人管理。村寨乡老非常重视林业管理，如山林中间杂有别家农田，村规民约规定，上坎 3 丈，下坎 2 丈，田主有权培植杉树。超出规定范围生长的杉树，则归山主所有。如有任何纠纷，则由乡老调解。古老的乔木，培育为风景林，尤其是村寨周围的古树，严禁随意砍伐，违者罚 120 斤猪或腌鱼 1 桶，拿到鼓楼散发给群众共吃，称之为"列南哇"（侗族语称"Liaiv Nanx Wagx"）。村规民约的有关规定，由"乡老"反复宣传。放火烧山造成损失的，也按此规定处罚。竹坪的祖先很重视杉树的培育和管理。杉树除供建筑用材以外，还可往外出售。据口头传说，清朝嘉庆、道光年间，大量杉材输往广东，收入大量银子。竹坪境内的每条巷道铺上石板，水井都用石板镶成。大小桥梁都用石板架设，凡是有坡度的路段都用石板筑成阶梯，方圆远近来客都称赞竹坪是石板村。这些巨额资金都来自杉林。古老的杉树木质好、材积大。民国二十八年（1939），黎平城伸士刘汉国在竹坪"井八应"（侗族语称"Jemh Bags Yaeml"）买得一株杉树，又高又大，锯成 13 副棺材，雇人

侗乡杉树林

用肩抬到城里。清末民初，广东一位姓梁的木商住竹坪大寨数年，竹坪人都称为梁先生。梁则请竹坪人邓恩义、向茂先等人帮他上山点苑捡材，还雇请湖南景溪一带工人砍伐及搬运木材。当时有数百木材工人住在坡上，把林中好材拖运到河边堆放，仅告光（侗族语称"Gaos Gueengv"）一处河坝与稻田堆材点就有5～6亩面积，全部堆满。坪已具（侗族语称"Biingc Jih Qik"）堆积的木材就超过1万立方米。梁先生还雇人治理河道，由于河流水力不足，则每隔一段河道就用长条木材塞坝，然后利用放坝水力推排下到双江。杉木除了是优良的建筑、交通、电讯用材外，还是优良的车船、农具、生活用品和制浆、造纸用材，杉木树皮可代瓦，是良好的绝缘材料，还可制胶，杉木烧炭可作火药、碎屑、刨花等。用蒸馏法可提取芳香油，杉叶可入药，种子可榨油供制皂。

侗乡盛产茶油。茶油是由油茶树的果仁榨的油。又名山茶油、山茶籽油。油茶属山茶科山茶属，为我国特产的食用木本油料树种，在我国已有2000多年的栽培历史。油茶生长周期长，秋冬开花，花期2～3个月，自开花到果实成熟为期一年，尽吸天然养分，日月精华。民间有"抱子怀胎"之说。茶油系木本食用油，不施化肥和农药。油富含单元不饱和脂肪酸，含丰富的蛋白质、维生素A、E等，可降低血中胆固醇，预防冠心病、脑血栓、血管硬化等各种心血管疾病，具有良好的降血压、降血脂、软化血管等保健功能，是公认的"绿色食品"，最佳的保健食用油。由于茶油在食用油中极具保健功能，其营养价值可与国际著名的橄榄油相媲美，所以享有"东方橄榄油"的美称。美国卫生研究院营养合作委员会主席西莫奥普勒斯博士称中国油茶籽油为"世界上最好的食用油"。据统计，全球油茶籽油产量的90%以上来自中国。它生长在我国南方亚热带湿润气候地区的天然无污染的高山及丘陵地带，10 多个省（自治区）都能种植，目前主要产区在我国的湖南、江西、广西、贵州等省（自治区）。

侗族人民种植油茶历史也很悠久，至晚于明清时期已经普遍种植并逐步成为侗族人民经济生活中的重要组成部分。1999 年广西三江侗族自治县被国家林业局授予"中国茶油之乡"称号，2001 年又被国家林业局确定为"全国 100 个经济林（油茶）产业示范县"之一。该县现有油茶林面积 61 万亩，占有林面积的 20.8%；全县 15 个乡镇几乎每个村寨都种有油茶林，按全县农业人口平均计算，人均油茶面积 1.8 亩。相关部门的资料表明，该县油茶林人均拥有面积为全国第一。常年茶籽产量在 7500～10000 吨左右，产油量达 1500～2000 吨，茶油已经成为该县广大农民群众的主要经济收入来源之一。如今，贵州黎平、锦屏、天柱，湖南通道等侗族地区也正在大面积地种植油茶。

侗族地区已开发和可开发的林特产品、生物资源十分丰富。侗乡的用材树种如楠木、红桧、樟木、枫香、栎树等，自明清以来就是供应皇家和各地的优质材料；生物能源和油料树种如油桐、乌桕、核桃等，食用经果类树种如板栗、枇杷、杨梅、猕猴桃等，植物香精香料树种如山苍子、肉桂、乌饭树、椎油子等，种类繁多，特色丰富，潜力巨大。据保守估计（未进行全面调查），侗乡至少有野生植物 3800 种以上，野生动物 1000 种以上，在这些资源中，有众多的药用植物、药用动物，像一级保护的植物银杉、秃杉、珙桐、桫椤等，都在国内外享有盛名。丰富的生物资源、各种类型的生态群落、大片的原始林区，是侗乡发展林业、生物产业、特色食品业、旅游业等绿色产业的天然资源和巨大财富。

第二节　遍及侗乡的木质建筑

侗乡是一个木质建筑的大世界，也是木质建筑的巨型博物馆。雄伟壮观的鼓楼，婀娜多姿的花桥，典雅秀丽的戏台，别具一格的寨门，鳞次栉比的民居，优雅别致的凉亭……这些风格独特、造型各异、建筑精美的艺术杰作，都是用产自森林中的杉木组合而成。

传统的侗族村寨基本都是木楼，所用材料都是杉木。杉木是我国特有的速生用材树种之一。生长快，材质好，木材纹理通直，结构均匀，不翘不裂，材质轻韧，强度适中，质量系数高。具香味，材中含有"杉脑"，能抗虫耐腐，加工容易。广泛用于建筑、家具、器具、造船等各方面。

侗族的鼓楼、风雨桥等代表性建筑都是纯木质结构。鼓楼是侗族村寨的公共建筑，也是侗族村寨的标志性建筑，形如宝塔，矮者

木楼的落成

三五层，高者十余层，雄伟壮观。鼓楼一般建在寨子中间或氏族聚居区的中心位置。周围都是该氏族成员居住的吊脚木楼。建造鼓楼是侗族木质建筑村寨的活动中心，村民议事、娱乐或接待宾客，基本都在鼓楼里进行。鼓楼的来源历史悠久，传说是侗族先民受杉树形状的启发建造而成。位于今贵州省黎平县岩洞镇述洞村的独柱鼓楼，据说是最原始的"鼓楼之宗"。该楼全部用当地产的杉木建造，只有一根主柱，不用图纸，不用一钉一铆，全部由当地侗族工匠自己建造。据统计，贵州、湖南、广西边界各侗族村寨共拥有近1000座不同形态的鼓楼。由此也可以看出侗族民间木质建筑的悠久历史和高超技艺，并从中见证侗族人民与林木之间的亲密关系。如侗族民间有歌赞道：

Dinl senl eis duv

村脚不断

Meix gonh samp baos

古树三抱

Gaos xaih eis duv

寨头不缺

Meix saoh samp kubt

古木三围

Al touk sangx lagx

乌鸦来养崽

Xagt touk weex gungl

喜鹊来做窝

Gungc louc pangp mags

鼓楼巍峨

Liic louc dos ul

楼顶盖琉璃

Jiv joul dos dees

檐下镶玉珠

Qint xonh yangh

千般壮观

Begs xonh meec

百样秀美

Jiuc wap yais yeex

花桥长长

Liic louc dos ul

琉璃盖顶

Jiv jul dos seml

玉珠镶边

Qinp xonh yangh

侗寨木楼

千般壮观

Begs xonh kuenp

百样吉祥

Jenc naemx jens yangh

山清水绿

Qangc dah senl

锦绣家乡

　　驰名中外的肇兴侗寨是黔东南苗族侗族自治州最大的侗族村寨之一，现为
该州黎平县肇兴乡人民政府所在地，该寨占地18万平方米，居民800余户，
4000多人。肇兴侗寨四面环山，寨子建于山中盆地，一条小河穿寨而过。寨
中房屋为干栏式吊脚楼，鳞次栉比，错落有致，全部用杉木建造，房顶覆盖小
青瓦，古朴实用。肇兴侗寨全为陆姓侗族，分为五大房族，分居五个自然片
区，当地称之为"团"。各"团"都建有自己的鼓楼，分别命名为"仁团鼓楼"、
"义团鼓楼"、"礼团鼓楼"、"智团鼓楼"和"信团鼓楼"。肇兴侗寨不仅是鼓楼
之乡，而且是歌舞之乡，寨上有侗歌队、侗戏班等。
　　今贵州省黎平县竹坪村共有6座鼓楼，大寨3座，即上鼓楼、中鼓楼、寨
脚鼓楼，此外寨母、寨间、得大各一座。建得较早并留下碑记的是大寨的寨脚
鼓楼和上鼓楼。寨脚鼓楼碑序文如下：

　　盖闻太上立德，其次立功。功德之在，上以续前人之绪，下以维后世之
勋。回忆斯楼，规模创自甲戌之年（1814），条石安于丙戌之岁（1826），已
历多年。所莫非相其阴阳以配文峰，观其流泉以关水口。此前人文蔚起，莫
非於世卜之呼矣。至乙卯（1855）丙辰（1856）齐苗叛乱，各境尽遭回（火
录），我寨岂得安然？因此，雕梁焕彩之楼变为旷地；画栋连云之阁倏作荒
坪。睹此情景，人人奋志，爰是老幼倾心共乐捐助。建煌煌之祖业，不惜物力
之维艰，造巍巍之华楼，庶亦功成而造竣矣。是为序。

光绪十二年（1886）二月上浣日

　　寨脚鼓楼于20世纪六七十年代又被拆毁，幸遇有心人将碑石收藏，方得
以留存下来。此楼已于1982年重新修建。
　　上鼓楼始建于何年未明，清光绪二十三年（1897）遭毁，光绪三十四年

（1908）重建。其重建碑记《万古长存》序文如下：

　　原夫摆肇嵯峨，有凤翥龙翔之势。孖头结荡，捶捧天洛日之奇。村寨以此称雄，团款于焉最盛。楼名中爪，远峡粤水交辉。地称上脚，近锁楚疆焕彩。爱江山之佳丽，白叟勾留；睹风景之宜人，黄童啸咏。登斯楼也，洵大观乎。迨自黄兵作乱，历劫成灰。硅础虽存，空留一杯赤土；瓦砾遍地，难寻数级丹阶。倏见雄军云集，狂寇兵消。斗刀买卜，又是川下景象。捐壶输款，复成盛世楼台。于丁酉年，又遭回（火录）之灾，仑焕尽烬。在癸巳月，难避祝融之害，苔藓盈阶，础石犹留，辉煌非旧。余等难堪目击，共念情伤，际时会之成千，备梓材而鸠庀。始基既美，何难指日更新；众力易擎，自可崇朝造就。将见楼台壮丽，三寨顿消回（火录）之灾；仑焕辉煌，千年永获平安之庆。谨记所有芳名胪列于左。

　　　　　　　　　　　　　　　　　　　（芳名共101人，略）

光绪叁拾肆年岁在戊申季月艮旦 立

墓化首：吴贞贤、吴开第、吴文翠、吴荣辉

诚州李瑞拜撰　　匠人：新洞陆凤魁镌

　　此楼于1952年被寨火烧毁，20世纪80年代重修。这些鼓楼，都是当地民众自愿捐资、捐料、捐工修建而成，既是侗族村寨的一种标志，也是和谐社会的一种象征。

　　侗族地区山多水多，桥也特别多，而且多种多样，千姿百态。其中以花桥（亦名风雨桥）最为雄伟壮观。今广西三江侗族自治县的程阳风雨桥、巴团人畜分道风雨桥，贵州省黎平县的地坪风雨桥，以及湖南省芷江侗族自治县的龙津风雨桥等，都是中外著名的侗族民间桥梁建筑。

　　侗族使用木质材料建筑的技术造诣达到了相当高的水平。侗族地区的木质建筑都是榫卯结构，不用一钉一铆，不用图纸模型，不用任何机械，全凭人脑

侗乡风雨桥——黎平地坪

思考构思和几根"香杆"比画设计，其技艺之高超令人叹为观止。所以，侗乡的木匠师傅、民间工艺人员甚多。吸引了国内外的建筑学家和专家学者去研究其原理和奥秘。

侗族使用木质材料建筑的历史传统和生活习俗对建设当代生态文明和可持续发展具有重要启示和价值。近一二十年来，全球气候

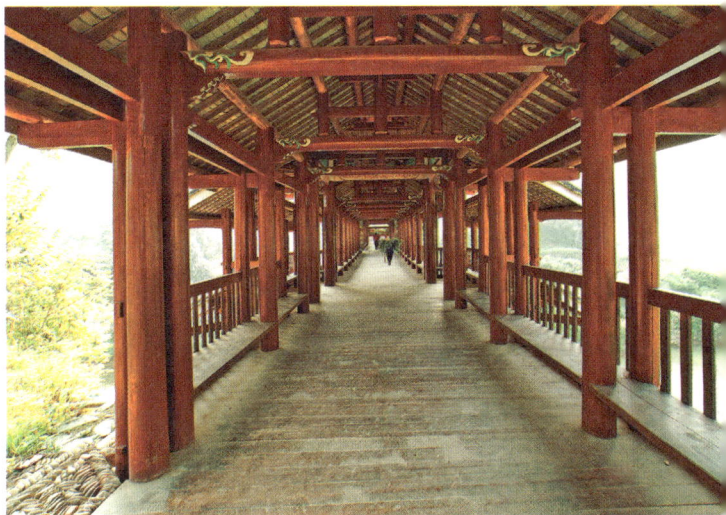

不用一钉的侗族花桥

变暖问题成为世界的一个瞩目焦点，能源和原材料政策关系着二氧化碳排放量，木材作为一种有利于环境的能源和原材料重新受到青睐，这里略为阐述。

首先，木质材料是可再生材料，能够实现循环利用。木质材料是绿色植物利用太阳能转化为生物质能的有机材料，是一种完全可再生的自然建筑材料，100% 可生物降解。在制作生产和加工这种材料的过程中，不破坏资源，又利于生态环保，同时，使用木材产品能长期固化树木生长过程中吸收的二氧化碳，有助于减少二氧化碳排放，帮助降低建筑总能耗中的住宅能耗，实现建筑节能目标，满足当代循环经济可持续发展的需求。木材可以人工培育，只要培育得当，不断发展，大自然就会源源不断给人类提供取之不尽的木材。据科学研究项目"雅典计划"的"生命周期分析"方法评估，钢材、水泥的能源消耗分别是木材的 1.9 倍和 1.5 倍，该能源消耗量是在提取、生产、建设、运输过程中使用的各种燃料的综合计算得到的，不包括建筑物投入使用后每年需要取暖用的能源消耗。

其次，木质材料是对人体最有益最具亲和力的材料，有益于居住者的健康。这是任何一种建筑材料所无法代替的。木材是天然生物质材料，最适合人类居住。木质房屋内存在的芬多精（Pythoncidere），是由植物释放的一种物质，具有抗菌效果，能净化空气、降低污染，使呼吸顺畅、精神旺盛，达到清醒效果。木质房内的负氧离子比钢筋混凝土房屋高出很多。芬多精能够杀死空气中的细菌、遏制人类疾病、增强免疫力，对人体恢复清醒、提高记忆力、降低血

压、安定人体自律神经，从而使人心情舒爽等有明显功效。氡（放射性惰性气体，无色无味）对人体非常有害，木结构房屋中氡放射量极低，对人体无危害。科学家测算，如果在氡浓度为 200 贝克／立方米的居室内待一天，就相当于全家每人每天吸烟 15 根。氡主要来源于无机建材（如混凝土、砖、瓷砖、砂、花岗岩、大理石等）和底层土壤。

第三，木质材料的房子结构对于瞬间冲击和周期性疲劳破坏具有良好的抵抗能力，能够抗震减灾，保护人类。如在旧金山、神户、台湾大地震中，绝大部分木结构房屋仍保持完整就是很好的证明。即使倒塌，木板对人造成的伤害也不大。救援起来难度也会小很多，可以短时间内救出被压的人。另外，经过阻燃处理的木材还具有滞燃性能，保证木材不在短时间内燃烧，为消防救火赢得时间。节能保温木材与钢、铝、塑料相比，不仅其生产能耗最小，而且木结构建筑还具有良好的隔热保温性能。研究表明，同样的保温效果，木材需要的厚度是混凝土的 1/15，钢材的 1/400。使用同样的玻璃纤维或泡沫塑料作为保温材料时，木结构比钢结构的保温性能高 15% ～ 70%，可使建筑物的使用能耗大大降低。

第四，木质材料是一种天然的植物材料，天然有机柔韧、多空、易加工，成本低，另外，从它的物理性能来讲，绝热、吸湿、透气，触感好。强度、钢度、硬度、容重等满足当代的轻质高强的需求。木材的韧性强，摩擦技术比较大，可以防滑、防潮，用在儿童家居这样的建筑非常好。另外，还有一些性质是可以改善和利用的，比如易腐化可以调节湿度。木质的家具和我们人关系最密切，原木的家具是最受欢迎的。

第五，木质建筑的美学价值也很高。木材是中国传统建筑最常用的材料，这与西方用石材作为建筑材形成完全不同的风格。中国传统木构建筑具有辉煌的历史。博大精深，源远流长，像宫殿、寺庙、木塔、民居、商业店铺，北方的园林，江南的园林，无一不是精美创作与精湛木工技术的结晶。陕西大同华源寺，是我国发现古代木构建筑中最大的一个，木构建筑一个是梁架，受力和木材使用充分结合材料的性能，将装饰和材料完美地结合在一起。我国许多古建筑即使使用石材甚至也模仿木材使用的技术。如北京明代十三陵的牌坊透视，从其造型和做法上看可以看到仿木建筑的做法，石制雕刻精美，轮廓刚劲有力。侗族在构建木结构鼓楼、花桥和木结构房屋方面具有悠久的历史，达到了非常精湛的水平，堪称民族瑰宝。

近年来，建筑环保和节能已纳入中国政府的重要位置。在全球气候变化的大背景下，关注绿色建筑和木质结构的使用日益受到重视。2010 年，加拿

🔳 侗族鼓楼的构造

大政府与中国政府签署了《关于采用现代木结构建筑技术应对气候变化合作谅解备忘录》，共同提倡绿色建筑、促进低碳经济发展。在双方的共同努力下，申请并获批的首批四个中加合作"多层木结构住宅建筑技术应用示范工程"正按计划进行。这四个示范工程分别是：天津泰达悦海酒店项目、北京东方锐波化工厂公租房项目、承德避暑文化产业园区项目，以及天津天房淘乐谷项目。其中，天津泰达悦海酒店项目正在施工建设。该项目位于天津滨海新区北塘，是国内首个四层全木结构酒店项目。可以预想，木质建筑在我国还有更大的发展空间，侗族人民的聪明才智和创造精神一定会有更为广阔的用武之地。

当然，木质建筑也还存在一些问题，主要是防火、防虫、防腐等问题。这些问题随着科学技术的发展将逐步能够解决。我国的科研机构，如中国林业科学研究院与日本、欧美等国家合作，在木材阻燃、防腐、防蛀等方面已经攻克了很多这方面的难题。

第三节　东晋古杉群

　　2004 年 11 月，湖南省城步苗族自治县发现一处罕见的古杉树群。经专家考证，这些杉树是东晋时期人工栽培的"风水树"，迄今已有 1600 多年。据湖南、安徽、江西三省的林学专家考证，它应是东晋时期（公元 317 ～ 420 年）人工所植。而在之前，国内林业专家、教授们公认我国人工营造杉树始于唐代元和八年（公元 813 年）。城步县古杉群的发现，将中国人工植杉的历史整整向前推移了 400 多年。

　　这处古杉群位于湖南省城步苗族自治县长安营乡大寨村，现存 49 株，绝大多数生长在溪流的沙滩上。它们英姿勃发，傲然挺立，枝叶繁茂，浓阴蔽日。其中特别引人注目的是耸立在西边崖畔上的那株最高最大的古杉。这株古杉胸径 2.45 米，胸围 7.7 米，冠幅 28 米，树高 30 米以上，木材蓄积量达 50 多立方米。据湖南省林业科学研究所鉴定，它是湖南目前发现的最大杉树，比福建的杉木王（胸径 1.6 米，胸围 5.02 米）还大 40% 以上，被誉为"湖南杉树王"，当地人则称之为"神树"，常年有人烧香化纸祭拜。

　东晋古杉群

那么这些古杉群的主人到底是谁？是谁在那样早的年代种下了这些杉树？

如前所述，侗族是一个喜欢种杉并善于种杉的民族，这些古杉群正好位于侗族人聚居的城步县长安营乡大寨村。据有关方面解释，长安营乡大寨村位于城步县

🔲 东晋杉王

西南湘桂边界，距县城62千米，是一个典型的侗族风情村，也是湖南省民族地区新农村建设示范村。大寨村居住着侗、苗、瑶等6个民族，以侗族为主的少数民族人口占全村总人数的95%。全今还有保存完好的侗族民居及具有侗族建筑风格的民间建筑，如吊脚楼、风雨桥（花桥）等。据中央民族大学中国少数民族语言文学学院王远新先生考察认为：湖南省城步苗族自治县长安营乡大寨村是典型的以侗族为主且保留侗语的多民族村寨，社区内的语言使用呈"三分天下"的格局，不同语言和方言和谐共处，各有分工：侗语是村内优势语，也是侗族内部的主要交际语；长安营话、儒林话则是特定场合以及族际通婚家庭的主要交际语。在语言态度方面，村民对普通话的认同程度最高，其次是侗语和儒林话，而对长安营话和苗语的认同程度偏低。这些调查资料说明，侗族是长安营乡大寨村的世居民族。

侗族又是一个崇拜"神树"的民族。2003年2月8日晚上8时左右，长安营乡大寨村73岁的村民杨某拿蜡烛和纸钱到古杉处祭祖敬神。他将蜡烛点燃安放在已空心可容数人的树蔸内，然后大把大把地烧纸。结果燃着的纸钱随风沿空心的树干蹿到树尖，引发树内大火。幸好大火尚未殃及树干表皮，使古杉得以幸存至今，但对古杉的生存已带来了严重影响。

根据上述有关情况，我们可以初步判断：城步县长安营乡大寨村的晋代古杉群很可能是侗族祖先营造的"风水林"。这些人可能是驻守"谭城之岭"的古代越人的后裔（详见本书第二章）。

我们进一步分析杉木与古代越人的关系。杉木属起源于中生代晚侏罗纪或早白垩纪的东西环太平洋地区，我国东北、华北北部和朝鲜、日本、俄罗斯西伯利亚东南部是起源中心和早期分化中心。晚白垩纪扩散到北美，新生代早在

第三纪古新代扩散到西欧，形成北美、欧洲两个次生中心，古新世至渐新世发展成为北半球的广布种，渐新世至第四纪早更新世扩散到我国长江流域及其以南地区。由于第四纪冰川的原因，杉木属植物在大多数地区相继灭绝，仅有杉木（Cunninghaimia lanceolata）一种残存在我国长江以南和越南北方，成为该属植物的残遗中心。我国长江以南人民很早就开始栽培杉木。而在 1804 年才最早引种到英国，而后陆续引种到南非、日本、美国、马来西亚、尼亚萨兰、澳大利亚、瑞典等地。

侗族聚集区是杉木的孑遗地区，古代先民早就开始了栽培利用杉木的历史。保存众多的考古文物说明，商周至秦汉时期南方人民已经广泛利用天然杉木，如江西贵溪仙岩商周时代的杉木悬棺，广州秦代造船工场的杉木船材，长沙马王堆西汉墓的杉木内椁和安徽天长安乐西汉墓杉木椁板等。我国著名的林学家吴中伦、侯伯鑫等认为，早在新石器时代（距今 8000 多年前），古越人就利用天然杉木，用杉木建造房屋。这是因为杉木人工繁殖容易，插条、实生苗和萌芽更新均能成材，能适地适树，病虫危害也较少。所以在天然杉木资源不能满足社会需要时，就开始了人工种植杉木的历史。所以古代越人是善于经营林业的民族。

故古人对杉木的栽培和利用记述甚多。公元前 2 世纪郭璞注《尔雅》曰：杉木"似松，生江南，可以为船及棺材，作柱埋之不腐；又人家常用作桶板，甚耐水"。《本草纲目》也云："其木有赤白二种，赤杉实而多油，白杉虚而干燥。有斑纹如雉者，谓之野鸡斑，作棺尤贵，其木不生白蚁，烧灰最发火药。"清代《植物名实图考》曾转载粤娄农曰："吾行南赣山阿中，岖岭蒙密，如荠如簪而丁丁者，众峰皆答，盖不及合抱而纵寻斧矣。按志皆曰杉，而土语则曰沙，……"，又在沙木条下曰："今湖南辰沅瑶峒，亦多种之，大约牌筏商贩皆沙木，其木理稍异者则杉木耳。"描述了江西南部山区杉木茂密，未及合抱的杉木就被砍伐，以及湖南辰溪、沅陵也种杉木和商贩扎筏的情景。

城步县古杉群的发现，将中国人工植杉的历史整整向前推移了 400 多年。再由上述这些古籍记载我们可以认为，杉木这种古老的植物是由于在特殊的地理环境中孑遗下来，成为我国的独有树种，分布于古越国区域。而古代越人在文明的发展历史过程中，与这种古老的树种结下了深厚的历史渊源。更早的古人和古代越人（包括今天的侗族、壮族、瑶族等）在早期的生产实践中最早研究和发现了杉木的生物习性规律，并进行了人工培育和利用。我们想，这就是今天侗族地区人民时至今日仍然习惯栽杉用杉，并在民间蕴藏大量关于杉木培育利用技术的原因。

第四节　数十万份古代林契的见证

如前所述，侗族人民在历史上就有种植杉树的优良传统，今贵州省锦屏县、天柱县、黎平县等地是历史上著名的人工林区。明朝洪武年间，朱元璋派官军为进剿黎平上兰吴勉、锦屏婆洞林宽等地的侗、苗农民起义，溯沅江及其上游清水江进入锦屏、黎平一带。从此，这一地区盛产优质杉木的信息得以传至江南、华东乃至华北地区，明、清朝廷也到锦、黎等地广征"皇木"，并带动"民间木商"纷纷涌入，致使这一地区的"木材交易"迅速兴起并逐步繁荣。由此又进一步拉动、刺激当地苗族和侗族人民的工造林活动，使早已习惯于山田互补、林粮间作的生产方式如鱼得水。由此又进一步吸引江南、华东等地的汉族人民来此地从事木材贸易和人工造林、管林工作。到了清代雍正、乾隆年间，清水江一线的木材贸易十分繁荣，人工造林技术也得到大大提高。木材交易、人工造林逐步成为该地区各族人民生产、生活的重要内容。由此又形成了大量的山场、林木、田土、房屋等买卖、租佃、典当契约、字据、簿册、文告、碑刻等各类文书，尤以林契为最普遍、最常见。因为这些文字资料首先在贵州省锦屏县发现并着手采集，故又称"锦屏文书"。经初步普查，仅锦屏县民间散存的"锦屏文书"就有 10 万件以上。至 2009 年年底，锦屏县已征集到"锦屏文书"近 3 万件。据有关方

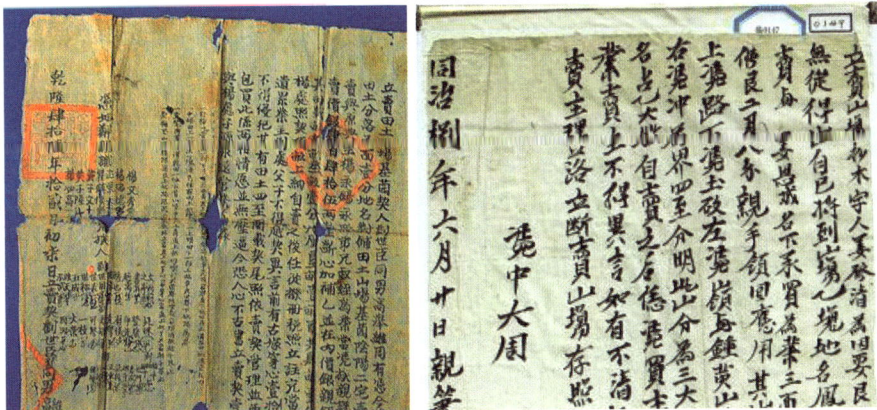

锦屏文书

面估计，清水江沿岸各族民间散存的此类契约文书不少于 30 万份。这是一笔珍贵的文化遗产。

这些文书的主要价值是：让我们了解到明、清时期这一地区林业生产及木材交易的一些情况，对今日林业制度、人工造林、森林管护、木材贸易都有重要的参考价值。填补了中国少数民族地区缺少封建契约文书及反映林业生产关系历史文献的空白。对林学、农学、民族学、法学、社会学、经济学、人类学、档案学、生态环境学等也都具有较高的学术研究参考价值。

第五节　侗族民间护林约法规章

侗族人民从古至今不仅热衷于植树造林，而且十分重视对现有林木的保护。从侗族民间遗存下来的许多关于护林的约法规章可以窥见一斑。如侗族《约法款》中规定：

Naih youc eix angs wap yah eis angs xees

现我不讲右也不说左

Angs touk ongs bux juml das juml meix

讲到祖先护林育树

Naih daol dih wangp il jiuc senl

如今咱们一条村

Bix saip lagx nyenc nouc

不许谁人

Dinl jemh dadl baenl

冲脚砍竹

Gaos jemh loul nangc

冲头挖笋

Dinl jenc dedl ledc

山脚砍栗树

Gaos jenc dadl yuc

山头毁油林

Dinl jenc dedl beens

山脚砍杉树

Gaos das dedl songc

山头伐松林

Qink nyenc qak jenc dadl das

引人上山砍树

Tudt nyenc weex lol wenh jedl

让人造船运柴

Weex jiv haik nyenc

设计害人

Weex xeep haik yav

堆沙害田

Doiv hangc nyenc naih

对这种人

Heeup deil ongp meix mogl

打死无棺埋

Liogx senl eis nyangh maoh

六村不让他

Liogx dongh eis yiuv maoh

六洞不要他

Aox senl deic maoh liul il mangv

村里把他丢一边

Aox xaih deic maoh baenv il wangp

寨里把他扔一方

（引自《侗族史诗——起源之歌》第四卷，165～167页）

引文中所说的"Weex xeep haik yav"（做沙害田），就是将沙石放到别人的稻田里去，是对毁坏田塘不法行为的一种比喻。"Heeup deil ongp meix mogl"（打死无棺埋）就是让违犯者不得好死。

关于山林的归属管理，侗族《约法款》中也有明确的规定。如：

Naih yaoc doiv angs

现我再讲

Angs touk senl xaih jenc jih

讲到村寨山野

Naih daol samp jiuc jenc

咱们这三重山

Siik boul jih

四座坡

Jinc dih lieenc jinc dih

田地连田地

Gueec senc yangh xeenp abs douc lis

水牛黄牛合成群

Aiv jeml ags meex jenc

金鸡各有山

Nongx muih ags meix aos

桑蚕各有树

Lenc eenv dangc kuangt

芦笙间隔款堂

Jemh eenv kuenp buil

山冲间隔火路

Ul dos xonp

上面安穿枋

Dees dos eenv

下边置界桩

Ags xaih ags yanc

各寨各家

Ags jenc ags dangc

各山各田

Xegt liebc bial sup weex eenv

都立青石为界

Bial bagx weex meel

白石为记

Jenc jih eenv saengc

山野划直线

Jinc dangc eenv jongv

田塘标曲线

Kuaik bial naih eis jenh saip yic

这界石不准乱移

Eis jenh saip nouc weex yeep

不许谁人弄歪

Janl kuaot nyangh lis sanp jeens

喝酒可让三杯

Jinc dangc nanc nyangs il senk

田塘难让一寸

Maenv nyac suh maenv nyac

你的是你的

Maenv maoh suh maenv maoh

他的是他的

Yanc yanc ags meec

家家自有

Ags guans ags senl

各管各村

Nuv baov lagx nyenc nouc bems meix dah eenv

如果有某人砍树过界

Top meix dah magv

拖木过线

Liul nyaoh dinl senl sinp nyenc nuv

丢他在村脚让千人看

Liul nyaoh gaos xaih weenh nyenc naengc

拿他到寨头让万人瞧

Dah dinl touk gaos yiuv wedt maoh

从头到脚要罚他

Biingc dah wagx xangh yiuv aol sinc

通过众人要拿钱

Mungx mungx yiuv yil

人人要依从

Senl senl yiuv eeus

村村要教育

Xeih naih xeih yangc

这是阳事

Eis jangs xeih yeml

不是阴事

（引自《侗族史诗——起源之歌》第四卷，219～224页）

引文中"Lenc Eenv Dangc Kuangt"（芦笙间隔款堂）指旧时侗族地区的民间自治区域"款堂"是以"芦笙堂"划分界限。"Ul Dos Xonp"（上面安穿枋）指房屋上部安有穿枋才使之不会垮塌。这些都用来比喻"界限"的重要性。"Xeih Yangc"（阳事）是指不该处死的轻罪；"Xeih Yeml"（阴事）是指应该处死的重罪。如上"款规款约"，每年春、秋两季都要由"款首"在全体村民中进行宣讲，使之家喻户晓，人人皆知（详见本书第十章）。

侗族这种传统的民间护林约法规章一直影响到现代的"村规民约"。如：

广西种族自治区三江侗族自治县林溪乡平岩村村民委员会1968年12月25日制订的《平岩村村规民约》规定：

（一）对乱砍滥伐的处理

1. 盗砍杉木、松木，中围一尺以上，每株罚款50元，中围一尺以下罚款10元，原物退回失主。

2. 盗砍楠竹，一根罚款3元，竹笋一个罚款2元，原物退回失主。

3. 乱砍茶（油）树，每一蔸罚款3～10元。不准乱进他人的责任山砍生柴。水源林区内砍一担生柴罚款2元，原物退回。

广西壮族自治区三江侗族自治县独峒乡干冲村公所、干冲村委会、干冲妇委会1990年联合制订的《干冲村村规民约》规定：

第九条：乱砍滥伐：

1. 乱砍滥伐集体（包括责任山）杉、松幼林，每株罚款5元。

2. 盗伐杉木者，除追回原物和赔偿损失外，另给予30至300元的处罚。

3. 盗伐松木者，凡胸径在4至12厘米以内的，每株罚款5至20元；12厘米以上的，除退回原物或赔偿损失外，另给予10至100元的罚款处理。

4. 楠竹、春笋大小不论，除退回原物外，每株（个）罚款5元。

5. 乱砍风景林、水源林、护路林等，幼树每株15元，成林50元，并退回原物或折价赔偿。

6. 经济林、果木林不准乱砍，违者，幼树每株罚款15元；已结果的，每株30元，并要赔偿三年以上的经济损失。

7. 因放浪猪、牛、羊而毁坏林地苗木（不分种类）或天地庄稼、红花草等，苗木每株罚款5角；吃红花草等，每亩赔偿损失20元。放进田地、林地的耕牛被抓获，牛主应为每头牛缴纳5元罚款费；需管理的，牛主还要为每头牛每天付3元管理费。

8. 擅自进入他人自留山、责任山、封山育林区砍柴的，每担罚款3至5元，并退回柴火。

今贵州省黎平县岩洞镇竹坪村村民委员会和老人协会2006年11月联合修订的《竹坪村村规民约》规定：

第二条 对乱砍滥伐森林的处理：

（一）任何集体和个人必须按山林土地界线划分管理，原则上维护村、组"山林三定"政策不变。凡是有纠纷的山林，任何一方不得乱砍和占用，未经政府调处而引发起乱砍造成不良后果的，除没收所砍伐的木材外，每立方米罚款200元，对组织策划乱砍、哄抢林木人员，每人罚款100元。

（二）偷盗他人木材的，每次罚款150元；偷砍他人自留山柴火每担罚款10元；偷砍本村周围风景林木（包括自留风景林木），除赔偿损失外，罚款200元；偷砍他人一根楠竹或竹笋，除赔偿损失外，另每根罚款5元，依此类推。

由此可知，侗族人民从古至今对林木保护都十分重视。如此详细的"民间立法"，在中外历史上恐怕还不多见。正是这些"民间立法"，长久不衰地保护着侗族地区的青山绿水和生态平衡。

山高水高

【第九章】
协调节制的人口繁衍

18世纪英国经济学家马尔萨斯认为：生活资料是按算术级数增加的，而人口是按几何级数增长的，因此生活资料的增加赶不上人口的增长是自然的、永恒的规律。他在《人口原理》（第一版）一书中进一步阐述："人口增加，必须受生活资料的限制；生活资料增加，人口必然增加；占优势的人口增加力，为贫穷及罪恶所抑压，致使现实人口得与生活资料相平衡。"马尔萨斯的"人口论"虽然有其不科学的一面，如他把所谓"下层人"的贫困仅仅归结为人口的增长，主张用恶习、贫困、战争、疾病、瘟疫、洪水等所谓"积极抑制"的手段来控制人口的迅速增长等。但马尔萨斯的人口论也有其合理一面，那就是人口的自然增长应该与生活资料的增长相协调。侗族人民在这方面也有着深切的体会，并提供了许多非常宝贵的经验。

第一节　侗族人口的分布及变化概况

生态文化的实质就是人与自然的关系，所以人口数量、素质、观念和分布格局、年龄结构的变化等都会对生态文化产生重大影响。

新中国成立以前，全国侗族总人口无据可查。新中国成立之后，中国政府已经分别于 1953 年、1964 年、1982 年、1990 年、2000 年、2010 年进行过 6 次人口普查。其中全国侗族人口总数分别是：1953 年 71.28 万多人；1964 年 83.61 万多人；1982 年 142.64 万多人；1990 年 250.86 万多人；2000 年 296.03 万多人；2010 年 287.99 万多人。1982 年以后的普查数据包括新识别的侗族人口数。下面是 1953 年至 2010 年全国侗族人口变迁情况示意图。

从下图我们可以清楚地看到，从 1953 年至 2000 年的 50 多年中，全国侗族人口一直处于增长态势。其中 1953 年至 1964 年 11 年间净增 12.33 万多人，平均年增 1.12 万多人；1964 年至 1982 年 18 年间净增 59.03 万多人，平均年增 3.28 万多人；1982 年至 1990 年 8 年间净增 108.22 万多人，平均年增 13.52 万多人；1990 年至 2000 年 10 年间净增 45.17 万多人，平均年增 4.51 万多人；2000 年至 2010 年 10 年间，全国侗族总人口减少 8 万多人，平均每年减少 8 千多人。侗族人口为什么在 21 世纪的头 10 年出现锐减的情况？难道侗族人口"负增长"的时代真的已经到来了吗？很值得认真探讨。

在 2010 年全国 287.99 万多侗族总人口中，贵州省有 143.19 万多人，湖南

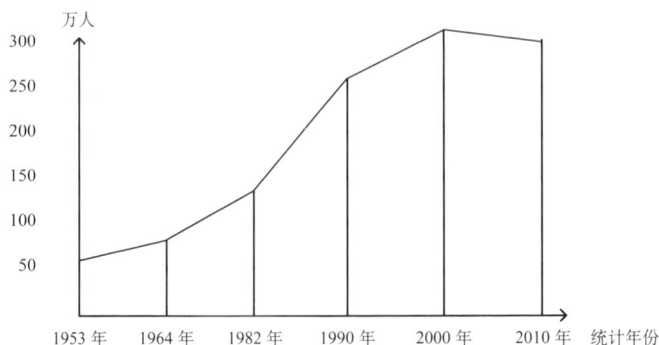

1953 ～ 2010 年全国侗族人口变迁情况示意图

省有 85.49 万多人，广西壮族自治区有 30.55 万多人。此外，拥有侗族人口万人以上的省份还有浙江 8.81 万多人，广东 8.35 万多人，湖北 5.21 万多人，福建 1.56 万多人，江苏 1.22 万多人。拥有侗族人口万人以下千人以上的省市有上海 7787 人，云南 4389 人，北京 3774 人，重庆 3271 人，四川 2376 人，江西 2189 人，安徽 2147 人，海南 1819 人，河北 1451 人。

20 世纪 80 年代以后，尤其是进入 21 世纪以来，随着中国工业化、城市化、信息化进程逐步加快，随着侗族人口素质的逐步提高以及打工潮的迅速发展，侗族人口的分布格局发生了很大变化。这个变化的主要特点是逐步向大中城市及中、东部经济发达地区转移。如 21 世纪头 10 年（2000～2010 年），贵州省的侗族人口减少 196 640 人，湖南省增加 12 837 人，广西壮族自治区增加 2426 人，湖北省减少 17 826 人，浙江省增加 70 200 人，广东省增加 27 704 人，福建省增加 9840 人，上海市增加 5817 人，江苏省增加 2752 人，北京市增加 2158 人。这一减一增，说明侗族人口的分布格局正在发生新的变化，西部及贫困地区的侗族人口正在向东部及大中城市经济发达地区转移。这种"疏散式"或"稀释式"的人口分布变化，对侗族地区的生态文化正在产生两方面的影响：一方面可能对传统文化的保护、继承带来了"稀释"；另一方面，由于人们增长了见识，扩大了眼界，对生态环境保护观念的认识也开始从不自觉逐步向自觉的方面改变。在如一位自称"木棉花"的侗族网民在他新近发表的帖子中表示："强烈反对工业化大跃进，留住绿水青山也是政绩！赞成搞生态工业园区，发展农产品深加工和中药材基地，以及旅游产品加工。比如蓝莓、茶叶、油茶、药材等基地。限制木材加工企业发展，保住青山！不要再走珠三角和长三角先污染后治理的老路！现在珠三角搞腾龙换鸟，污染企业将会被迁走，希望不要迁到我们美丽的侗乡米！"这种自觉性生态观念的形成和逐步增强，对侗族地区的生态环境保护必然会产生积极的影响。

"六普"数据表明：2010 年侗族的城镇人口共 87.74 万多人，约占侗族总人口的 30% 左右。虽然比 10 年前的 52.99 万多人增加了 34.75 万多人，但侗族的乡村人口仍在 200 万人以上。由此可知，当前侗族仍然是一个以聚居边远贫困乡村为主的农业民族。侗族人民依山傍水，靠天吃饭，依赖自然、崇尚自然的历史状况仍然没有发生根本性的变化，所以他们更需要尊重自然、保护自然。

从年龄结构看，2010 年侗族少年儿童（0～14 岁）共 651 693 人，占侗族总人口的 22.62%；劳动年龄人口（15～64 岁）共 1 976 765 人，占侗族总人口的 68.66%；老年人口（65 岁及以上）共 251 466 人，占侗族总人口的 8.72%。

占里侗寨

与 10 年前的 2000 年相比，少年儿童人口比重下降了 5.17 个百分点，劳动年龄人口比重和老年人口比重分别增加了 2.63 和 2.54 个百分点。由此可知，侗族的计划生育工作正在有效实施并有了显著的效果，而侗族人口的老龄化也正在逐步加剧。这种年龄结构的变化，对自然生态环境的影响不可低估。如计划生育的有效实施，必然会使侗族聚居地区的人口逐步减少；由于人口的逐步减少，对自然的掠夺也将会逐步减轻。而人口老龄化的逐步加剧，又必然会引起人们对医疗保健和生态环境保护工作的重视。如曾经遭到破坏的"神树"、"神山"、"神井"、河溪、风景林以及相关习俗在当地老年人的强烈呼吁中正逐步得到重视和有效的保护。近些年来，侗族地区的青壮年男女很多外出打工，侗族村寨多为留守老人和留守儿童，由于缺乏劳力，加之人口相对减少，对生态的影响明显减弱，一些远离村寨的田地处于荒芜或半荒芜状况，这种状况对自然生态反而起到了修养生息的作用。

人是万物之灵，万事之主，人口素质的变化是社会变化的基础和动力。人口素质在很大程度上取决于教育水平。新中国成立以前，侗族聚居区交通闭塞，信息不灵，社会经济文化发展水平很低，侗族人口的总体素质也很低，能识文断字的侗族人口很少，95% 以上的侗族妇女都是文盲。能读到高中、大学的侗族子女可以说是凤毛麟角。以侗族聚居人口最多的黎平县为例，直至 1958 年黎平中学才开始设立高中部，1960 年才开始有高中毕业班。1963 年，全县 30 多万人口，只有 15 位高中毕业生，其中侗族只有 2 位。当年考上大学的全县只有 3 人，其中侗族 2 人。由此可知，当时该县的教育发展水平还很低。其他侗族聚居县大体也是如此。而 50 年后的 2013 年，黎平县共有 2809 名学生参加高考，一本上线人数 243 人；二本上线人数 815 人。二本以上上线人数共 1058 人，首次突破一年千人圆大学梦的历史记录。他们当中至少有一半以上的侗人子女。由此可知，侗族人口素质正在发生根本性的变化。随着人口素质的不断提高，人们对自然的认识水平和利用能力也不断提高。如引导得好和利用得好，对自然生态保护就会产生积极的影响。如利用不好或掌控不好，其破坏力也是无可估量的！如化肥、农药、添加剂、转基因等科学成果，如能适当和正确使用，可以增加农作物的产量及保护动植物；如只为眼前利益无限滥用，对人类自身及自然生态的破坏也是显而易见的。眼下，这样的"喜剧"和"悲剧"并不罕见！侗族地区也是如此。

第二节　神秘的"换花草"

今贵州省从江县占里村是一个普普通通的侗族村寨，近年来因为一种神秘的"换花草"及 40 多年人口自然增长率几乎为零的奇迹，被媒体炒得沸沸扬扬而名扬中外。

据中国人口资料显示：1949 年新中国成立初期，中国大陆人口总数为 5.4 亿，至 2000 年第 5 次全国人口普查，中国大陆人口总数已达到 12.9 亿。在近 50 年的时间里，人口总数翻了一番还要多。

据贵州省从江县计划生育部门和相关媒体介绍：1952 年，占里侗寨有 168 户人家，人口总数为 729 人。至 2000 年，该寨却只有 154 户人家，人口总数也只有 739 人。在整整 48 年的时间里里，占里的总人口只增加了 10 人，自然增长率几近为零，而总户数却减少 16 户。其中，1980 年、1981 年、1985 年和 1986 年，占里的人口户数竟然降到了 125 户，人口总数也降到 600 多点。直至 1992 年，占里的人口户数和人口总数才开始逐步回升，但回升的速度也很缓慢。更为奇特的是，占里侗寨人口的男女性别比例也非常协调，98% 的家庭都是一男一女两个孩子。这是什么原因呢？

据当地民间介绍：占里侗寨的民间"药师"掌握一种能调整孕妇腹中胎儿性别的藤状草药，村民们称之为"换花草"。孕妇想生男孩就取其根部竖长的部分用水煎服；想生女孩就取其根部横长的部分用水煎服。已经生了两个孩子的妇女，还可以吃另外一种草药避孕，其中由棕树、茜草（小血藤）、月季花等植物配制而成。据说，当女人生完第一个小孩之后，倘若第一个生的是男孩的，那么"换花草"就会让她的第二胎怀上一个女的；倘若第一胎是个女孩，那么"换花草"就让她的第二胎怀上个男孩。还说这种"祖传秘方"只能由当地妇女单传，不得向外泄露。

据中央电视台 2005 年 3 月 28 日播出的《边地传奇》系列节目（六）——

《占里——古老的生育秘密》专题片介绍：这种神秘的决定生男生女的"换花草"目前只有当地女药师吴奶银姣略知一二。经过记者的"再三追问"，这位神秘的女药师提供了下述情况：妇女们来向药师讨药时，要提一饭围米、3条腌鱼和12尺布。钱可以随意地给，不在乎多少，最多不会超过10元，即使不给也没关系。药师并不以施药为生，送东西也只是象征性的。按药师的说法，只有用米换药才有功效。药师吴奶银姣的药方是从她姑妈那里继承的，她先前不懂任何医学知识，只要根据秘方抓药用药就可以了。计划生育政策下来以后，因为政府发的药更好更简便，节育和计划生育变得越来越安全，占里的药师也很少为妇女施行土法流产了。到吴奶银姣这里，流产的医术已经失传了。

由于此事关系重大，从20世纪90年代开始，国家计划生育委员会、中国人口情报中心、中国人民大学人口研究中心等有关机构十分重视，国内外、海内外的许多专家学者也纷纷到占里进行学术考察，希望能够解开"换花草"的秘密，但都不了了之。

尽管如此，但占里侗寨人口自然增长率很低且男女性别比例十分协调的事实却无可争辩。这是什么原因？

据当地人介绍：占里村历史上最先提出控制人口增长的是在清朝初期，是一位名叫吴公力的祖先根据日益增加的人口压力以及有限的土地资源，他召集全寨村民在鼓楼开会给子孙后代订下一条寨规：全寨不能超过160户，人口总数亦不能超过700人；并且一对夫妇最多只能生育两个孩子。而且还明确规定只有拥有50担稻谷田地的夫妇才可以生育两个孩子，只有30担稻谷田地的夫妇只能生育一个孩子。如有违规者，轻者将其饲养的牲畜强行杀掉煮给全寨人吃，以示谢罪；重者则将其逐出寨门或由其亲属处以重罚。

这种强行规定当然起到了一定的作用，但更重要的还是某种内在的生育意识及生活习俗促使了这种强行规定的有效实施。

据田野考察及相关史料得知，占里人最早也是为了谋生从外地辗转迁徙来到这大山深处安身立命。由于山多田少，

企业开发的"换花草"商品

如果不节制生育，总有一天会没有饭吃。由于产生了这样一种意识，才产生了限定生育的寨规。与此同时还出现了宣传寨规的民间歌谣。如："家养崽多家贫困，树结果多树翻根"；"一株树上一窝雀，多了一窝就挨饿"；"崽多要分田，女多要嫁妆；崽多无田种，女多无银两"；"七百占里是只船，多添人丁必打翻"等等。这种歌谣的长期灌输，便形成了占里侗人这种独特的生育意识。

从财产继承方面考察，也说明占里人的生育观念不是凭空而来。根据侗族的传统习俗，男孩一般都继承父亲的财产，其中包括稻田、山林、宅基地、房屋、禾仓、耕牛、家禽、家具、农具等等。女孩一般都继承母亲财产，其中包括棉花地、首饰、布匹、纺织工具等等。如果家里有几个男孩或几个女孩，按照侗家的传统习俗，所有继承的财产都要平均分配。这样一来，多生孩子势必会越来越穷。这也是占里人不愿多生孩子的主要原因。如果家里只生女孩没有男孩，父亲的财产就无人继承，在这种情况下，父亲的财产只能交给叔伯兄弟继承，其家庭财产就会旁落。如果只生男孩没有女孩，母亲的财产也无人继承，只能由姑姑保管，其家庭财产也会旁落。这就是经济上的原因。

再从婚姻制度考察，侗族实行的是"不落夫家"及"姑舅表亲"的婚姻制度。尽管侗族青年男女结婚的年龄比较小，如占里村青年男女结婚的年龄一般是19～27岁，"不落夫家"一般是3～5年。所谓"不落夫家"，就是新婚夫妇不在一起居住，新娘仍回娘家生活，只有重大节日或农忙时节新娘才到新郎家里住一两天，直至新娘怀孕才正式到新郎家常住。这样一来，新娘怀孕的几率就很小很小，青年男女的实际婚龄比他们结婚的年龄将后延3～5年，由此而实现实质上的晚婚晚育。"姑舅表亲"的实质就是姐妹的女儿必须嫁给兄弟的儿子，是一种近亲结婚的传统习俗。这种习俗肯定会对生育产生不良影响，这也是"少生"的一个重要原因。

总之，"占里现象"是一种非常奇特的现象，也是侗族人民对生态环境保护创造一种经验，值得认真地加以研究和总结。

第三节　人口密度的自我调节

从生态环境角度观察，人口数量对生态的影响只是一个方面，而对生态影响更大的却是人口密度。如果13亿中国人都集中居住在某省某市，那对生

🔲 侗族婚俗的新娘回门

态环境的影响是难以想象的。所以，人类需要寻找一种控制人口密度的有效方法。

为了解决人口密度不合理布局问题，中国历史上曾发生过多次"大移民"的举动。如秦代中原 50 万大军携家带口"南开百越"；晋代中原 700 万人渡江南迁；唐代大批中原汉人南奔，致使中国经济文化中心从黄河流域南移至长江流域，李白当时有诗叹曰："三川北虏乱如麻，四海南奔似永嘉"（《永王东巡歌》）；宋代大约有 500 万人从中原逃亡到江、浙、湖、湘、闽、广等地。如果说由北向南"大移民"是中国人口密度的"大调节"，那么由东向西"小迁徙"则是人口密度的"小调节"。其中包括明朝初年朱元璋为了镇压吴勉等人领导的侗族农民大起义，"拨军下屯，拨民下寨"，将大批江西籍军民调遣到湖南、贵州、广西边界地区屯垦，使这一地区的汉族人口迅速增加。正是这些从北向南、从东向西主动或被动的"大移民"，才造成了中国各民族大杂居小聚居的分布格局，才避免了黄河流域及东部地区生态环境的进一步恶化。

在这方，侗族人民也作出了自己的独特贡献。如侗族"迁徙史诗"——《祖公上河》中讲：

Naih yaoc eis angs duh mangc
现在我不讲那样
bens angs dah unv ongs bux jiul naih
单讲从前我们的祖先
Eis dah ah nup map oh

不知是从哪里来啊

Dah ah Ngux Xul jinl Yinc Xul nyal jah map

从那梧州边音州河那里来

Dih wangp jav oh

那个地方啊

meec naemx eis meec jinh

有水没有高地

meec nyenc eis meec yav

有人没有田

Eis meec jinc dih eip wangp

没有地点开荒

eis meex daeml dangc sangx soh

没有田塘养命

Jav hah nyaoh eis wanp 、 qonp eis saot

那才住不安、穿不暖

Dah xic naih qit

从这个时候起

ongs hah eis xut

公公才不肯留守

bux hah eis nyaoh

父亲才不肯居住

jiul hah uip laengh daengl yic

我们才逃离迁移

qak ah jiuc nyal nah map

沿着这条河往上走

　　"梧州"（Ngux Xul），是指今广西梧州一带。"音州"（Yinc Xul），指今广西贵港市一带。"这条河"就是指珠江及其上游都柳江。由此可知，今日湖南、贵州、广西边界的一部分侗族祖先是从梧州等地迁徙来的。迁徙的主要原因是"有水也没有高地，有人也没有田；没有地点开荒，没有田塘养命"。这就是人口密度的自我调节。

　　侗族地区人口密度自我调节的主要特点是：沿河迁徙，溯水而上。所以，湖南、贵州、广西边界地区的河流两岸，都有侗族村寨。这也是侗家人居住的

主要特点。这是由他们的经济基础决定的，因为侗族是一个以种植水稻为主的民族，没有河，没有水，就没有稻田；没有稻田，就没有粮食，就无法生存。

侗族祖先来到湖南、贵州、广西边界之后，又按姓氏或兄弟分散到各地建村立寨，如"迁徙史诗"《散姓入村》讲：

> Saoh jigs lol xonc Namc Angl xuis
> 造只船进南江水
> Lol sank angl yadx
> 船行急流
> Namc xonc jigs jigs
> 船儿只只
> Qak Nyal Houk
> 上榕江
> Xeengp xonc yedc yedc qak Langh Baoh
> 撑船渐渐上朗泡
> Sam ongs qak Yongc
> 三公上榕河
> Dogl nyaoh xaih Yongc
> 落进榕寨
> Ngox ongs luih Laiv
> 五公下赖
> Qak nyal Loc Yangp
> 来到洛香
> Samp ongs nyaoh dih ,
> 三公住下面
> Siik ongs nyaoh meml
> 四公住下面
> Sank bux dogl dih
> 父亲散到各地
> Sank lagx dogl xaih
> 儿子落进各寨
> Sank singk laos senl
> 姓氏分到个村

Yic mangh laos wenc

祖宗移入坟墓

　　"Namc Angl Xuis"（南江水）就是指今贵州省黎平县及从江县边界的南江河。"Langh Baoh"（朗泡）是指今贵州省从江县境内的朗泡河。"Nyal Houk"（榕江）是指今贵州省榕江县境内的榕江河，也叫"Nyal Yongc"或"Nyal Wot"。"Laiv"（赖）也叫"Bianv Laiv"是指今贵州省。"Loc Yangp"（洛香）就是指今贵州省从江县的洛香镇。本章第一节所说的占里侗寨，就是在这样一种侗族内部人口疏散过程中创建起来的。

　　侗族内部在疏散人口的过程中，也留下了许多非常美丽的传说故事。如关于今贵州省黎平县岩洞镇岩洞村的来历中讲：从前有三弟兄辗转迁徙来到今贵州省黎平县新洞村安身立命。有一次，家里养的两只鸭子丢失了，几天几夜也不见鸭子归家。于是三兄弟就各奔一方去找鸭子。找了几天，鸭子最终被三弟找着了。可是鸭子怎么也不愿意离开那个地方。三弟仔细一看，原来鸭子已经在那里做了个窝，窝里还有几个鸭子刚生的鸭蛋。三弟一想，鸭子不愿意离开这个地方，并在这个地方做窝生蛋，这一定是块宝地。三弟再仔细一瞧，窝边还长有许多非常茂盛的韭菜。于是三弟赶紧回家把这个消息告诉两个哥哥，并希望两个哥哥同意他到鸭子生蛋的地方去另辟新家园。两个哥哥也很高兴，就同意了弟弟的请求。可是三弟兄犯难了：这个新家园叫什么名字呢？他们左思右想，也想不出一个名字来。最后三弟建议：就叫"Ngaemc"吧，因为那里有许多"Ngaemc"。两个哥哥觉得这个名字不错，都点头同意了。原来，侗语称韭菜味"Ngaemc"。因为鸭子做窝的地方长有许多韭菜，所以侗族人将那个地方称之为"Ngaemc"。后来有人想把这个名字写到汉文书上，可是又找不到合适的汉字记录"Ngaemc"这个侗语的音，只好用近音来代替书写成"岩"（当地汉语读 ngan，第二声）。因为汉语习惯用双音节标注地名，所以后来人们写成"岩洞"。实际上"岩洞"既没有"岩"，更没有"洞"，字面与"韭菜"已经相差十万八千里。由此可知，对待任何事情，我们都不能望文生义，地名也是如此。

　　在侗族聚居地区，像岩洞这样的自然人口疏散时有发生。如上所说的吴家三兄弟，传说其中老二自己到距新洞 4 千米的"Jogl Bingh"（竹坪）去另辟家园。经过千百年的繁衍，如今的竹坪村已经发展成 Jaih laox（大寨）、Jaih Muh（寨母）、Jaih jiimh（寨间）、Bianv Lanl（边兰）、Dees Dav（德大）、Gaos Sangh（高赏）、Bianv yiimh（边演）、Banc Nyal（板那）、Baih Damc（摆担）、Wangc Liongc（黄龙）、Guis Kgeenv（归干）、Bags Linl（八练）等 10 多个自然村寨。其中大者200 多户，小者十来户。寨与寨之间的距离不等，近者 1 千米，远者 5 千米。这种人口疏散的原因主要是为了方便生产，就近劳作，同时也保护了生态。

风情祜藏 盛世祈福
2008尚重地区侗族祜藏文化艺术节
08 Shangzhong Dong Ethnic Guzang Culture Festival

【第十章】
天人和谐的艺术追求

侗族是一个充满艺术创造精神的民族，大歌、鼓楼、花桥（又名风雨桥）是侗族文化发展史上的"三大瑰宝"。如今，这些文化瑰宝已经扬名中外，已经分别成为世界级或国家级珍贵的人类文化遗产。侗族人民在创造这些艺术瑰宝的过程中，以自然美为最佳境界，以原始真实、情感真诚、艺术天然为理想，这种天人和谐的艺术追求，正是侗族生态文化魅力无穷、品质独特的内在原因，可以说，侗族的艺术文化是最能代表人与自然融合之美的代表，是中华文化博大精深的重要体现。

第一节　中国最早的民间歌谣

侗族人民喜歌善吟有非常悠久的历史。前面我们已经阐述，侗族是古代越人的后裔，古代越人是侗族的先民。中国有一首最早被记录下来的民间歌谣《弹歌》或《作弹歌》，这首歌就是古代越人的歌谣。汉朝人刘晔在他所著的《吴越春秋·勾践阴谋外传》中记载有这样一个故事：

距今2800多年前的春秋战国时期，位于中国南方的越国被邻近的吴国打败。越国国王勾践为了报仇复国，卧薪尝胆，广罗人才，于是越国大臣范蠡向越王勾践推荐一位名叫陈音的射箭能手。

陈音的确是一位弓箭专家。他小时候学习非常刻苦，传说他为了学习箭术，为了训练自己的眼力，有时几天几夜躺在织布机下观察妇女们织布，两眼盯着织布机上来回穿梭的梭子，直至把飞快运动的梭子看成一动不动的静物为止。有时他又几天几夜盯着一根挂在远处的头发，直至把这根头发看成像手指粗的东西才肯罢休。

越王勾践为了考察这位陈音的真才实学，便对他进行面对面的严格考核。越王说："请你讲一讲弓弹产生的道理。"

陈音不慌不忙地回答："据我所知，弩来源于弓，弓来源于弹，弹起源于古代的孝子。"

越王勾践感到纳闷：弓弹怎么会和孝子有关系呢？于是追问："弹和孝子的关系究竟如何？"

陈音回答："古时候，人们的生活非常艰苦，饿了就吃鸟兽的肉充饥，渴了就饮雾露的水解渴，人死了就用白茅包着尸体扔在荒野之中。有位孝子不忍心看到自己父亲的尸体被禽兽吃掉，于是创造了一种被称为'弹'的工具守在旁边，以防止鸟兽来啄食父亲的尸体。"陈音为了让越王相信自己的说法，便引用这样一首古老的民间歌谣作为证据：

断竹，续竹；飞土，逐肉。

这就是我们今天所能见到的有文字记载的最原始的歌谣《弹歌》或《作弹歌》。

这首歌谣的作者是谁？它产生于什么时代？陈音的解释是否有科学道理？对于这样一些问题，目前还没有一致的看法。有人认为，这是炎黄时代黄帝创作的歌，所以有人把它称为"黄歌"。有人认为，这是一首产生并流传于中国南方越人聚居区的原始歌谣，是上古时代越人所唱的歌。后面这种观点可能更接近于实际，可惜没有留下越语的原歌。

几千年时间过去了，有人会问：这种歌谣形式现在还能在民间找到吗？回答是肯定的，如贵州省文联民研会 1986 年编印的《侗族文学资料》第 5 集就搜集有这样一首侗族原始歌谣：

Douv sax

祭祖

Baengh ebl

靠嘴

Sags ongl

做工

Baengh soh

靠力

Laos das

进山

Semh nanx

找兽

Laos nyal

下河

Semh bal

找鱼

Lis nanx

得肉

Mungx sibt

分串

Lis bal

得鱼

Mengx bags

分吃

Dogx jil

独吃

Bul biags

额肿

Gaenx jil

众吃

Hoik mags

快长

这是一首古老的侗族儿歌，歌中表达了这样一些古老的原始观念：祭祀祖先，要歌颂祖先的功德，所以"靠嘴"；参加生产劳动，必须付出体力，所以"靠力"。侗族人民喜欢依山而居，傍水而住，他们的祖先上山打猎，下河捕鱼，进行着原始的劳动分工。因为当时的生产水平十分低下，劳动所获只能勉强维持人们的生命，所以无论是打到野兽还是捕到鱼虾，都必须按人口平均分配，一人一份。如果有人"独吃"（吃独食）而不分给大家，就会遭灾遭难，额头肿胀；如果让大家享受，就会无灾无难，健康成长。

这首古老的侗族歌谣，无论是内容还是形式，都与上古时期的《弹歌》相似，它们之间似乎存在着某种密切的渊源关系。这种动宾或主谓结构、二言一句的原始歌谣，应当是最古老的歌谣句式，也是最原始的诗歌形式，所以称它为"活的《弹歌》"。后世的民间歌谣或文人诗词，都是在这种歌谣形式的基础上逐步丰富和发展起来的。

还有一个问题需要探讨：陈音所说的"弹"是什么样子？是否和我们今日所见到的"弓箭"一样呢？我们只能作否定的回答。因为"弓箭"不可能"飞土"，它只能射箭。那么是否就是我们常见的"弹弓"呢？恐怕也很难作出肯定的回答，因为制作"弹弓"需要有弹性的弹簧或者橡皮。在2000多年前的那个时代哪会有这些东西呢？因此，我们只能再去寻找更科学的答案了。

"踏破铁鞋无觅处，得来全不费功夫"。侗族民间有一种叫"Bids"的儿童玩具，很可能就是原始的"弹"。这种玩具是用竹筒和竹片组合而成，可以"飞土"，也可以"飞石"，可以将土块或石块装进竹筒里让有弹性的竹片弹出去。所以陈音所说的"弹"应该读"tan"（阳平声），而不能读"dan"（去声）。

侗族先民爱唱歌还有一条史料可以证实，那就是古老的《越人歌》。西汉著名文学家兼史学家刘向(约生于公元前77年，死于公元前6年)在他所著《说苑》一书的《善说》篇中记载有这样一件事情：

楚国国王襄成君开始登基的那一天，身穿翠绿的衣服，腰挎漂亮的宝剑，脚登丝绸做的鞋子，站在准备去游玩的河岸上。那些随行的高级官员——大夫们前呼后拥，敲钟鸣锣，热闹非凡。这时，有人传出号令："谁能帮助大王从这里渡过河去呢？"有一位名叫庄辛的大夫急匆匆地走了过来，先向大王拜了一拜，然后站起来说："我愿意拉着大王的手渡河，可以吗？"襄成君不言不语，脸上还露出很不高兴的样子。

过了一会，庄辛洗了洗手，然后对襄成君说："您听说过鄂君子皙在水上乘船游玩的情景吗？他乘着巨大的游船，游船上张灯结彩，富丽堂皇，钟鼓齐鸣。鼓乐之后，一位划船的越人扶着船桨悠扬地唱道：

滥兮抃草滥予昌枑泽予昌州州湛焉乎秦胥胥缦予乎昭澶秦逾渗惿随河湖

这是什么歌呀？谁能听得懂呢？原来这是一首用当时越人的语言演唱的一首民间歌谣。鄂君子皙说："我听不懂越人的语言，请你们用楚人的语言给我翻译翻译吧。"随从的官员们赶紧找人来翻译。原来这首歌的内容是这样的：

今夕何夕兮？搴舟中流。

今日何日兮？得与王子同舟。

蒙羞被好兮，不訾诟耻。

心几顽而不绝兮，得知王子。

山有木兮木有枝，心悦君兮君不知。

鄂君子皙听了之后，高兴得手舞足蹈，并用他那华丽而宽大的衣袖将这位划船的越人歌手紧紧地搂在怀里。鄂君子皙是楚共王的儿子，公元前529年曾任过楚国最高的执政官——令尹，相当于后世的宰相或现在的总理。这首产生于2500多年前的、由一位越人划船手所唱的歌，就是著名的《越人歌》，它是中国文学史上的第一部翻译文学作品。

《越人歌》是越人的歌谣无可非议。侗族人是古代越人的后裔，所以我们也可以自豪地说：《越人歌》也是侗族先民的歌。那么，我们又有什么依据说明唱这首歌的人是一位越族姑娘而不是越族男子呢？依据之一是歌中的那个

"悦"字。大家知道，"悦"是喜欢的意思，如"喜悦"、"欢悦"等等，都表示喜欢、高兴的意思。歌中所唱"心悦君兮君不知"。这个"君"肯定是指"鄂君子皙"。"鄂君子皙"是楚国的王子，肯定是个男人。如果那位划船的越人不是女的而是男的，除非他和鄂君子皙搞"同性恋"，除此之外都不可能唱出"心悦君兮君不知"这样的歌来。假如划船者是一位越人老太婆，除非她是个疯子，也不可能唱出"心悦君兮君不知"这样的歌来。何况鄂君子皙听懂这首歌的歌词之后，还走过去用双手拥抱这位越人划船者，并用自己身上的披毯盖在划船人的身上。从这些语言和动作中我们可以断定，那位划船人肯定是一位非常聪明、漂亮的越族姑娘。如果她是一位丑八怪，也不可能让她来给王子划船。这是常理。

《越人歌》的创作时间比伟大诗人屈原生活的年代还早 100 多年。这首歌既有用汉字记录的越语原歌，又有用楚语翻译的歌词译文，所以具有多方面的学术价值。壮、侗等族语言学家和历史学家们通过对越语原歌的研究认为：这是一首句式长短不一的杂言体民间歌谣。这首歌委婉缠绵，韵律复杂，不仅与"楚辞"关系密切，与今日壮、侗等族的民间歌谣也十分相似。

古老的《越人歌》无论是内容还是形式，都很像现在的侗族"河歌"。或许，现在的侗族"河歌"直接来源于古老的《越人歌》。因为这种歌都是徒歌，都是表达爱情，都是即兴创作，都是歌词简短，都是注重比兴，都是缠缠绵绵。下面，让我们来欣赏一首最著名的"现代越人歌"——侗族河歌《Naemx luih Nyal Yongc》（《水下融江》）：

> Naemx luih Nyal Yongc
>
> 水下融江
>
> Diul bens gas nyac dongc naemx luih
>
> 我总等你随水下
>
> Naemx luih Nyal Miul
>
> 水下苗江
>
> Nyac kgeis xangk diul bens leis diul xangk nyac （eeh diaix eeh）
>
> 你不想我只有我想你 （呃哥呃）

从古老的《弹歌》和《越人歌》我们可以得出结论：侗族先民爱唱歌。这种爱唱歌的传统代代相传，直至今日。

第二节 天籁之音哪里来

正当人们欢欣鼓舞准备欢庆中华人民共和国六十华诞的时候，2009 年 9 月 30 日，从联合国科教文组织传来了一个振奋人心的喜讯——侗族大歌已经入选《人类非物质文化遗产代表作名录》。随着滴滴答答的电讯声，这一喜讯很快传遍了整个侗乡，传到了每一位侗人的心坎上。他们杀猪、喝酒、唱歌、哆吔、吹芦笙……以各种各样的方式表达着无限喜悦和无限振奋的心情。

侗族大歌是一种多声部、无指挥、无伴奏、无固定曲谱的民间合唱艺术。

所谓多声部，就是一领众和，独高众低。唱高音者，侗语称之为"Soh Seis"（公音或雄音）；唱低音者，侗语称之为"Soh Meix"（母音或雌音）。从这些独特的名称中，我们也可以看出侗族大歌与自然及性爱的密切关系。

古今中外，凡合唱音乐都有指挥，唯独侗族大歌这种合唱艺术没有指挥，而且演唱得那么整齐，那么和谐，那么有魅力。这是为什么呢？音乐家们找不出答案。而侗族人民却有他们自己的解释，那就是"歌养心"（Kgal Sangx Sais）。一个用"歌养心"的民族是不需要指挥的，所谓"心心相映"、"心领神会"、"心照不宣"讲的就是这个道理。

无伴奏似乎比较简单，实际上并不简单。不知大家注意到了没有，许多所谓"无伴奏音乐"或"无伴奏合唱"都有一个"定音器"。也就是说，起音的时候必须用"定音器"定调，否则就会"走调"，或"起音太高"，或"起音太低"使大家无法正常演唱。侗族大歌是没有"定音器"的，演唱侗族大歌全凭经验起音。

中外音乐都有固定的曲谱。经常有人打听："侗族大歌有曲谱吗？"我们回答说："没有。确实没有"。不信你可以到侗族民间去调查。同样是《蝉之歌》，各地、各村寨、各歌队都有他们自己的唱法。正因如此，才出现了"岩洞大歌"、"三龙大歌"、"肇兴大歌"、"口江大歌"、"乜洞大歌"、"坑洞大歌"这样一些以地名为标志的侗族大歌种类。这是因为口传心授的结果。这是真正的民间艺术，是真正的"天籁之音"。

侗族大歌的主要内容是歌唱自然，歌唱劳动，歌唱爱情。侗族地区山清水秀，百花盛开，百鸟争鸣。优美的自然环境，赋予了侗族人民唱歌的激情。《Kgal Laems Leengh》（《蝉之歌》）、《Kgal Jis Yodx》（《知了歌》）、《Dus Gux Dus Gux Soh Kgal Xangk》（《布谷布谷声声唱》或《布谷催春》）、《Laos Das Xeenl

边劳动边唱歌

Yiuc》（《进仙游山》）、《Das Longl Lail Louh》（《大山真美》）等名曲都是直接歌唱自然的侗族大歌。《Jingl Nguedx Weex Diedl》（《正月砍柴》）、《Jus Nyanl Sagt Kgongl》（《九月劳作》）等都是歌唱劳动的侗族大歌。《Kgus Weex Senh》（《装呆傻》）、《Maenl Yaoc Liangp Juh》（《常思念你》）、《Kgongl Mal Banx Lail》（《情伴是蔸好白菜》）等都是表达爱情的侗族大歌。此外还有劝教戒世、反映伦理道德方面的侗族大歌。如《Kgal Hut Mux》（《父母歌》）、《Kgal Sax Liit》（《婆媳歌》）、《Kgal Yangp Laox》（《乡老歌》）等等。需要说明的是，以上各方面内容的侗族大歌虽然各有侧重，但都相互关联，相互参杂，你中有我，我中有你。即在自然中劳动，在劳动中抒情，在抒情中劝教。如那首著名的《知了歌》唱道：

> Maenl yaoc bail jenc
>
> 白天上山
>
> ongp tingk duc mogx mangc wah
>
> 没听什么鸟叫
>
> deenh tingk ngeev nees neix
>
> 只听知了鸣
>
> Neengh neengh neengh……
>
> 能 能 能……
>
> Neengh neengh neengh……

能 能 能……

Ngeev nees neix ngeev

知了哭娘

Naoh kgah ul seml yaop

在那枫树梢。

Ngeev nees seml yaop

知了哭叫

eis dah haot nyangc laox

不如我的声音大

Dangc seengc mux nyih

情人走了

il jih waih sais yaoc

让我更心焦

Waih sais yaoc ……

更心焦……

如此美妙的"天籁之音"究竟是从哪里来的呢？从自然中来，从劳动中来，从爱情中来。侗族民间有这样一个关于侗歌来源的传说：

古时候，人们只会说话，不会唱歌。山里的鸟儿告诉人们：天上有一株歌树，众神仙采歌唱歌，热闹得很。山鸟也常去偷听，并学得一句半句回来教人们唱歌。由于山鸟学得不全，学来的歌有头无尾或有尾无头。侗家后生四也（Siiv Yais）得知这个消息，便提议上天去偷歌种。班固妈等寨上老人和青年们都表示赞同，山鸟也很支持。经过大家商量，决定由雄鹰、喜鹊和画眉鸟背班固妈、四也和蝉姑娘一起上天去找歌种。他们来到天上，正好碰上守歌树的龙麟精打瞌睡。于是他们便悄悄地爬上树去采歌果。蝉姑娘高兴得忘乎所以，便学唱起歌来。蝉姑娘的歌声惊动了龙麟精和专管歌树的萨样（Sax Yangp）。班固妈见势不好，叫大家赶紧下树往回跑。四也想多采一些歌种，落在后面，结果被龙麟精给抓住了。班固妈跑到半路，回头看不见四也，惊慌失措，结果从鹰背上跌落下来，摔死在仙山脚下。最后，只剩下蝉姑娘、喜鹊和画眉鸟把歌种带回人间。歌种被偷，萨样大发雷霆，于是她就把看守歌树的龙麟精贬谪下界，并让他押送四也回到人间。四也回到人间，便在仙山脚下为班固妈垒了一座坟墓，并将从天上偷来的歌种种在班固妈的坟墓边。不久，班固妈的坟边果然长出一棵歌树来，

而且结了很多很多的歌果。仙山脚下的人们和山上的百鸟十分高兴，每天都到班固妈的坟边来采歌果，学唱歌。优美动听的歌声传到天庭，传到萨样的耳朵里，她十分生气。一天夜里，她便派人来把歌树偷偷地砍倒，并把歌树扔进河里。被贬下界的龙麟精在河里见到歌树，便把所有的歌果和歌叶都吃到肚子里去。第二天，人们又到班固妈的坟边来采歌学歌，只见歌树倒在河里，歌果和歌叶都没有了。这时，有人看见一条大鱼在河里游来游去，人们断定歌果和歌叶肯定是被这条大鱼吃掉了。于是人们凑钱积麻，打了一个400斤重的钓钩，搓了一条300丈长的麻绳。他们用小牛做钓饵，终于把那条大鱼钓上岸来了。这条鱼其实就是那条被萨样贬下界来的龙麟精，它为了报复偷歌的人们，就把歌果和歌叶全吃了。人们破开大鱼的肚子，却不见歌果和歌叶，只有一个大气泡。四也一刀把气泡破开，果然歌果和歌叶都藏在里面。人们纷纷赶来分肉去吃，分歌去唱。为了让各村各寨都有歌唱，四也在分歌时留下一部分。第二天，他挑着歌担到侗乡苗寨去传歌。从此，侗乡苗寨处处都有了歌声。

传说当然不能作为历史的依据，但从这些传说中我们可以得到这样一些启示：侗歌的产生一方面有赖于自然的启发，如蝉虫鸟叫的声音等等。另一方面，也有赖于相互学习和相互借鉴，如四也等人到天上去偷歌果等等。

民间歌谣是文学艺术的重要组成部分，也是最原始的一种文学艺术形态。民间歌谣从哪里来？中外学术界异说纷纭，其中有模仿说、娱乐说、宗教说、劳动说等等。这些学说都有一定的道理，但民间歌谣最初的创作动因还是男女之间的性爱。也就是说，最早的民间歌谣是为爱情而歌唱，是为人类自身的繁衍而歌唱。

生物学和人类学的基本常识告诉我们：人也和其他动物一样有寻求异性的本能。即便是上帝创造人类，最先也是创造亚当和夏娃。侗族神话中的人类始祖松恩和松桑或姜良和姜妹，也都是一男一女。他们为了繁衍后代，肯定要表达性爱。当初人类表达性爱的方式可能多种多样，但最常用、最普遍的方法还是语言。"言为心声"，那种发自内心的甜言蜜语，实际就是一首最动听的恋歌。所以说，最早的民间歌谣一定是一首发自人类心灵深处的恋歌。中国最早的诗歌总集《诗经》的第一首诗"关关雎鸠，在河之洲，窈窕淑女，君子好求"就是一首表达性爱的恋歌。最早的侗歌也不可能例外。

关于爱情与侗歌的关系，侗族民间也有许多非常美丽的传说。流传在今贵州省剑河县侗族民间的《翁焦僚与厦格女》就是其中的一则：

传说远古之时，男子不知"玩山采花"（寻找女伴），女子不晓"花园攀藤"（结交男友）。翁焦僚在山上养牛，口吹木叶；厦格女在田边采桑，口唱山歌。

木叶越吹越近，山歌越唱越多。翁焦僚和厦格女唱出了心中的欢乐，唱出了火热的爱情。他们走到一起，山上的花牛站着张望，池里的白鹅扑着翅膀，池水里两张笑脸含羞对望……等到八月中秋，谷子黄了，瓜果熟了，翁焦僚和厦格女请来媒头媒现（媒人及证婚人），三朋四友，摆开长桌，端上米酒，从此结为夫妻，相亲相爱，同到白头。为了纪念这两位用歌作媒的爱情始祖，每年四月初四或四月初八，当地侗族男女青年都要过"采桑节"。在节日里，男女青年可以自由地对唱情歌，自由地谈情说爱。

由此，我们会想到更遥远的年代：人类初期，人们不会种田，更不会打工挣钱，他们只能依靠上山采摘野果来维持自己的生命。当一群男人和一群女人在茫茫的森林里相遇的时候，由于身体本能的需要和繁殖后代的需要，他们会走到一起，谈情说爱，切切私语，然后再相互交媾。这切切私语，就是一首最原始、最真实的情歌。

从侗族大歌的内容和演唱形式来看，也可以证明它和侗族社会的婚姻制度关系密切。根据现在掌握的资料，侗族大歌除少量的"伦理大歌"（Kgal Xangc）和"叙事大歌"（Kgal Jibl）是以劝教或叙事为主之外，其他90%以上的侗族大歌都是反映男女之间的性爱生活。即便是以展示音乐为主的"声音大歌"（Kgal Soh），也是用来表达男女之间的性爱情感。如最著名的声音大歌《Kgal Laems Leengh》（《蝉之歌》），第一段就开门见山地唱道：

Fanp fanp jongl kap

静静听啊

yaoc dos meix kgal laems leengh saip xaop tingk

我唱一支蝉歌给你听

Dos kgal laemss leengh

唱支蝉歌

saip xaop dingh jongl kap

谨给情人听

Leengh leengh leis ……

朗朗雷……

Leengh leengh leis ……

朗朗雷……

又如《Das Longl Lail Louh》（《大山真美》）这首著名的侗族大歌，从歌词表面来看，似乎都是在赞扬大山的秀美及人们的喜悦心情。但骨子里却是在赞美爱情，如其中唱道：

Nyenc nyaoh dav wap sais liouc lieeh

人在花中心欢喜

Haemk jais nyenc juh

邀约情伴

Saip xaop xedt jih gaenx touk map

大家一起来赏花

    从侗族大歌的演唱形式来看，的确也是"送给情人听"的。传统的侗族大歌，主要是在侗寨鼓楼里演唱，而且必须是由可以相互通婚的男女歌队进行对唱。逢年过节，甲房族（相当于氏族，下同）或甲村寨（相当于氏族联盟，下同）的男歌队敲锣打鼓、吹奏芦笙去把乙房族或乙村寨的女歌队请来一起喝酒吃饭，然后再到鼓楼里去对唱大歌。而乙房族或乙村寨的男歌队也同样可以去请甲房族或丙房族的女歌队到自己的鼓楼里来对唱大歌。所以，有人又把侗族大歌称为"鼓楼大歌"。这些男女歌队成员就是在这样的对歌活动中相识、相知、相爱，最后结成夫妻至白头偕老。

    这里要特别说明一下，传统的侗族大歌只有"男声大歌"和"女声大歌"，传统的演唱方式也是由可以通婚的男女歌队在侗寨鼓楼里对唱。同一氏族的青年男女是不能在一起唱歌的。直至20世纪50年代，贵州省黎平县组建"侗族大歌合唱团"，在专业艺术家的建议和指导下，才开始出现"男女混声大歌"。传统的侗族大歌才开始从现实生活走上了艺术舞台。

🔹 鼓楼对歌

由此可见，传统的侗族社会是以性爱作为它的原生基础。由性爱发展或演化而来的母爱、父爱、仁爱等等，都是构成和谐社会的重要因素。由此我们也可以自豪地说：侗族大歌是在人类之爱的基础上产生和发展起来的和谐之声。

第三节　用歌养心的民族

侗族民间广泛流传着这样一句俗语："Oux sangx soh，kgal sangx sais"。有学者将这句话翻译成"饭养身，歌养心"。其实也可以翻译成"饭养命，歌养心"，因为在侗语中，"Soh"是指"气"，人死了叫"Duv Soh"（断气）。由此可知，侗族人民把唱歌等同于生命一样重要。这是侗族人民对物质生活与精神生活之间相互关系的精辟表述。侗族民间广泛流传着这样一首侗族大歌：

> Hoik kgeis dos kgal
>
> 如不唱歌
>
> Banx baov juiv
>
> 同伴说我太吝惜
>
> Soiv dih dos kgal
>
> 坐地唱歌
>
> Banx baov saengc
>
> 同伴说我穷欢乐
>
> Banx baov sengc nup
>
> 同伴说啥
>
> yaoo oongo jav
>
> 就说啥
>
> Soh yemx dedl jih
>
> 人生在世
>
> nyaoh mangc diengl
>
> 时不多
>
> Soh yemx dedl jih
>
> 人生在世

侗族踩歌堂

nyaoh mangc yais

没多久

Begs jenc kgeis bengl

山岭不塌

jemh buh bengl

山冲挪

Bengl jenc mogl miangl

山塌埋沟

naemx kgeis dah

水难过

Bengl jenc mogl yav

岭塌埋田

pak sais nyangc

伤心多

Jenc sagl guis gueengv

山拦水挡

weengh dah lis

能跨过

Xah laot maenl siis

惟有死亡

kgeis li kuenp weengh nyengc

无法阻拦难逃脱

    侗族人民为什么对歌有如此深刻的认识和思想感情？这种认识和情感不是凭空而来，而是从他们的生活体念中得出来的结论。今贵州省黎平县岩洞村有一位著名的侗族老歌师叫吴启玉，他90多岁还能唱歌。有一次他生病了，而且病得非常严重，家里人以为没有什么希望了，便悄悄为他张罗后事，并问他还有什么要说的话。老歌师说："我就只想听听侗歌。"于是家人只好从寨子里请来几位歌手，为他唱几首侗族大歌。老人听到歌声，眼睛突然变得闪亮起来。没过几天，他的病居然神奇般地好了。

    岩洞村还5位被当地人称为"五朵金花"的同胞姐妹，她们年轻时都是当地的著名歌手，现在都是当地著名的侗族歌师。老大"萨兰芝"（兰芝的奶奶）已经80多岁，早年丧夫，40多岁双目失明，因为爱唱歌一直没有失去生活的信心。她不仅养育了自己的三个儿女，自己能独立料理家务，还能纺纱、织布、做百褶裙等。

    唱歌不仅可以"养心"，还能"养身"。2006年春节期间，笔者随岩洞村老人协会一起去慰问全村42位80岁以上的老人，并借此机会了解这些老人的基本情况。结果发现，这42位高龄的老人当中，居然有39位喜欢唱歌，许多人还成了当地的著名歌师。如记性最好、掌握侗歌最多的"莽娇美"（Mangh Jaoh Muih——娇美的曾祖母）已经90岁了，但她身体还十分硬朗，还经常教年轻人或重孙们唱歌。又如岩洞农民大歌队领唱馁愿香（Neix Yuanl Xiangh）已经40多岁，她的女儿愿香也已经20多岁，已经成为深圳某学校合唱团的侗歌教练。母女俩经常同

▌女生合唱

台唱歌，因为馁愿香看上去还很年轻，不知情者还以为她们是亲姊妹。一次在日本东京演出时，领队当众提问："你们猜领唱馁愿香多大年纪了？"许多日本人都说："最多30岁。"由此可知，唱歌也可以"养身"，歌者永远年轻！由此也可以看出，自然生态与人文生态并没有不可逾越的鸿沟。

第四节　尊崇自然的仿生创造

　　自然界中一些植物或动物的形态或功能，实际上超越了人类自身在此方面的技术设计。植物或动物在几百万年的自然进化中，不仅能适应自然，而且适应的程度日趋完美。根据这个原理，人类从自然中学会了许多东西，侗族也是如此。

　　鼓楼是侗族村寨的标志性建筑，是侗族民间建筑的典范。侗寨鼓楼，雄伟壮观，结构严谨，工艺精湛，是侗族建筑技艺的集中体现。其外形有四面

述洞独柱鼓楼

体、六面体、多面体等，形如宝塔，高矮不一。其中有三层、五层、七层、九层乃至十几层或数十层的。侗寨鼓楼是由侗族能工巧匠自行设计，自行建造。在建造过程中没有图纸，不用放样，也不用铁钉，全部用榫卯结构将数百上千根梁、枋、柱等部件有机组合起来建造而成。鼓楼也是侗族人民团结的象征，平时村寨里如有重大事项，就登楼击鼓，聚众商议。如发生火灾，出现匪盗，也击鼓呼救，发出信号。由此可知，鼓楼是侗族人民的神圣之物。

鼓楼是怎么来的？今贵州省黎平县岩洞镇述洞村有一座古老的独柱鼓楼，许多专家学者都认为那是鼓楼之宗。传说很久以前，此地长有一棵又高又大的杉树，人们经常在这棵杉树下面乘凉、议事或唱歌娱乐。后来这棵杉树因经年太久，渐渐枯朽，乃至倒伏。人们为了纪念这棵杉树，于是仿照杉树的形状在原址建造了一座独柱鼓楼，并在鼓楼下面议事、乘凉或唱歌娱乐。后来觉得独柱不够稳固，便在四周增加了一些辅柱，于是便逐步演变成现在各种形态的鼓楼。这是侗族人民在建筑领域中的一种仿生创造。

芦笙是侗族特有的一种民间乐器，各村各寨都有芦笙队。每逢重大节日或喜庆活动，侗族人民都要吹奏芦笙表示庆贺。

芦笙是怎么创造出来的呢？在《吹芦笙祭词》中讲：芦笙原出于古州三宝这个地方。当初人们制作芦笙费了不少的周折，经过多次的实验。如制作芦笙的关键部件簧片，就历经木簧、竹簧、角簧等不同阶段，但都吹不出声音。最后用铜来做簧片，才吹出了声音。可是一个声音也不好听，于是人们又向自然界请教：

Bux bail dinl sal naemx nanh

父亲去到瀑布滩脚

Naemx nanh yeeh yeeh

瀑水响耶耶

Aol xangv geeh lieeh

这架定音为切咧

Naemx nanh yenc yenc

瀑水响吟吟

Aol xangv dongc lenc

这架定音为简伦

Naemx nanh yot yot

瀑水响哟哟

Aol xangv gol lios

芦笙赛

这架定音为果略

Liogx naenl mac dongc

六只簧管

Bioc leis wenp sungp

说得成话

Liog naenl jemc jigx

六个洞眼

Dos leis wenp soh

吹得成歌

　　可是声音还是不够响亮，不够好听。于是有一个名叫满万的人，又仿照瀑布的"嗡嗡"声造成一架大芒筒。这才"早吹早响亮，晚吹晚高昂。早吹传出三十里远，晚吹传出四十里遥。村里腊汉，寨内老人，又吹又跳，聚拢鼓楼坪。像龙飞，似凤舞，众人看不厌，个个喜盈盈"（《侗族文学史》）。

从侗族大歌的来源，到侗寨鼓楼的建造，再到芦笙的制作过程，无一不贯穿着侗族人民尊重自然、模仿自然、学习自然的历史过程。侗族天人和谐的艺术追求，从最高境界上说，就是追求原始真实、情感真实、艺术天然。庄子《天道》篇说，"朴素而天下莫能与之争美"，这原始、自然、天然就是指生命、宇宙和精神的本源；侗族人超越外在的规范，以自然的艺术表达真实的人性、情感和欲望，追求自然和社会中活跃的生命，蕴含着高度的自然感悟和深度的真实。这种对自然的崇尚，对从绚烂之极归于平淡的艺术追求，将会给天人关系紧张、过度竞争的社会带来精神的慰藉和艺术的享受。可见，自然是侗族艺术的源泉，人与自然水乳交融的境界正是侗族生态文化的魅力所在。

斗牛

地坪风雨桥

第十一章

自我约束的民间规约

侗族民间也有自己的"规约",侗族人称之为"Lix Yedx"(约束的话),通常是以"款规款约"的形式出现,大多是口头的,也有用汉字记侗语的手抄本,还有翻译成汉语的碑文。这些"款规款约"长期维系着古代侗族社会的安定与团结,也保护着侗族地区的生态环境。

第一节　盗是恶之源，平为公之本

今贵州省黎平县岩洞镇竹坪村有一位 80 多岁的侗族老人对她的儿子讲过这样一段语重心长的话："Nyenc memc dees dih , hangc hangc xedt meec , il mungx il benh , buix xangk jil laos benh kgeep bail oh !"（天下人间，样样都有，一人一份，不要想吃进别人的那一份去啊！）。这位老人没上过学，一字不识，不知道什么"主义"，更不知道什么"老子"或"道教"，她只是从自己的内心世界和人生体念中感觉到这个世界应该公平，应该自足，应该没有贪得无厌的剥削与掠夺。

应该说这位老人的思想代表着许多侗族老辈人的思想，代表着原始共产主义的人生观和世界观。侗家人从小就教育孩子："Beix janl benh eep janl benh jus, janl louh benh jus mus biags bul"（莫吃份外吃本份，吃超本份额头肿）。据古代汉文记载，"盗"字的原始形态如图。这个古体的"盗"字是一个会意组合字，由四个部分组成：左上是"水"；左中是"火"；左下是一个器皿的"皿"字；右上方是一个偏居的"次"字。从这个古体字的字形结构中我们可以看出，最初的盗窃行为与水、火、皿、次有关。其中的皿，就是当时用来煮食物的器皿，可能是一种原始陶器；次，像是一个流着口水的人。由此可知，盗的最初含义，就是有人试图从正在火上煮着的装有水和食物的容器中把尚未平均分配的食物取走，这实际就是一种多吃多占的盗窃行为。

下面，再让我们看看古人对"盗"的解释。《说文》解："盗，私利物也。从次；次，欲皿者。"《说文》又解："次，慕欲，口液也。从欠，从水。"一位馋得流口水的人眼巴巴地站在煮食物的器皿旁边，他究竟想干什么呢？言下之意就是偷吃。所以，原始的偷盗行为，很可能就是指偷吃食物。

那么，这种"私利物"的偷盗行为究竟产生于什么时代呢？这是一个十分重大的理论和实际问题。通常认为，私有观念的产生是伴随私有财产的出现而出现，因此，偷盗行为也只能产生于私有财产出现之后的历史时代，这无疑是非常正确的。然而，当人们理解"私有财产"的含义时，意见就很不相同了。一般认为，私有财产和私有观念只能出现在生产资料私有制产生之后的历史时代，即在原始父系公社出现之后的历史时代，在这之前是没有私有财产和私有观念的。其实并不是这样。

《韩非子·五蠹》载："古者苍颉之作书也，自环者谓之私，背私谓之公，公私之相背也，乃苍颉固以知之矣；今以为同利者，不察之患也……""私"字的原型写作"厶"，没有"禾"旁。左上三字，很像被谁咬掉一口的肉块；右上两字，很像一个挂东西的钩子，又像一根绳子挽一个环。下面那个勾，是秦代小篆"私"的写法。

这个钩子或环是干什么用的呢？有人说是拴钱捆币的绳子。其实也不对，因为那个原始时代还没有那么多的钱币来捆啊！那是什么东西呢？它应该是用来挂肉或捆肉的竹篾或藤子。在侗族地区，至今仍流行着一种原始的分配习俗，即在丧葬或祭祖时，常用竹篾或藤子将煮熟切好的肉片穿成串或穿成环，分配时每人一串或一环，就像现在我们常见的"羊肉串"，但肉片更大些。所

古体"盗"字

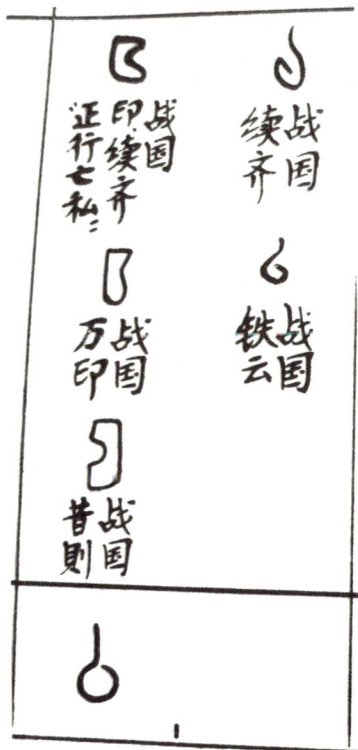

古体"私"字

谓"自环",最早很可能是指分配给自己并属于自己享用的那一环（或一串）肉，因为人类社会的初期，生产力极为低下，除仅够自己享用的那一环肉（或其他食物）是属于自己之外，再也没有其他任何属于自己的财产。所以，最早的"私利物"就是属于自己享用的那一环肉或其他食物。除此之外，都为氏族"群体"所公有。

古人对"公"的理解和我们今日对"公"的理解也是有区别的。《说文》解："公，平分也，从八，从厶。""厶"字已如上述。那么这个"八"是什么意思？原本这个"八"不是这个样子，不是一撇一捺，而是直直的两竖"∣∣"。左边是秦代的"私"字；右边是秦代的"公"字。由此可知"公"中有"私"。那么"公"字为什么要在"私"字的两边加上两竖呢？原来那是两道墙壁或两道界限，是用来保护和限制"厶"的。所谓保护，就是属于自己的东西不能让别人抢走；所谓限制，就是不能让"厶"任意扩张。我的就是我的，你的就是你的，不准别人抢走我的东西，也不准我去抢别人的东西。这就是"平分"，就是均等，就是公平，就是我们常说的平均主义的分配原则。

马克思主义的创始人告诉我们："思想、观念、意识的生产最初是直接与人们的物质活动，与人们的物质交往，与现实生活的语言交织在一起的。"人类最初的物质活动就是寻找食物和繁殖后代。他们为了生存，为了有效地获取食物和繁殖后代，必须组成一定的社会集团，必须"以群的联合力量和集体行动来弥补个体自卫能力的不足。"于是，一群互为兄弟姐妹又互为恩爱夫妻的同辈男女组成了第一个社会集团——血缘家族。随着生产的进一步发展，以血缘关系为纽带的原始氏族公社出现了。共同的血缘、共同的劳动和共同的生活，把氏族公社全体成员的命运紧紧地连在一起。为了氏族集团的生存和发展，为了有效地抵御其他氏族集团的侵扰和危害，为了巩固氏族集团内部的团结，为了维护氏族集团的古老传统，在长期的历史发展中，便逐步形成了有利于维护氏族制度和氏族传统的行为规范，这就是最早的习惯法。这种初期的习惯法，主要包括三方面的内容：个体与群体的关系准则；个体与个体的关系准则；群体与群体的关系准则。在处理这些关系的过程中，都会遇到"私"与"公"、"私"与"私"、"公"与"公"之间的矛盾纠纷。比如，由于饥饿的驱使，有的氏族成员也会做出"偷嘴偷吃"的行为，这种行为就是最初的"盗"。但这种"盗"并不具有阶级对立的性质，它仅仅出于生理机能的需要，表现为"个体"与"群体"或"个体"与"个体"之间的偶然冲突。正如家里或幼儿园里的孩子，有时由于饥饿或嘴馋，也曾偷吃过家里或其他孩子的食物或尚未分配的食物。

人类最初的偷盗行为，大概与此相似。即便如此，但这种行为也同原始氏族社会的分配原则相违背，它直接损害了氏族其他成员或全体成员的利益，所以遭到大家的反对和惩处。联想到现实生活中的种种现象，我们会更加清楚地看到各种各样的盗窃行为不一定与生产资料的私有制相联系。在以公有制为主体的社会中，仍然存在各种各样的盗窃行为。贪污腐败就是其中的一种表现。

"盗是恶之源"，"盗"不仅仅危害国家，危害社会，危害他人，也危害自然，危害生态平衡。大家知道，自然资源是有限的，它应该属于全人类所共享。如果一部分人多占了自然资源，另一部分人就会少有或没有自然资源，就会出现"不公"的现象。如前些年侗族地区一度出现过的盗砍木材、盗开金矿等等，曾经给当地自然生态造成极大的破坏。"不公"对生态的破坏更加严重，如时下的房价疯长，使一部分人拥有很多闲置的房子，而另一部分人却没有房子居住，极大地浪费了自然资源，包括土地资源、森林资源、矿产资源等等。因为建房子不能没有土地、不能没有木材、不能没有钢筋水泥等等。这些都是公共的自然资源，应该由社会全体成员共同分享。

贫富悬殊，社会财富集中到少数人手中，这实际也是一种"盗"。只不过有的是"明盗"——合法的"盗"；有的是"暗盗"——非法的"盗"。无论"明盗"或"暗盗"，都违背公平合理的原则，也违背生态平衡的原则。因为社会财富集中到少数人手中，势必会造成一部分人挥金如土，锦衣美食；一部分人贫困潦倒，缺吃少穿。这不仅会造成尖锐的社会矛盾，也会造成自然资源的极大浪费。如有钱人包专机，乘专列，盖高楼，住别墅，着锦衣，摆宴席，看似在"烧钱"，实则是在"烧财富，烧资源，烧生态"，是在占有另一些人的社会财富或自然资源。如果不解决贫富悬殊问题，还会带来更大的社会危害和生态破坏。

第二节　原始共产制的解体与"侗款"的产生

在原始氏族社会初期，土地、山林、牧场等均属氏族全体成员所有，只有临时分配的食物归个人享用，所以不存在私人财产的继承问题。随着种植业和养殖业的出现，人类不得不在自己耕种的土地或牧场附近定居下来，于是土地、山林、牧场等生产资料的长期占有观念开始出现。随着劳动工具的不断改进和社会劳动生产力的不断提高，原来需要由很多人共同完成的生产任务此时可以由个人或少数人独立完成，如种植谷物和饲养牲畜等，于是个人的地位得到了社会的承认。

由于种植业和养殖业的出现，耕地和畜群等短期消耗不完的财产便面临选择继承人的问题。由于传统的血缘观念的影响，人们不能不认为最可靠的财产继承人是与自己有血缘关系的子女。于是，"其民聚生群处，知母不知父，无亲戚兄弟男女之别"的原始婚姻状况遭到了否定，取而代之的便是既知其母亦知其父的父系制大家庭。这种大家庭包括好几代人，耕种着相当数量的土地，并和其他父系大家庭共同使用附近的荒山、河段等等。后来，由于大家庭人数的不断增多，使组织生产和安排生活遇到了许多困难，于是这种父系大家庭便逐步分解为一夫一妻制的个体小家庭。这些个体小家庭独立地安排着自己的生产和生活，并逐步发展为社会的基本经济单位。这种社会经济组织有以下一些特点：每个家庭是以生产、生活资料私有制为基础的个体经济单位，如房屋、农具、牲畜等都是各个家庭的私有财产；各个自然村寨还保存有氏族公社留传下来的部分公有财产，如公共的山林、牧场、河段、墓地等；阶级划分尚未鲜明，贫富悬殊尚未突出，从事社会管理的专门机构和专门人员尚未产生，国家机器尚未出现，村寨内部仍然实行民主的议事制度，氏族长老、寨老或部落酋长等在政治、经济、文化领域中仍然起着十分重要的作用；由国家颁布的法律、法令或法规尚未产生或尚未起到实质性的效用，传统习惯及与这种习惯相联系的习惯法仍然是维系社会稳定和正常运转的主要规则。新中国成立以前的侗族社会基本上仍处于这样一种社会状况。

新中国成立之前，一些侗族村寨仍保留有公有山（Jenc Wagx）、公有林（Das Wagx）、公有河（Nyal Wagx）、公有池塘（Daeml Wagx）、公有田（Yav Wagx）等公共财产。这些财产，有的归村寨所有，有的归房族所有。在公有池塘养鱼，为了分清鱼的归属，一般都要事先商定好各家各户在鱼身上所作的标记，如有的剪去鱼的一点尾巴；有的剪去鱼一点背鳍、臀鳍、胸鳍或腹鳍；有的剪去鱼的左须或右须等等。捕捞时，均根据鱼身上留下的标记确定归属并进行分配。凡没有标记的杂鱼，全寨人都可以任意捕捞。今贵州省黎平县岩洞镇竹坪村大寨的"大塘"（Daeml Mags）就是属于这样的公有鱼塘。这种有趣的养鱼和捕鱼方式，反映出原始社会向封建社会过渡的许多痕迹。

在生产资料私有制已经出现而国家尚未形成的特定历史阶段中，由于没有从事公共事务管理的专门机构和专职人员，仅靠传统习惯和族长威信已越来越不能维持复杂的社会生活和公共关系，于是，一种以维护私有制和个体家庭经济利益及婚姻关系的民间自治和自卫组织应运而生。这就是长期存在于侗族民间的"款"组织。

款是侗族古代社会的民间自治和自卫组织，侗语称之为"Kuant"。历史上曾广泛存在于湖南、贵州、广西边界侗族地区。其中有小款、中款、大款和特大款。小款由邻近的几个村寨组成，中款由若干个小款组成，大款由若干个中款组成，特大款由若干个大款组成。特大款具有全民族性质的军事联盟，如明朝初年由今贵州省黎平县兰洞人吴勉率领的侗族农民大起义，"头在古州"（今贵州榕江县境），"尾在柳州"（今广西柳州市境）就是一次具有全民族性质的特大联款活动，号称二十万众。

款大约源于原始氏族社会时期的婚姻制度，后来逐步演化成政治联盟。侗族是古代越人的后裔。西汉淮南王刘安在其所著《淮南子·人间训》中就已经有"镡城"（今湖南、贵州、广西边界）一带越人"相置桀骏以为将"的记载。唐末五代十国时期，湖南、贵州、广西边界又出现了以杨再思为首的"十洞首领"（实际就是款首）。北宋淳熙三年（1176），又有靖州（今湖南靖州）中洞姚民敖"环地百里合为一款，抗敌官军"的记载（宋人李诵《受降台记》）。宋人洪迈在其所著《容斋随笔·渠阳蛮俗》、宋人朱辅在其所著《溪蛮丛笑》、宋人周去非在其所著《岭外代答》等书中都有关于当地"蛮夷"联款自治或自卫的汉文记载。明清时期的地方史志和文人笔记，更有诸多关于侗款的详细记载。直至民国八年（1919年），还有今贵州省黎平县岩洞镇竹坪村款首孔如白等人组织的联款活动。由此可知，款组织在侗族社会中至少已经有1000多年的历史，其分布地域涵盖湘黔桂边界十多个侗族聚居县。

第三节　严于律己的《约法款》

常言讲："没有规矩不成方圆。"侗族民间自治和自卫组织——款组织出现之后，人们便开始着手酝酿、制订款组织的"规矩"——《约法款》。正如侗族《约法款·序词》中所说的那样："古时人间无规矩，父亲不知怎样教育子女，兄长不知如何引导弟妹；晚辈不知敬长者，村寨之间少礼仪。兄弟

不和睦，脚趾踩手指；邻里不团结，肩臂撞肩臂。自家乱自家，社会无秩序。内部不和肇事多，外患侵来祸难息。祖先为此才立下款约，订出侗乡村寨的俗规。"

《约法款》的内容丰富多彩，是人类历史上珍贵的"民间法典"。其中包括"六面阴规"、"六面阳规"和"六面威规"。

所谓"面"，就是"方面"，也可以理解为"章"或者"条"。

所谓"六面阴规"，就是指性质严重、应当处以死刑的六个方面的违规行为。如偷牛盗马、挖墙拱壁、拦路抢劫、乱伦强奸、够生吃熟、诈骗钱财等行为。

所谓"六面阳规"，就是指性质不太严重，可以不处死刑的六个方面的违规行为。如调戏妇女、喜新厌旧、偷鸡偷鸭、乱砍滥伐、偷水截流、盗窃瓜菜等行为。

所谓"六面威规"，就是指性质轻微，可以教育、警告的违规行为。如自高自大、出言不逊、移动界石、顺手牵羊、包庇坏人、毁林开荒等行为。

《约法款》的核心内容是防盗、治盗。其形式以口传为主，也有借用汉字记侗语的书面形式记录下来的手抄本，还有将内容翻译成汉语刻在石碑上的。如清乾隆二十二年（1975）二月初五日，今贵州省黎平县竹坪、岩洞、新洞、铜关、宰拱、坑洞、四寨、迷洞、平吝、三龙、己炭、朋洞等十三个寨子同立的"款禁碑"写道：

> 今天下承平日久，屯寨杂处，女织男耕，熙熙攘攘，均沾皇恩升平之世。如无数年来，有无知之棍徒，约济两三人，一入其寨，或偷牛盗禾，或挖墙穿壁，或盗鸡鸭，或盗猪羊，受害无休。兹我众寨商议，立禁款禁，以安地方事。如有偷盗，拿获查实者，通历众寨，绑捆款上，立即打死。一不许赴官；二不许动凶；三不许隐匿抗违。如有三条查一，同治罪。立此款禁。

《约法款》中，也有许多关于保护生态环境的条款，如本书第八章已经介绍过的禁止乱砍滥伐的条款，关于山林管理的条款等。此外，还有禁止下河偷鱼、山上偷树、冲里偷竹、林中偷鸟、破坏山地、破坏草场等条款。如：

> Bix saip lagx nyenc nouc
> 不许谁人儿子

Ul jenc liagx meix

山上偷树

Aox jemh liagx baenl

冲里偷竹

Lanh jenc dih

破坏山林

Lanh jenc nyangt

破坏草场

Bix saip lagx nyenc nouc

不许谁人儿子

Qac jenc liagc mogc taok

上山偷套鸟

Laos nyal liagc bal sidt

下河偷鸟鱼

Aox jemh liagc jidl

山中偷柴

Aox yanp liagc mal

园里偷菜

Xeih naih xeih qat

这罪是轻罪

Kuip semp kuip liix

亏心亏理

（《侗族史诗——起源之歌》第四卷，207～208页）

《约法款》根据罪行轻重和民愤大小，通常采用如下几种方式对违规者进行处理：

1. 敲锣喊寨——让犯者自己沿村串巷，边敲锣边呼喊，检讨错误，表示悔过。

2. 送肉串——让犯者自己杀猪或杀牛，然后用竹片将肉穿成串串并亲自送往各家各户，以表示向大家认罪。

3. 罚酒肉——限期让犯者交出一定数量的酒肉，供全村人集体吃喝，大

家一边吃喝，一边批判犯者的罪行。

4. 放炮"洗面"——让犯者准备一定数量的礼物，如一坛酒、一只鸡、几斤肉等，然后沿途燃放鞭炮，亲自到受害者家赔礼道歉。此种方法，多用于处治那些破坏或损害他人声誉的犯者。

5. 罚款——限期让犯者交出一定数量的钱，其中一部分用于赔偿受害者的损失；一部分用于办案人员的误工补贴；一部分用于购买酒肉供大家吃喝或留着公用，如请电影队为全村人放电影并让犯者当众检讨自己的错误。

6. 进家吃喝——组织许多人或全村人到犯者家吃喝，见猪杀猪，见鸡杀鸡，直至众人消气为止；若犯者或其亲属有不满情绪，即遭到更严厉的惩处。

7. 抄家——组织许多人或全村人到犯者家查抄财产，见钱拿钱，见物拿物，见粮挑粮，见牛牵牛，见猪拉猪，严重者还将其房屋捣毁。

8. 驱逐出寨——强迫犯者搬到寨外居住，未经允许，不准回寨。这种处置方法，多用于那些失火烧房、作风败坏或屡教不改的惯盗者。

9. 吞食粪便——用猪狗粪便塞入犯者之口或涂抹其嘴，以警告犯者不要再张口伤人。此种方法，多用于处治那些制造流言，传播恶语，伤害他人的犯者。

10. 吊打——用索子或绳子将犯者捆绑起来吊在屋梁上抽打。一般是用于屡教不改的惯偷。

10. 吞食乱棍——将犯者捆绑起来并推倒于地，然后让众人用乱棍抽打，常有将犯者打死的情况。此种方法，多用于处治那些民愤极大而政府部门又不能及时惩处的犯者。

11. 沉水——将犯者捆起来并绑上石头沉入深潭。一般用于杀人放火罪大恶极的罪犯。

12. 活埋——将犯者捆绑起来推进坑里，盖上泥土，并在其身上打入木桩，使其永远不得翻身，永远不能再来作恶。此法一般也是用于杀人放火，拦路抢劫，罪大恶极的罪犯。

需要说明的是，侗族传统社会十分重视自我教育。如某人犯了死罪需要沉水或者活埋，都由本家或本房族自己执行。如1923年，今广西壮族自治区三江侗族自治县独峒乡高定村吴某因为惯偷，被村民处以活埋的死刑，并由其家族兄弟自己执行。吴某被家族兄弟拉到山上之后，跪倒在骨肉兄弟们面前苦苦哀求，并表示真心悔改。兄弟们见他可怜，又有悔过之意，便决定给他留一条生路，让他远走他乡，永不回村。吴某到了外乡，洗心革面，辛勤劳动，并娶妻成家，直至 1950 年家乡解放后才敢带家眷回乡探望。其实"敲锣喊寨"、"送肉串"等处罚形式也是自我教育的一种方式。

第四节　《约法款》对现代侗族社会的影响

新中国成立以后，随着人民民主专政制度的确立和国家法律法规的逐步完善和深入执行，历时千年以上的侗族《约法款》及其组织形式发生了很大的变化。但是，旧社会的衰老和灭亡，新社会的诞生和成长，并不像我们所想象的那样"改朝换代"，它也同其他事物一样遵循着"从量变到质变"的发展规律。侗族《约法款》作为一种从旧社会遗留下来的传统文化，在新的历史时代中并没有完全消失，而是顽强地继续表现着自己，继续影响着侗族人民的现实生活，支配着侗族人民的思想和行为。

20 世纪 70 年代末和 80 年代初，一些侗族地区开始出现带有地方自治性质的民间规约——"村规民约"。这种"村规民约"是伴随农村生产责任制的推行而产生的。据有关部门统计，至 1984 年 4 月，贵州省从江县每个人民公社都制订了"乡规民约"，许多生产大队也结合本地区的实际情况制订了"村规民约"。最初，这种"村规规约"仅仅作为一村一寨的某些特定公约出现，如"防火公约"、"禁放耕牛公约"、"封山育林公约"等等。此种公约多用汉文书写在木牌上张挂于鼓楼、花桥、路口、寨门等处，以向人们宣示，并要求大家共同遵守。到了 80 年代中期，由于一些地区的社会治安不好，偷盗、赌博、斗殴、山界纠纷、林权纠纷、乱砍滥伐等现象不断发生，致使一些地区人民的生产和生活受到干扰。于是，一些处于边远地区的侗族群众发出了"村自为治"、"乡自为治"、"各保一方平安"的呼声。他们根据侗族祖先传下来的经验，创造了一种类似《约法款》的民间规约——"村规民约"。这种规约也多用汉文书写，其内容比较宽泛，包括生产、生活、思想、意识、道德等各个方面；其形式也多种多样，有的印在纸上分发到各家各户，有的写在纸上或木板上张挂于鼓楼内或其他公共场所，也有极少数是刻在石碑上并竖立于鼓楼边或要道旁。

"村规民约"主要由乡村干部、寨老、族长、离退休干部等协商提出并征求当地群众意见之后制订，具有较广泛的民主性和鲜明的地方自治性。有禁有则，有奖有惩，有宽有严，户户应该知道，人人必须遵守，所以，它实际上是一种新形势下的侗族《约法款》。下面，仅今贵州省黎平县岩洞镇竹坪村的"村规民约"为例加以介绍：

竹坪村村规民约

为了加强我村治安管理，维护社会秩序和公共安全，保护人民群众生命财产安全，保护公民的合法权益，规范和保障村民委及寨老履行自治管理职责，为构建和谐村寨促进全村社会、政治稳定和经济建设健康发展，特制定本村规民约。

本村规民约是法律、法规的补充部分，在本村管辖内任何违反本村规民约的行为，除法律法规特别规定外，都适用本村规民约。

第一条 对偷盗、扒窃行为的处理

（一）偷盗瓜、果、蔬菜类等。每次罚款50元以下。

（二）偷盗鸡、鸭、鹅等，除赔偿损失外，每只罚款30元；偷鱼除赔偿损失外，每斤罚款20元，但罚款总额上限不超300元。

（三）偷窃他人香菇、木耳、松脂、魔芋、棉花、木炭、各种药材的，除赔偿损失外，每次处以200元以下的罚款。

（四）偷猪、羊等损失不足法律处罚的，除赔偿损失外，另处以每头200元的罚款，损失在500元以上的，报司法机关处理。

（五）未成年人撬门入室偷窃他人财物，除责令监护人赔偿损失外，每次罚款监护人150元。

（六）骗取他人财物，冒领他人款物的除退其款物外，每次罚款200元。

（七）摸包、扒窃他人现金的除追回损失外，每个每次罚款100元。

（八）对组织赌博者，首先对邀约主要人员处以100元的罚款，并没收场内所有赌具和赌资。

第二条 对乱砍滥伐森林的处理

（一）任何集体和个人必须按山林土地界线划分管理，原则上维护村、组"山林三定"政策不变。凡是有纠纷的山林，任何一方不得乱砍和占用，未经政府调处而引发起乱砍造成不良后果的，除没收所砍伐的木材外，每立方罚款200元，对组织策划乱砍、哄抢林木人员，每人罚款100元。

（二）偷盗他人木材的，每次罚款150元；偷砍他人自留山柴火每担罚款10元；偷砍本村周围风景林木（包括自留风景林木），除赔偿损失外，罚款200元；偷砍他人一根楠竹或竹笋，除赔偿损失外，另每根罚款5元，依此类推。

第三条　对侵犯他人人身权利行为的处理

（一）酒后闹事、殴打他人，不足以用法律法规处罚的，除赔偿医药费、误工费等和赔礼道歉外，处以150元罚款。

（二）结伙斗殴、无理取闹、寻衅滋事、打击报复、侮辱妇女耍流氓、捏造事实诽谤诬陷他人，不足以用法律法规处罚的行为，除赔礼道歉外，并对违约者每人罚款100元。

（三）虐待家庭成员的，除责令其改正外，另每次处以150元以下罚款。

（四）以恐吓威胁方式干扰他人正常生活生产的，每次罚款100元。

第四条　损坏公共财物或破坏公共设施的处罚

（一）参与哄抢国家、集体、私人财物数额不大，不足以用法律法规处罚的，对当事人罚款100元，另加以处罚组织者50元。

（二）损坏路碑、交通标志、除赔偿恢复外，另每次罚款50元。

（三）任何单位和个人，不得损坏公共设施和古物建筑，如：鼓楼、花桥、寨门、凉亭等，违者除责令恢复外，每人每次罚款200元。

第五条　防碍公务人员执行公务，经教育不改但又不足以用法律法规处罚的，处以每人每次200元的罚款。

第六条　利用封建迷信活动，骗取财物和扰乱社会秩序，但又不足以用法律法规处罚的，每人每次罚款200元。

第七条　禁止在河流、田边用电、毒、炸等一切工具捕鱼，禁止捕捞青蛙、蛇，违者每人每次罚款100元。

第八条　火警、火灾事故的处罚

（一）凡发生火警的，除按本村传统习俗处理外，另外次罚款100元，造成直接经济损失的据实赔偿。

（二）凡发生火灾事故时，本村十八岁以上的村民（病、伤、残、老人、孕妇者除外）必须无条件参与扑救，接到通知不参与者，每人每次罚款100元。扑救人员的公伤费一律由当事人据实负担；组织扑救的相关费用由当事人承担。

第九条　牲畜必须实行圈养。牲畜、家禽糟蹋他人农作物的，除赔偿损失外，牛马猪羊糟蹋，每头每次罚款30元；鸡、鸭、鹅糟蹋的每只每次罚款10元；养狗对人的生命造成威胁，又影响环境卫生的，对不听劝告，仍坚持养狗户，处以200元以上的罚款，我村必须坚持长期开展打狗运动。

第十条 白事有关事项规定

（一）逝者上山后一律不准再送礼；

（二）崇尚节俭，厉行节约，尽可能打破以前的习惯，一律炒菜上桌；

（三）要树立科学观念，实行儿孙、家人坚持守灵送终的敬老风气。

第十一条 村容寨貌、环境卫生、计划生育、教育的处罚

（一）全体村民必须维护本村的村容寨貌，遵守本村环境卫生管理条约，违者按条约处罚。

（二）全体村民必须履行计划生育村民自治章程和计划生育村民自治公约的义务。

（三）学生家长或监护人必须送子女到校就读直至初中毕业，有辍学者，罚其家长或监护人150元（送子女到外校就读者，必须要在所就读学校取得就读证明，送回本村校，否则按辍学处罚）。

（四）扰乱机关、学校、事业单位工作秩序，影响较大但又不足以用法律法规处罚的，每人每次罚款50元。

第十二条 对违反村规民约的处罚程序

（一）调查取证作好询问记录，在当事人没有异议的情况下，可根据村规民约执行。

（二）填写好"违反村规民约"裁决书一式两份，一份交当事人，一份留村委存档。

第十三条 在执行"村规民约"时，应当严格按村规民约，秉公办事，不得徇私舞弊、办人情案，更不允许有超越村规民约规定的行为。在业务上接受公安派出所指导，在行政上接受镇党委政府的领导。

第十四条 在实施村规民约过程中，切实维护当事人的合法权益。

第十五条 本村规民约一经实施，原村规民约同时废除。

第十六条 本村规民约于二〇〇六年十一月八日经村民会议论通过，从二〇〇六年十一月九日起执行。本村规民约解释权归村民委员会。

以上所列各条，在内容上虽然与传统的《约法款》大同小异，但处置方法已经发生了根本的变化，死刑、体罚、驱除出寨等严厉手段已经基本革除。对杀人、放火、抢劫、惯偷者一般都送公安机关按照国家有关法律进行制裁。只有罚款、洗面（赔礼道歉）等办法还延续至今。但在一些边远的侗族村寨，也还存在一些变相的传统处治方式。如1984年6月，有几个外村人到贵州省黎平县地亲寨山上偷砍木材，结果被当地人发现，地亲寨老人协会一敲锣，全

村青年一齐出动，有的把守路口，有的上山拦截，当场就把人和赃物抓获。其中有一人企图逃跑，结果被众人打断一条腿。从那以后，就再也没有人敢到地亲来偷砍木材了。

今日侗族地区的"乡规民约"，其实是传统《约法款》在新时代的一种变异性的延续。正因为侗族地区长期以来执行这样一种严于律己的约法规章，所以传统的侗族社会素有"夜不闭户，路不拾遗"的良好风气，侗族地区的自然环境也保持着"青山绿水"的独特风格。

侗寨消失的木屋

第十二章

侗族生态文化现状

历史不断地向前迈进，社会不断地朝前发展，传统已经变成了过去。新的历史和新的社会又不断地向我们提出新的问题和新的挑战。而生态环境的方面的挑战是严峻的。就侗族地区生态文化现状而言，目前面临着许多新的问题。

第一节　森林植被屡遭破坏

20 世纪 50 年代初期，新中国刚刚成立，因为侗族地区山高林密，便于躲藏，国民党的残渣余孽及当地土匪在人民解放军的强大进剿中纷纷躲进深山老林负隅顽抗。为了剿匪，一些侗族地区放火烧山，致使一些原始深林遭到涂炭。

1958 年全民"大炼钢铁"，侗族地区也不例外。为了烧炭炼铁炼钢，侗族地区的原始森林首次遭到大量砍伐。随后人民公社化，农业学大寨，开山造田，挖坡造地，侗族地区的森林植被自新中国成立以来第三次遭到人为破坏。从这以后，侗族地区的虎、豹、豺、狼就销声匿迹了，过去常见的野猪从此也不多见了。

20 世纪 80 年代，改革开放的春风吹进侗乡，市场经济逐步活跃，贫困的侗族地区人民政府和广大人民群众开始意识到森林也是一笔巨大财富。加上当时政府对原有政策作重大改革，人民公社迅速瓦解，以队为基础的"集体生产责任制"正在向以户为单位的"个体生产责任制"转化，山林所有权一时难以明确，在侗乡各级政府"木头经济"和"木头财政"的引导下，一些头脑灵便的侗乡人也做起了木头生意来。于是，一股"乱砍滥伐"之风几乎吹遍了整个侗乡，几乎所有的侗族村寨都有几个因为做木材生意而发家致富的侗族农民。一些交通比较方便的地区的大树、古树遭到采伐。

进入 21 世纪，中国政府和中国人民逐步意思到保护生态环境的重要意义，适时提出了"退耕还林"及"天然林保护"等政策措施，"乱砍滥伐"的现象得到了有效遏制。但侗族地区的"生态元气"始终难以得到彻底的恢复。直至今日，由于利益的驱使，"毁林种树"、"毁林开发"、"毁林割脂"（松脂）的现象仍屡见不鲜。

从 20 世纪 80 年代以来，侗乡各级政府虽然十分重视"植树造林"，但树种比较单一，90% 以上的人工栽培树都是杉树。这种树生长迅速，有较高的经济价值，但由于种植方式不科学，大部分地区营造纯林，会导致地力下降，而且容易导致病虫害，杉木纯林其保水、护土的生态效应也比较低。

值得关注的是，最近几年，由于某些地方政府为了追求眼前的经济利益，为了 GDP 的迅速增长，不顾长远利益，大量引进、发展耗费森林资源的工业

企业，侗乡各地都建起了大大小小的木材厂、纸厂或木业公司。这对侗乡各地的生态环境无疑是一种潜在的威胁！

第二节　耕作制度彻底改变

为了提高单位面积产量，自 20 世纪 50 年代后期，侗族地区各级政府开始强行推广"糯改粘"耕作制度。使许多本来种植糯稻的"软田"（水田）变成了"硬田"（旱田）。由此使侗族地区的人工稻田湿地面积及储水期迅速减少，雨水得不到有效储存，使雨季洪水不断泛滥。由于稻田湿地面积及储水期迅速减少，地下水得不到及时补充，泉水逐步干涸，河水流量逐年减少，蒸腾的水汽也逐年减少，空气湿度逐年降低，干旱逐年增多。

20 世纪 70 年代，我国农业科技界发明了杂交水稻，掀开了水稻生产史上新的一页，并使我国成为世界上第一个成功培育杂交水稻并大面积应用于生产的国家。

侗乡梯田面临改变

20世纪80年代中期，杂交水稻高速发展。为了解决10亿中国人口的吃饭问题，国家在全国水稻产区推广种植杂交稻，侗族地区也不例外。据报道，2012年，中国种植杂交水稻面积2.2亿亩，占水稻种植面积的一半。为解决中国十几亿人口的吃饭难题做出了不可磨灭的贡献。杂交水稻的确大大提高了稻田的单位面积产量，解决了亿万人民群众的饭吃问题，但也应看到，对侗族地区的生态环境也产生一些新的问题。

首先，杂交水稻植株很矮，一般都在80厘米左右，不能深水灌溉。杂交稻生长期很短，一般在100～120天左右，如果再减去晒田的时间，杂交稻田真正的蓄水时间还不到100天。而且杂交稻田一般都不让保水过冬。这样一来，杂交稻田每年的蓄水时间还不到全年的三分之一，其余时间都让雨水白白地流走了，致使侗乡各地原来的"软田"都变成了"硬田"。如贵州省黎平县竹坪村的"Guis Kgeenv"（归干）、"Guis Senl"（归胜）、"Bianv Yimh"（边演）、"Jenh Lenc"（井仑）、"Yav Menv"（亚闷）等地的稻田原来都是"软田"，现在都变成"硬田"。由此，侗族地区无数的"梯田湿地"和"稻田水库"就这样被杂交水稻统统给晒干了，"山有多高，水有多高"的生态环境也被杂交水稻给破坏了。侗族地区原有的自然水循环系统也被破坏了。

自20世纪80年代以后，侗族地区普遍开始大量使用化肥，传统的有机肥料——秧青、人畜粪便、草木灰、油枯的用量逐年减少。尤其是上山打秧青需要付出艰苦的劳动，现在已经基本上没有人再上山打秧青了。随着青壮年外出打工潮的出现，农村劳动力逐年减少，养牛的人越来越少，买手扶拖拉机耕田的人越来越多，牛粪自然也就越来越少。化肥是一种用化学或物理方法人工制成的含有一种或几种农作物生长需要的营养元素的肥料。但化肥中也含有许多危害人体健康的重金属或有毒元素；化肥也会使土壤中固有的微生物活性降低，使土壤中的矿物质难以分解转化成有机质，也使土壤中的有毒物质难以降解；长期施用化肥，也会使土壤中的固有养分失调，加速土壤酸化。凡此种种，都会对人体健康及生态环境产生不良影响。尤其是"假化肥"或"劣质化肥"的纷纷出笼，给广大侗族农民带来巨大损失，也给侗族地区的生态环境造成极大的破坏。

大家知道，杂交水稻是通过不同稻种相互杂交产生的，而水稻是一种自花授粉的作物，对配制杂交种子不利。要进行两个不同稻种的杂交，先要把一个品种的雄蕊进行人工去雄或者杀死，然后再将另一品种的雄蕊花粉授给去雄的品种，这样才不会出现去雄品种自花授粉的假杂交水稻。可是，如果我们用人工方法在数以万计的水稻花朵上进行去雄授粉，工作量极大，实际并不可能解决生产的大量用种。因此需要由专家指导在特定的制种田里生产杂交稻种。这样一来，无疑会使物种（稻种）的多样性遭到了排斥，使广大农民的制种权无形中被少数人给剥夺了，致使他们每年要花钱到种子公司去买杂父稻种。这种农业的垄断性不仅造成了物种的单一性，也给某些唯利是图的种子公司提供了可乘之机。近年来"假种事件"不断发生，越演越烈，也已经给广大农民造成了极大的伤害。农药是一种可以用来杀灭昆虫、真菌和其他危害作物生长的生物的药物。随着侗族地区交通的逐步便利，物资交流日益频繁，外来农作物品种日益增多，与此同时也引进了许多有害的生物种类。于是，自20世纪80年代以后，各种各样的农药便开始在侗族地区大量使用。农药不仅直接危害人的身体健康，也极大地影响生态环境。如流失到环境中去的农药通过蒸发、蒸腾，飘到大气之中。飘动的农药又被空气中的尘埃吸附并随风扩散，造成大气环境的污染。大气中的农药，又通过降雨将农药流入水里，造成水环境的污染，对人、畜特别是水生生物（如鱼、虾、泥鳅、黄鳝、蚯蚓）造成危害。同时，流失到土壤中的农药，也会造成土壤板结，影响农作物的生长。长期使用同一种农药，最终会增强病菌、害虫的抗药性。以后对同种病菌、害虫的防治必须不断加大农药的用药量，否则就不能达到消灭病菌、害虫的目的，形成恶性循环。2008年以来"稻纵卷叶螟"（当地俗称"卷叶虫"）、"稻飞虱"（侗语称"Bac Bungh"）以及"猫屎病"在一些侗族地区反复发作，防不胜防，治无法治，一年比一年厉害，或许就是因为这个原因。绝大多数农药对各种生物的杀伤是没有选择性的，其中也会杀死一些有益的生物，如青蛙、蜜蜂、蚯蚓、鸟类等等。近年来，侗乡各地田野中的蛙声越来越少，稻田里的泥鳅、黄鳝也越来越少，原来到处可见的麻雀现在也几乎绝迹。这实际上又减少了害虫的天敌，导致害虫数量的增加，从而影响侗族地区的农业生产。

由于化肥农药的大量使用和"硬田"（旱田）的广泛出现，稻、鱼、鸭并养的传统生态模式也受到了极大的影响。杂交稻田只有100来天的蓄水

🔖 田园禾香景致在消失

时间，又不宜深水灌溉，不宜蓄水过冬，所以稻田里的鱼越来越小，越来越少，有的就干脆不养鱼了。杂交稻干矮、株密，没有鸭子的活动空间，稻田养鸭的现象也越来越少见了。侗乡鱼跃粮丰、田园禾香的景色正在人们视野中消失。

第三节　工业污染无孔不入

侗族地区正处于中国东部和西部过渡地带，正处于中国中部和西部的结合部位。随着中国西部大开发战略部署的深入实施，有些工业企业正在陆续向西部转移。侗乡聚集的地区作为承接东部转移工业的桥头堡。在东部工业向西部转移的过程中，也会有鱼龙混杂、泥沙俱下的情况出现。那些高污染、高能耗的工业企业为了避免遭到东部沿海城市政策上的淘汰而转到西部；那些设备陈旧、技术落后、效益低下的老工业企业为了获取西部廉价原料、材料、能源、人力资源也会向西部转移。而侗族地区，为了尽快发展地方工业，增加财政收入也会主动或被动地引进那些高污染、高能耗、高消耗当地生态资源的工业企业到侗族地区安家落户。

如果说，化肥、农药及高污染的厂矿企业是一些"巨型工业污染源"，它们是在光天化日之下对侗族地区的生态环境进行破坏，目前已经引起了人们的关注，那么，还有一些隐匿在人们日常生活中的"微型工业污染源"目前尚未引起人们的高度重视。如塑料制品、洗涤剂、鱼藤精、鱼雷炮、电池等等。这些都是历史上侗族人闻所未闻、见所未见的"现代工业污染物"。过去，侗族人脚穿草鞋，身穿布衣，用茶油枯洗衣服，用淘米水洗头发，用麻网捕鱼，用辣蓼草闹鱼等等。现如今，人们脚穿塑料鞋，身穿呢绒服，手提塑料袋，家用塑料布、塑料桶、塑料盆、塑料杯、洗衣粉、洗头膏、洗涤剂、卫生巾、尿不湿等等。"无机垃圾"已经遍布整个侗族地区的城镇与乡村，已经成为一种无处不见的"现代公害"。这些"现代工业污染物"既没有专门人员回收或进行处理，也不能自行腐烂消失，只能任其泛滥成灾，充斥河道。尤其是鱼腾精、鱼雷炮的大量引进和使用，以及电鱼技术的不断翻新，溪流塘堰的各种鱼类或其他生物均遭到了毁灭性的打击，使侗族地区的生态环境遭到了严重破坏。尤其是侗族地区的广大农村，由于缺乏最基本的公共卫生设施，也缺乏最基本的卫生常识，从城市"流转"而来的"现代工

▣ 电线缠绕的木屋

业污染"无孔不入，防不胜防，治无从治，给秀丽的侗乡山水涂上了不协调的色彩。

第四节　文化传统逐渐遗失

在过去数千年的历史时代中，侗族人始终过着自然田园般的生活，"养牛为种田，养猪为过年，养鸡养鸭换油盐"的自然经济色彩浓厚，留下了历史的烙印，也留下了很多独特的文化遗产。他们攫取财富的欲望不强，为满足自己的生活需要而生产，吃饱穿暖、心情愉快便是他们最大的幸福。但随着社会环境的变迁，现代文化元素的进入，侗族人的生活观念、饮食起居、居住习惯、社会交往等等都在发生渐变甚至巨变，一些堪称无价之宝的文化遗产在流失，一些具有珍贵意义的生活习俗、价值观念正在被遗失和丢弃。

以居住习惯为例。侗族世居木楼。木质材料的使用可以说是侗族最具民族特质的典型代表，如造型独特的鼓楼，民族风格的花桥，都是纯木质材料，这些富有特色、利用天然有机质原料建成的人居环境，是民族符号的象征，是千百年来民族文化留下的宝贵遗产。有着厚重的生态内涵，具有珍贵的历史价值。每个村寨的布局、木楼的形态都是山水相映、人与自然和谐的体现。前面已经分析过，木材建筑不仅轻便舒适、木质纹理美观天然，而且与人亲近，利于人体健康，对人体的安全保护（抗震、抗冲击）能力明显强于现代的水泥、石头、钢材等材料，更重要的是它来自于绿色植物的天然可再生材料。侗族几千年利用木质结构材料，其技术和造诣达到了相当高的水平。本来应该刺激侗族木质建筑进一步发展，形成有特色的木质建筑地区，并向其他地区推广。但是，城镇化、工业化的发展，政策的反向调节，使得侗族聚集区的不少地区正在大量拆木房、建砖房，大量的"火柴盒"、"麻将块"与其他地区别无两样的普通砖房取代了民族特色浓郁、符合可持续发展观念的木房。然而，我们考察日本、欧美等国家当代的建筑发现，世界上正在掀起新一轮符合绿色发展的利用木质材料建房的热潮。如日本是多地震国家，经过多年来的研究发现，木质结构是最好的保证生命安全的材料，他们正在全国推进"美丽山川再造运动"，大力推广以木为原料的建筑。有的专家认为，假如2008年5月发生在汶川地震灾区的民众使用传统的木质结构用房，死亡人数将不会达到如此惊人。更令人叹息的是，几千年来习惯于用石头建房的

🔲 村寨面貌逐步改变

侗族风格的商业广场

西方国家，也在学习我们"老祖宗"用木材建房的理念，而我们则逆向而行，反过来去学习别人用砖头建房，寻找不安全、不利身体康健的所谓"现代建筑"，这是何等的令人不解！

经济基础决定价值观念，价值观念决定行为方式。价值观念的改变，无疑影响人们的行为方式。侗族人民对生态保护具有历史传统，然而侗族地区不是世外桃源。为了追求高产，他们也会舍弃传统的耕作制度；为了金钱，他们也会砍伐祖宗留下的各种林木，开挖当地的各种矿产，杀害或毁灭当地的各种动物、植物等等。如今，在一些侗族聚居地区，偷砍偷卖树木的现象并不罕见；毒鱼、炸鱼、电鱼的情况相当普遍；山林纠纷、水源纠纷也时有发生；人与人、人与自然的关系日益紧张。

与其他地方一样，侗族地区人民与外界的接触越来越广，外出打工的青年人越来越多，他们引入了不同的思想观念、生活方式、价值观念，强烈地冲击了侗族地区原有的传统体系。现代流行歌曲代替了"侗族大歌"；现代建筑代替了木楼木桥；现代机器代替了手工刺绣；现代农林大生产作业代替了小生产等等，问题在于，如果所有东西都"现代"下去，子孙后代将无法去寻找"侗族生态文化"的形象和存在，我们的文化遗产将彻底丧失，这是值得我们面对和深思的。

当前，中国乃至全人类正面临社会变革、经济转型、文化多元化的新的历史时期，侗族地区的新生代们对"同宗共祖"、"万物有灵"等观念，对传统的"款规款约"的规定等日益陌生，现代都市色彩的各种理念，正日益注入他们的生活。殊不知，他们遗弃的传统方式也许是最珍贵的，他们所追求的现代方式也许是最浅陋的。在这样一种特定的历史阶段，我们应该多思考、多探讨、多创造，如何构造现代生态文化的理念，给我们带来新的生活，新的幸福。

侗族避暑山庄

遍及侗乡的木质房屋

第十三章

侗族生态文化的田野调查

为加强对侗族生态文化的研究发掘，在中国林业科学研究院陈幸良研究员的提议和组织下，由侗族地区文化、经济、林业、农业、科技、民族工作、社会管理等部门的专家参加，开展了对侗族生态文化为期近一年的田野调查。这是近年来规模最大的一次生态文化调查。调查组深入到乡村、侗民家中，走访获取第一手资料，取得了丰硕的成果。2010年8月9日，在侗族集中聚集的贵州黎平县召开了"中国侗族生态文化研讨会"，利用调查成果从不同的方面对侗族生态文化进行了研讨。

第一节　侗族神话中发现的原生观念

　　天、地、万物是怎样形成的？它们的本性怎样？这不仅是今天人类的研究课题，也是古人类关注的课题。关于宇宙形成与万物的起源，在世界各民族中有各种各样的神话传说，阐释各自的观念与认知。同样，侗族的宇宙形成神话，也阐释了本民族先民对宇宙形成、万物起源的观念与认知，形成了本民族同宗共祖的原生观念。我们开展的田野调查，试图从侗族的神话、古歌中发现这些原生观念。

一、侗族古歌中的万物生成

　　因为侗族原来没有文字，许多历史事件都是用歌的形式传下来的。我们在调查中发现有一首古歌是这样叙述的（上行是用拉丁字母书写的歌词原文；下行是汉语译文；下行括弧内是用汉字记侗语的歌词原文）：

Weenh nyinc dah qit

万年以前（晚年打起）

Eis pieek menl dih

天地不分（该撇闷的）

Munc laox wemv demc

大雾笼罩（满老腌等）

Dih wangp ongp nyenc

世上无人（呆放空宁）

Mas xadp munc sank

云开雾散（嘛现满散）

Peek kenp menl dih

把天地分（撇困闷底）

Menl nyaoh sengc ul

天在高上（闷鸟上务）

Dih nyaoh sengc dees

地在低层（地鸟上的）

Menl meec nyedl douc jidl nyanl

天有日月星辰（闷没宁都金念）

Dih leis weenh yangh duc xeengp

地有万物生灵（地立晚养都现）

Unv xic ngenl ngenl dunh dunh

远古时代混混沌沌（贯西恩恩等等）

Touk xic wok dunh eip duns

直到朦胧初开（透习何等开登）

Habx pieek menl dih

才分天地（过撇闷底）

Bienl bias lemc mas qup menl

风云雷雨归天（并别轮嘛去闷）

Bieec tut duc xeengp dogl dih

土石人兽归地（别土都现东底）

Kangp laox nyaoh gaos weex maenl

太阳高照是白昼（抗劳鸟高为闷）

Nyanl xiuv jenc jih weex dianl

月亮辉映是夜间（念照今几为店）

Qit dens menl dih kemp kat

起初天地混沌（起登闷底肯克）

Dees dih muix leis meec nyenc

世上还没有人（的底没立酶宁）

Jenc xanp meix mags das laox

遍野是树苑（介现恢嘛大劳）

Kgenv meix dengv dongc dunh

树苑生白菌（更酶当咚等）

Dunh bagx dengl lac

白菌生蘑菇（等巴当腊）

Lac yuh biinv wenp naemx nyal

蘑菇化成河水（腊有变困能孖）

Naemx nyal sangx duc sangs

河水里生虾（能孖桑独丧）

Duc sangs sangx ngeengh yongc

虾子生额荣（独丧桑额荣）

Ngeegh yong sangx tedp mous

额荣生七节（额荣桑腾亩）

Tedp mous sangx Songh Ngenh

七节生松恩（腾亩桑松恩——人类最早的男
性始祖）……

这首古歌流传甚广，反映了侗族先民对宇宙形成的最初认识。他们将"混混沌沌"的原始物质视为宇宙万物的初始元素，认为世界最初就是运动在这种未分化的"混沌物质"形态之中，经过漫长的演变过程，后来才有了天和地，产生了宇宙万物。这就是侗族先民的宇宙及生物形成观念。

二、人类起源的神话

侗族先民认为，人类的起源是在宇宙和生物形成之后，并且认为人来源于龟婆孵的蛋：

Siik meix bial biings nyaoh dinl xaih

四个龟婆在寨脚（四酶扒变鸟店寨）

Mungx bieml naenl geiv nyaoh dees longc

它们各孵蛋一个（蒙变能格鸟的龙）

Samp naenl geiv gkaop benv luih baih

三个寡蛋丢去了（三能格靠本累摆）

Nengl meec il naenl muns ugs lagx

剩个好蛋孵出壳（能没一能满哦腊）

Muns duc lagx banl guanl Songh Ngenh

孵出个男孩叫松恩（满都腊办惯松恩）

Siik meix bial biings nyaoh dinl jenc

四个龟婆在坡脚（四酶扒变鸟店今）

Mungx bieml naenl geiv nyaoh dees xenp

它们又孵蛋四个（蒙变能格鸟的信）

Samp naenl geiv gkaop benv luih bengv

三个寡蛋孵丢去（三能格靠本累棒）

Nengl meex naenl lail muns lagx dengl

剩个好蛋孵出壳（能没能来满腊当）

Muns duc lagx miegs guanl Songh Sangh

孵出个女孩叫松桑（满都腊乜惯松桑）

Dah xic jav qit

就从那时起（打习价期）

Nyenc menc dees dih

人才世上落（宁闷得底）

Songh Ngenh Songh Sangh dengv dens nyenc

松恩松桑传后代（松恩松桑当登宁）

Nyenc menc dees dih dangv dangv gungc

世上的人渐渐多（宁门的底当当公）

……

　　始祖松恩松桑结合之后，"生了一十二个崽"，分别是王龙、王蛇、王虎、王雷和姜良、姜妹等。其中只有姜良姜妹才是真正意义上的人，其余均为人物共身或形物神人之自然物，王雷（雷婆）还是"宇宙人"。

三、关于洪水的神话

　　侗族的洪水神话，主要反映在《开天辟地》中的《洪水滔天》或称《姜良姜妹》一则之中。由于松恩松桑的第十二子——王素捣蛋，放火烧了大地，雷婆发怒上天而引发洪水，淹没大地，所有生命都危在旦夕。神话中说：

Dengl touk nyanl qunp maenl nyidc siis

到了正月壬子日（当透念庆闷宁岁）

Ul menl qit dens dogl biaenl laox

天上开始把雨落（务闷起登多病老）

Dogl touk jus ngued maenl nyidc ngoc

一直落到九月壬午日（多透间额闷宁哦）

Il xic nyis eis sav

从来未停过（一西尼该洒）

Sax bias wul menl wongt bial nyeenh

雷婆在天滚碾子（萨芭务闷峰芭碾）

Soh laox hoh hoh dos beeuv buil

雷声隆隆电闪火（所劳火火多暴贝）

Bienl laox jus nyanl nyis eis sav

大雨连下九个月（病劳九念尼该洒）

Jongs yangh emk menl ugs longc map

好象已把天冲破（中养肯闷啊拢骂）

Il naenl ux laox tedp jenl banv

一块冰雹七斤重（一能歌劳提斤办）

Il diubl bienl laox tedp liangx gungc

一滴雨点七两多（一滴病劳提两公）

Nyenc menc dees dih mogl dees xeel

地上人群埋沙底（宁们的底莫的谢）

Liongc xuh jenc jih yeml deengv nyal

坡上大树沉下河（龙朽今已应旦孖）

Dengx dees mas menl naemx biingc labx

遍地洪水水连天（当得麻闷能丙腊）

Senl senl xaih xaih ongp buil piungp

世上已经无烟火（顺顺寨寨空贝碰）

Bienl bias naemx laox dengl nguih nguih

洪水滔天波浪滚（并别能老当梅梅）

Nyenc douh egs nanh liuih xengp xengp

人间一场大灾祸（宁多厄难李向向）

慌乱之中，姜良姜妹兄妹两人，只能钻进一个大葫芦瓜中求生——

Boh mags mungl ul naemx

大瓜漂水上（玻嘛盂务能）

Eis qeek naemx laox nal

不怕洪水大（该切能劳呐）

Naemx laox qak pangp maoh qak pangp

洪水上涨它浮上（能劳恰胖毛恰胖）

Naemx dogl luih dees maoh luih map

洪水落下它落下（能动腊得毛腊吗）

Yux maoh naemx laox magx

任那波涛涌（由毛能劳嘛）

Yux maoh langh sabsl mengc

随那浊浪滚（由毛浪桑孟）

Boh bens eis douh xaop

大瓜全不怕（波本该斗校）

Naemx laox yiml menl dih

洪水遍地发（能劳应闷底）

Meix kemk dangc ogl lanh

树倒房屋塌（梅肯当阿烂）

Laoh xiac laol loax ongp doiv nyaoh

老蛇、蜂子无处可安家（老下腊老空对鸟）

Jangl Liangc Jangl Muih xuh laot gual

姜良姜妹统统收进葫芦瓜（姜良姜妹秀劳挂）

Naemx laox benx touk ul menl

洪水涨到天门边（能老本透务闷）

Naemx nungl mungl touk yanc sax bias

洪水涨到雷婆家（能那孟透言萨芭）

Sax bias leis nuv boh touk map

雷婆见瓜浮在她门前（萨芭立怒波透吗）

Bens wox Jangl Liangc Jangl Muih semh touk map

知道姜良姜妹来找她（本哦姜良姜妹省透吗）

Yac eep jaih nongx baov sax bias

兄妹二人说雷婆（呀克底农报萨芭）

Mangc weex sais longc eis lail naih

你的心肠太毒辣（忙为赛龙该来乃）

Bienl bias naemx laox mungl menl map

为何使出洪水滔天害人法（并芭能老波闷吗）

Sax bias eis leis lix lail xanp

雷婆傲声来回答（萨芭该立李赖现）

Nup saip Wangc Sul daems yaoc laos yanc kedp

王素关我进铁屋（怒赛王素邓尧劳言困）

Aol laoc eis piap diul hah zuv bienl map

我才发那洪水漫天下（搞老该别吊合注并麻）

……

接着，为拯救天下，姜良姜妹恳求雷婆退洪水，但雷婆依然不应。处在绝境中的姜良姜妹只好想法治雷婆。于是，一场正义与邪恶的斗争开始了：

Sax bias bens eis toik naemx luih

雷婆硬是不肯退洪水（萨芭本该退能吕）

Jangl Liangc eip wox nup weex hobl beenv nat

姜良只得挽弓把箭发（姜良该恶怒合办拉）

Il jiuc nat ugs duiv douh dal

一箭射中雷婆眼（一条拉阿对斗大）

Sax bias tingk idsl nees wah wah

雷婆痛得叫哇哇（萨芭听干呐啊啊）

Jangl Muih lix liangh eip ems boh

姜妹揭开瓜的盖（姜妹力量开更波）

Laoh xac laoh laol genx ugs map

老蛇、蜂子齐出来（老吓老老跟阿吗）

Dengh maoh Jangl Muih dos sax bias

帮助姜妹斗雷婆（当毛姜妹多萨芭）

Genx deic legc soh dos sax deil

同心合力把那雷婆来惩罚（更对力所多萨对）

……

经过一场惊心动魄的较量之后，姜良姜妹与老蛇和蜂子等终于治服了雷婆，逼她答应放出十二个太阳，"让洪水一时三刻全退下"。

Sax bias deic lix Jangl Liangc nyimp Jangl Muih

雷婆听了姜良姜妹话（萨芭得立姜良给姜妹）

Eis ams weex jiuc sais yax hap

不敢再把诡计耍（该干为条赛牙哈）

Songk ugs das maenl xil nyih naenl

放出太阳十二个（送哦大闷习你能）

Menl dih xeenp xih genx douh xak

把那天地晒得热辣辣（闷底现习跟都下）

Xak leis naemx laox kenp daih munc

晒得大水成雾气（下立能劳困大暮）

Siip bens qak menl biinv kenp mas

舟舟上升变云霞（岁本恰闷变困巴）

Naemx laox dangv dangv toik

洪水慢慢往下退（能老当当退）

Samp nyanl touk dih map

三月时间到地下（三念透底吗）

但是洪水被十二个太阳晒退晒干之后，虽然救出一些生物，可"大地焦裂不能种庄稼"，姜氏兄妹只得又请长腰蜂去"砍太阳"。

Diaih nongx qingt leis laol eenv loh

兄妹请得长腰蜂（底农欠立涝干罗）

Deic xib naenl kangp dedl luih map

把十个太阳都砍下（对习能抗对累吗）

Liumc leis yac naenl nyaoh ugl menl

留下两个在天空（连立压能鸟务闷）

Maenl nyaemv il naenl qengp yac hah

白天黑夜分开挂（闷念一能欠压哈）

Gaos nyaemv ugs nyanl guangl yobo yingh

晚上月亮亮晶晶（高念啊念逛一影）

Gaos maenl ugs kangp sangx oux jal

白天太阳照得万物发（高闷啊抗桑苟价）

　　　……

经过这场"洪水灾难"和"烈日灾难"之后，地上的人类就只剩下姜良姜妹2人了，人类已经处在亡族绝种的地步。怎么办？于是侗族洪水神话进入了

叙说"兄妹开亲"再续人种的篇章，但生下来的却是一个怪物：

Jus nyanl buh lenc sangx leis il boul nanx

九个月后生出一个肉团团 （九念补轮尚立一波难）

Nyengc xih eis douh dal

长得实在丑 （娘习该斗大）

Nyengc xih eis douh yangh

怪模怪样太难看 （娘习该斗养）

Dengx xenp sangx ugs dal bial nengl

满身长出眼和鼻 （当信尚哦大别那）

Dengx xenp jemc jemc xih eip ebl

嘴巴全身都长满 （当信今今习开哦）

Jangl Muih mah bags oux map piap

姜妹嚼口饭来喂 （姜妹嘛吧苟吗别）

Piap jangv ebl naih jangv jav banl

喂进这张嘴，那张嘴又喊 （别张阿奶张家办）

后来，姜良姜妹只好下狠心除掉生命的后患，以保证生命的质量——

Deic maenv nanx jah benv luih dih

把那肉团丢在地 （的闷难加本罗底）

Deic miax map deev guanl map magt

用刀剐来用斧砍 （的嘛吗对贯吗吗）

Baenv laos das longl

丢进大深山 （本劳大弄）

Pieek luih dinl jenc gaos jemh

撒在冲头和冲脚 （别吕对金高景）

……

Touk lenc xah il naih——

后来就这样—— （透轮下伊奶——）

Benh padt biinv weex Gax

血变成了汉人 （本盼变为嘎）

Benh nanx biinv kenp Gaeml

肉变成了侗家（本难变困更）

Duih lags yangv guas biinv kenp Miiul

骨头变成苗家（对腊养挂变困苗）

Sais longc guenl bubs ngenx yangv gans

心肠腰肺颜色不同（在龙更波更养干）

——Maenv jav bens jingv Gax Yiuc dengs xenl wap

——那是瑶家人的花衣裳（闷价本进嘎乙登信话）

……

侗族的洪水神话故事长大、情节曲折，却充满神话之哲理：天地人兽应当和谐相处，和平共生，人与人、人与兽、人与自然之间的失谐，都会导致人类的灭顶之灾。

所以，侗学界把侗族这些内容丰富的"创世神话"视为民族的创世史诗。毫无疑义，侗族创世史诗，闪耀着这个古老民族古老的理性之光。

第二节　侗族村寨依山傍水的文化传统

侗族先民认为，人是从自然界中产生的，是从水中产生的，是在溪旁和山岭上产生的，是山水造就了侗家人。因此，侗家要生存，就要靠山育山，靠水养水。侗家人住的是木楼，没有树木他们就居无定所；侗家人吃的是稻米，没有水源他们就无法种稻。所以侗家人必须保护树木，保护森林，保护水源，否则，他们就无法继续生存。因此，侗族村寨依山傍水，在自然中生存。这就构成了侗族村寨依山傍水的原生观念。

一、侗族祖先溯河迁徙决定了依山傍水的居住形式

侗族是由古越人迁徙而来。侗族又是一个以水稻耕作和山林经营为主要生存方式的山地民族。侗族地区的生态特征和侗族人民的生存方式，决定了侗族的居住方式，即以山和水作为选择村落的要件，由此形成了侗族人依山傍水而居的聚落模式。有山就可以有树，有树就能起房造屋；有水就可以种植水稻，就能生存和发展。

根据侗族古歌追溯，侗族先民生活于珠江中下游的水乡泽国，那里有宽宽

的田坝，密密的江河，但田在高处，水在低处，侗族先民不知道怎样引低处的水来灌高处的田。如《根源歌》唱到："要问我们侗族的祖先，当初住在什么地方？当初我们侗族祖先，住在那梧州一带；当初我们侗族的祖先，住在那音州河旁。梧州地方田坝大，音州地方江河长。可惜真可惜，田地都在高坎上，引水不进田，河水空流淌。茫茫大地棉不好，宽宽田坝禾不旺。女的吃不饱饭，男的缺衣少裳。怎么办呀怎么办？公奶商量定主张，这个地方不能住，另外去找幸福的村庄。"为了寻找高处的水，侗族人开始了历史上悲壮的迁徙。

在侗族文化里，山和水不仅仅是一种物质存在，而且是一种具有象征性和隐喻性的文化符号。在《人类起源歌》里，水被侗族人视为生命的来源之所："起初天地混沌，世上还没有人，遍地是树蔸。树蔸生白菌，白菌生蘑菇，蘑菇化成河水，河水里生虾子，虾子生额荣，额荣生七节，七节生松恩。"作为最早人类的松恩就是从"山林"（树蔸）、"河水"（虾子）的母体中诞生的。侗族先民认为，人类祖先是由树蔸、白菌、蘑菇、虾子等混沌原始生物衍化而来的，其实也就是从山林和河水中诞生的，人类先祖与山林、河水存在一种血水相连的亲缘关系，即山林、河水是人类的"本源"和"母体"，是生命最初的栖息之地。侗族古歌说，丈良丈美开亲后生下一个肉团团，丈良一气之下，将肉团砍碎，到处抛撒，"肉团里的血水，流进大河与大江，血变成汉族，汉族住在大江大河旁。肉团里的肉，有硬也有软，肉变成侗族，侗族住在依山傍水的地方。心、肠、腰、肺变成瑶族，瑶族穿的是花衣裳。骨头硬，像青冈，骨头成苗族，苗族住在高高山顶上。"依山傍水作为一种生态存在，已经融入侗族人的生命意识和生存实践中。这既是侗族生态经验的折射，更是侗族文化的一种选择和表达形式。

侗族古歌中，多有对于侗族居住环境的描述："刹仰好，好地方，冬天暖来夏天凉，寨前小河水长流，寨后青山气势壮，晚蝉叫起很幽静，这里人间胜天堂。""这里土熟地好，满山密林是百鸟栖身的地方。青山绵延不断，绿水环抱山旁，溪边那块小坝，田中禾秆粗得像大腿一样。林中的青菜有甑子粗，张张菜叶似蒲扇。"清人李宗昉《黔记》记载："侗家苗……杂鱼肉酒饭盘瓢，择居近水。"依山傍水而居，是侗族自古以来获得的生态经验，它构成了侗族村落环境的典型特征，是侗族千百年来认同的理想环境模式。

二、自然地理环境决定了侗寨依山傍水的形式

依山傍水不仅仅是对侗族村落环境的抽象概括，而且是作为一种物理形式

的侗寨村落环境，更是一种生动和谐的美学形式。依山傍水而居的侗家人，很讲究山与水的配置、谐和。从侗族风水观念来看，他们把绵延起伏的山脉比喻为龙脉，龙总要朝向水，朝向开阔之地，侗族村寨就建立在这样的龙脉之上。他们把山势（即龙脉）绵延而来至坝区或溪流边戛然而止之地称为"龙头"。龙头前面是环绕的溪流和开阔的坝子，龙头后面是起伏跌宕、来势凶猛的山脉（龙脉），侗族村寨就立在这样的龙头处，侗家人称为"坐龙嘴"。后山山势来势凶猛，侗家人便在后山多蓄古树箐竹，作为风水林，以镇凶邪，以保清吉，以祈福祉；溪涧源源流去，隘口穿风而过，会把财源带走，会让福气漏掉，侗家人便多在溪涧上架设福桥（也称风雨桥），封住财源，在隘口多建凉亭，堵住风口。山、水、树、桥、亭、路，是侗族村寨的重要配置，是侗族村寨重要的文化符号，共同构成了侗族村寨的地理空间和文化空间。

以具有"十里侗乡画廊"之称的贵州省黎平县天甫侗族社区为例：从整体看，天甫侗族社区崇山峻岭、峰峦绵延，属于山地。但在山岭与山岭之间，往往逶迤着一片片浅浅的谷地，较平缓、坦荡，有溪水潺潺流过，当地人称为坝子。天甫侗族社区的大部分村寨，就居住在这样的山谷边上，即史书中的"依山傍水而居"和"坐龙嘴"。大的村寨，往往一个宗族居住于一个龙嘴之上，共一片坟地。由风水林往外展开，是天甫侗族栽培的油茶树林，为人们提供食用油。油茶树林之外是桐油树木。环绕桐油树木的是杉木林带，为人们提供建造木楼、桥梁的材料。村寨最边缘是野生杂木林带，是天甫侗人砍柴、采摘草药、山果、打猎的场所和放牧之地，也是村寨与村寨的边界。整个天甫侗社区，民居建筑格局都是相同或相似的，都是干栏式吊脚木楼，房屋布局多依所傍的山势朝下，或面向田畴、溪水。在寨子东头或者西北逶迤下来的山坡上，坟茔簇簇，是寨上的坟场，由开寨至今的先人按宗族埋在一起，让祖先们的在天之灵看村寨的变化，看宗族的繁衍。

三、侗寨依山傍水的聚落模式

侗族村寨的聚落，在依山傍水这个大原则下，又可以进一步分为两种聚落模式。

（1）山麓河岸型。村寨位于逶迤而来的龙脉山脚或山麓，紧紧依靠龙脉，面临溪涧、江流。这是侗族聚落类型中最主要的一种模式，约占侗族村寨总数的80%以上。说侗家人依山傍水而居，主要就是对这种村寨模式而言。在侗族比较集中的分布区里，顺着溪涧和江流，在缓缓逶迤下来的山麓及河岸边，往往三里一村，四里一寨，错落有致点缀在溪涧两岸。一条溪流沿岸，往往串

连十几个甚至几十个大小不一的侗族村寨。侗族地区比较著名的寨子，几乎都是这种模式。比如黎平的肇兴、顿洞、牙双、水口、尚重、大稼，从江的高增、小黄、占里、龙图。这些村寨可以视为侗族村寨的代表。

（2）平坝田园型。在支流汇入主河道的交接处，由于河水的冲击，河道的曲折迂回，泥沙的淤积和铺衍等因素，往往形成一片比较平坦开阔的塬地或山间小盆地，当地人一般称之为坝子，许多侗族村寨就坐落在这样的坝子里。在侗族居住地区，有好几片这样的大坝，如著名的榕江车江万亩大坝、黎平的中朝大坝、洪州大坝等等。居住在坝子中的村寨一般都建在坝子中地势稍高的地方，与周围的田园形成俯视和辐射的关系。或者建在坝子边缘低缓的山丘上，紧密的依临坝子，面向坝子。这种村落在宅居分布上比较规整，通常按姓氏宗族或世系群分片居住，不同的世系群或宗族姓氏在居住空间上泾渭分明，给人一种统一和谐的韵律感。

"聚"是侗族居住的一个原则。但在遵循这个原则的前提下，侗族的"聚"又有许多规范，也就是说，侗族的村落是依据一定的文化规则组合的，是侗族文化物化的一种直接现实。侗族民居同样反映着侗族的物质文化和精神文化，是侗族文化的一种重要符号。如果把环绕侗族民居的各种文化现象联系起来、连接起来，我们就会发觉，围绕侗族民居构成一个功能强大，具有相当整合能力的文化丛体。这个文化丛体涵盖着更广泛的文化圈。它既包含侗族人的生活环境、生活样式的现实空间，也包括了侗族人的生活环境、生活样式的历史范畴和发展过程。

四、侗寨依山傍水居住环境的功能

侗族村落环境分为三个功能区：

一是生活核心区。即以鼓楼为中心，包括鼓楼坪、木楼、萨坛、戏台、歌堂、村巷等在内环绕鼓楼的生活区域。这是由人创造的文化空间，与自然相比较，具有突出的人文特征。

二是生活缓冲区。即直接环绕村寨的自然和人文环境，包括村寨后面及两侧的风水林、风水林旁边的坟场、村寨周边的水井、出村道路和山坳的凉亭、村寨周边祭拜物（如土地、巨石、古树、桥梁等）、寨前的鱼塘、禾凉、建在寨前溪流上的福桥等。这个缓冲区域对村寨直接形成保护，将村寨与自然环境隔离开来，使村寨形成一个独立人文生态系统。一般意义上的村落环境就是指生活核心区与生活缓冲区连在一起的物理空间。

三是生产活动区。即整个村落的外部物理空间，包括水田、坡地、茶油林、桐油林、杉木林、杂木林、溪流等。这个区域也可以称为村寨的资源区域，村寨的生存、生活都依赖这个区域提供的资源，村寨的生态环境主要由这个区域体现，同时也是村寨与村寨的边界。这个区域构成了村寨与村寨之间的生态距离。

五、侗族村寨构建了人与自然和谐的天然画卷

典型的侗族村落是建立在自然生态环境中的。构成侗族村落的所有材料都来源于自然，如环绕侗族村落的风水林、杉木林、田亩、溪流等都是直接的自然存在，人鱼自然融为一体，构建了一幅天然的"山居图"，反映了侗族人与自然和谐相处的人文观念。

依山傍水是侗族村落环境的一个突出特征。这个特征显示侗家人在营建村落时，是依托和顺应自然生态环境的，体现了人类早期生存实践中形成的生态经验。这种依山傍水而居的格局，坚持结合自然地形、不破坏自然形势的原则，明显带有盆地农业文化生态节制的典型特征。正是侗族依山傍水的居住格局，使整个侗族村落环境显现出一种紧凑感，即田园、山水、林木、道路、村落、人家是一个整体。它们共同形成了侗家人的生态观、生命观、文化观和族群认同观。在侗家人看来，村落不是一个抽象的概念，它是由田园、山水、林木、道路、坟场、木楼、鼓楼等构成的物理空间，是一种文化的隐喻形式和表达形式，而这种隐喻和表达的理念就是和谐。

▶ 临水而建的地扪侗寨

村落中，鼓楼作为侗族的标志立于村寨的中心，鼓楼前辟有鼓楼坪，鼓楼旁边是祭祀萨神的萨坛、萨屋，这一切共同构成了侗族文化的公共活动空间。而民居则环绕着鼓楼而依次筑立，和鼓楼保持着高度的一致性。侗家人的生活围绕鼓楼而依次展开。村寨是山、水、树的中心，也是田园、坡地、坟地的中心，更是大自然的中心；而鼓楼则是村寨的中心，是族的中心，是侗家人生活的中心，是侗族文化的中心。所以，侗家人的生活表现出高度的和谐与团结。

侗族村落环境是由自然所环绕的一种文化存在，是存在于自然中的，是受自然的制约和规范的，是属于自然生态系统中的一个人文生态系统。在侗乡，每个村寨都构成一个独立的存在，都有环绕自身的自然生态系统。村寨与村寨之间，保持着恰当的生态距离，是价值观决定了侗族村寨间的生态距离，而这种价值观是一定适应和服从生态系统原则的。

侗族村落有效地建立起了生活与自然的一个缓冲地带。风水林、坟场、鱼塘、水井、凉亭、福桥等构成了一道屏障，将人的生活与自然区别了开来。它既显示了人的生活的丰富性，同时也是人与自然沟通的一个通道，是人向自然学习并寻求庇护的一种形式。据说在广西三江巴团侗寨的风水林中，有一棵祖母树，枝繁叶茂，高耸入云，谷桶大的枝桠遮住了周围 3 座小山包。寨上人对祖母树很崇敬。有一天，来了几个木商，在树下歇息时听到祖母树在说话，认定是一棵神树，便设法用计买下了祖母树，然后设法将祖母树砍了拖走。祖母树被卖掉后，巴团寨再也得不到安宁了，不久寨子发生了火灾，只有一户人家没有被烧，是这户人家不收卖祖母树的银元。这里，祖母树其实是一个隐喻，是关于自然的隐喻。有了风水林的缓冲，生活就得到了庇佑，没有这个缓冲地带，生活就会陷入无序之中。

侗族村落环境中环绕鼓楼的核心生活区的节律是与所置身的自然的节律相一致的。人们按照生态系统的方式来安排生活，整个生活的节律、结构、形态与自然表现出鲜明的相关性。村寨中的木楼环绕鼓楼而建，鼓楼构成了村寨或者宗族的中心，正如古歌所唱："鲤鱼要找塘中间做窝，人们会找好地方落脚，我们祖先开辟了路团寨，建起鼓楼就像大鱼窝；子孙后代像鱼群，红红绿绿进进出出多又多……"

六、启示

人的生存需求中，最基本、最强烈的需求就是对生存环境的需求。住宅是人类休养生息的主要场所，人的一生起码有百分之四十的时间生活其中。居住环境的好坏对居住在其中的所有人的生理机能和精神活动时时刻刻产生着潜移默化的影响。好的居住环境使人心情舒畅，身体健康，思维敏捷，工作顺心；不好的居住环境令人心情压抑或易怒，久之则身体健康和精神健康下降，工作热情和效率低下，甚至患上不治之症。比如现在有些楼房前后盖起大楼，见不到阳光，这样的居住环境就没有生机，时间久了就有可能出问题。再如，有的地方地下矿藏有强烈的放射性物质或对人体有害的其他物质，如果在这些地方居住，往往会出现一些莫明其妙的症状，甚至患上癌症。又如国外某一小区的孩子常发高烧，吃药打针都不能根治，但一经乔迁出，病就不治而愈；如再迁回，又旧病复发，后来终于发现与住宅附近的高压输电线产生的电磁场有关。

当今社会环境污染现象普遍存在，人类遇到了很大的生存危机。现代人类生活的环境中，无时无刻不受各种磁场、光、气、水、土、声音等因素的影响。因此，我们在择居的时候要选择一个好的居住环境，尽可能避免或减轻、减少这种不利环境的影响，以便保持健康身体和旺盛的精力。居住环境的选择，要在山清水秀的环境中择居，不要在那些怪石林立或不毛荒地中建房，更不要在靠近矿山的地方居住。

依山傍水的侗族民居，从地理环境和构建格局上，都体现了侗族顺应自然、天人合一的自然观、伦理观和哲学思想。这种自然观、伦理观、哲学思想对现代人类社会具有深刻的启示意义。

第三节　侗乡清水长流的奥秘

从 2009 年冬季直到 2010 年的 4 月，西南地区持续干旱，人畜饮水和农业用水都成为大问题。然而，在侗乡的一些山区，却没有发生干旱现象。侗乡黎平过去是水源丰富的古城，南有南泉山脉环绕，北有北门山脉围拢，城内还有五座连绵的五脑山，城中有清澈见底的龙溪河（现称福禄河）沿北门山脚流入清水江，先人依五脑山地形，开凿"九八"七十二眼井，供民众用水，可见泉水之丰富。笔者对黎平侗族村寨的调查表明，侗族社会对水井、古树等生态环境的保护由来已久，方法独到并且行之有效。

一、清甜的井水养育着寨民

笔者于 2009 年 4 月日到黎平县茅贡乡茅贡村观察水井的情况。茅贡村全村 1000 多人，加上中学生和流动人口，基本上就靠村里的 6 口水井维持，人

们生活正常。清晨5点钟到"四十寨"的水井察看，这口水井建于清代嘉庆年间，用青石镶嵌，2米长，1米宽，4米深。上百年来，人们的生活用水全靠这口井。所以，人们对这口井十分珍爱，尽管村子里十年前就安装了自来水，但人们并没有把这口井废掉，仍旧继续使用和修护。清晨，笔者看到井水是满满的，天亮后人们陆续去井里取水。到了中午，水井几乎干见了底。到了第二天，井水又是满满的。其他几口井的情况，大致也是一样。

住在井边的80多岁的老人姚金芝告诉笔者：2008年的那场雪凝灾害，吃水靠的也是这口井。如果没有这口井，大家的日子真不知道怎样过！

茅贡村的水井为什么能成为长流之水，即使在百年不遇的大旱大凝冻之年也不干涸？人们说，全靠寨子周围的那些树木。树木是非常重要的，没有树木就没有人类，更没有社会发展。

侗族村寨四周、寨口、寨脚，都挺立着高大的枫树、木荷树、杉树、楠木等树木。这些繁茂苍劲、枝叶婆娑的古树，将侗家村寨环绕得像一个个绿色的城堡，给过往行人提供了休憩和娱乐的场所，并成为村寨的标志。过去外国人看中国古代唐诗中描述的好多优美的景观，评价很高。由此可见，人类对生态环境有着共同的审美追求。

风水树是村寨兴旺发达的象征。侗族人讲究阴阳和谐、刚柔相济。人类从古到今最高的哲学就是就是《易经》中讲的"一阴一阳谓之道"。阴阳哲学是东方哲学的精髓。一位大师说过："一经一纬，义不穷，只待高人取妙用。"就侗族居住环境而言，自然景观与人文景观、暴露与含蓄、山与水、收与放、林木与花草、动与静等等都是阴阳和谐的方方面面的反映，都是阴阳兼有而且和合。比如大饭店里的入口大堂或者大一点的套房，一般一进门要有一个玄关，这就是有收，然后是一个大的客厅，这就是放。不仅要有山水、花草，还要有大树，大树与花草也是一阴一阳的关系。古人云："树木能兴吐风云，以通乎天地之间。"

二、视青山绿水为神灵

爱护风水树和水井：寨民们非常爱护先人种植和保护下来的风水树，爱护前人开辟的水井。其中还有相关村规民约或祖训约束着人们的道德行为，不允许对风水树和水井有任何轻慢的言行举止，更不允许对风水树和水井有丝毫破坏损伤，甚至树上掉下的枯枝败叶人们也不会拾去当柴火；更不允许在水井旁边洗衣服擦身子。在侗人的潜意识中，这些树乃是先人的遗泽，尊敬古木也就是对祖先的怀念与感恩。崇拜古树的深层文化涵义是：在这些雄伟挺拔的风水树木中，寄栖着他们祖宗的灵魂，这是庇佑村寨的力量。伦理道德不仅仅是人类社会本身的问题，也是人类社会与自然环境的关系问题。侗族人一向认为，毁坏山林，污染水源都是一种"缺德"行为。

款规款约的约束：自觉是有限度的，没有规矩不成方圆，没有规章制度及行为规范的约束不可能管理社会和管理自然。传统侗族社会对保护自然有严格的行为规范，那就是"款规款约"。这些民间规约，对违章挖山、砍树、挖笋、毒鱼（用药毒鱼）都有非常严格、具体的处罚措施。为维护族人的尊严，对违反"款约"者的处罚，执行起来也十分严格，而且多半是各村各寨自己制订，自己处理。如砍一棵树要补种若干棵树，毒一次鱼要向全寨公众检讨等等。而且这种处罚多半是由本家或本房族的父老或兄弟监督执行。这样，既教育了本人，也教育了群众。如有人毁坏当地的风景林，不仅要受到公众的谴责，还要向公众赔礼道歉，改过自新。如有人在水井旁边拉屎拉尿，必须敲锣喊寨公开向全寨人赔礼道歉，还要去井边焚香化纸，以水洗井，祭祀井神并向井神求饶。除了"人督"之外，还有"神督"。如某人砍伐了一棵"神树"（风景树），一旦此人生病，大家就认为他是得罪了"树神"，是"树神"给予他的惩罚。这种无时不在、无影无踪的"神督"比某时某地、可见可避的"人督"厉害多了！如茅贡有一个叫吴长林的人，在1974年趁"文革"寨老们被打倒，打着破除迷信的旗号，砍了3棵风水树做家具，人们就诅咒他不得好报。结果不出3年，他家里出现一条大蛇，再后来接连死了几口人，他自己也得了一场重病，险些丢命。他请巫师去看，巫师也说是因为他砍风水树触犯了神灵，受到了处罚。他很害怕，不得不将用风水树打成的家具烧掉，并请师用法向神树赔罪，后来才得以安宁。

现代生态意识的培养：经过林区长期的宣传教育，侗族村寨的人们对林业生态和保护意识、法律意识普遍增强。这一方面是通过大力宣传天保政策和生态文明教育，提高了全民对森林应对气候变化特殊地位的认识，增强了人与自然和谐相处的理念，生态文明意识明显提高，保护意识大大增强。另一方面是通过天保"严管林"系列政策的实施以及强化林政执法、森林防火、病虫害防治等各项措施的落实，森林资源得到了全面而有效的保护。

据黎平县2006年第三次森林资源二类调查显示，黎平县森林覆盖率由1999年的58.44%跃升到2006年的71.82%，上升了13.38个百分点，年递增1.67%。水土流失面积由1999年的170万亩减少到2008年的70万亩。通过监测，土壤侵蚀模数由工程实施前1265.4吨/（平方千米·年），下降到2008年的473吨/（平方千米·年）。降雨量、水流量明显增加，山体滑坡、大涝、大旱现象明显减少。野生动植物数量增多，一些绝迹已久的物种已再现林区。现在黎平到处都是郁郁葱葱的林海景象。如黎平县通过上述工作，林业大案、

要案与过去同比大大下降，森林火灾受害率年平均仅为 0.12‰，与过去同比下降 0.1‰，病虫害成灾率年平均为 3.04‰，防治率年平均为 77%，依法治林初步成为全社会的自觉行动。

三、几点启示

启示一：适度强调神的力量和心理防范，将古代侗族社会民间崇拜和民间信仰转化成潜在的管理制度资源。侗族人认为：山、石、水、土、花、草、树、木、豺、狼、虎、豹、牛、羊、猪、狗等万事万物都是有"灵魂"的。这些万事万物的"灵魂"与人类的"灵魂"是相通的。无论树木还是水源，她们都是有生命的，是神圣不可以侵犯的。所以人类要善待他们，不可滥开乱挖，不许乱砍滥伐，不许滥射乱杀。如果滥开乱挖、乱砍滥伐、滥射乱杀，人们就会遭到惩罚，或遭难，或生病，或死亡。这种民间崇拜和民间信仰与现代社会"生态平衡"的环保意识殊途同归，客观上起到了某种积极的生态环境保护作用。因为长期如此教育，代代相传，使整个侗族社会养成了敬畏神灵的风尚，即"善有善报，恶有恶报"，你做了好事神会安排你平安幸福，反之会受到惩罚。人督不如神督，人判不如神判，人治也不如神治。因为，人督也罢，人判也罢，人治也罢，都会受到"人的因素"的影响，或"赏罚不明"，或"徇私枉法"、"通融"等等，可信程度不是太大，而只有神才是高高在上，心明眼亮，神秘而神明，她是不会偏袒任何一个做坏事的人的。就连"国家"这样大的人，神也不会畏惧。比如 20 世纪 50～60 年代大炼钢铁，风水树几乎被砍光了，后来"困难时期"饥荒死人太多，1998 年遭大洪水，2008 年遭大雪凝灾害，2010 年遭受大旱，人们就把这种现象归咎于"砍神树"而遭到的报应。人类对大自然的破坏，必将受到惩罚，破坏生态必将付出大的代价。"神灵观念"与"科学理念"殊途同归，社会科学与自然科学不谋而合，这是很值得我们深思和认真探讨的问题。

启示二：保护水井的传统理念应当继承并有所创新。据有关部门调查，黔东南自治州人口大县黎平县的人畜饮用水源主要为地表水和地下水两种类型。目前靠水井饮用的有 594 个村寨 20.3 万人，占总人口的 42%；靠沟渠（导管）饮用的有 36 个村寨 0.72 万人，占总人口的 2%；靠水窖饮用的基本没有。这说明，靠水井生活的群众所占的比例很大。但是，据黎平县水利局提供的资料显示，目前该县农村饮用水安全存还在一些问题，如寨边寨中有污染情况的水井 1188 口，其水源污染主要为含铁超标和大肠菌超标，其中含铁超标占 40%，大肠菌超标占 50%，其他污染的占 10%。由此可见，水源污染不容乐观！造成水源污染的主要原因是由于很多村寨用上了自来水而疏于对水井的保护；再加上一些不良的生活习惯，如猪圈、厕所距水井近或者建在水井上方等。所以，在今后的饮用水改造建设工程中，一定要把水井保护和利用好。

启示三：借鉴侗族社会传统的生态保护理念，拓宽政府对生态建设的思路。要着力培育与生态文明相适应的产业体系，加快构建与生态文明相适应的产业体系，真正贯彻落实科学发展观。要加强生态建设和环境保护，牢固树立"保住青山绿水也是政绩"的思想，进一步加强生态环境保护措施，把建设资源节约型、环境友好型社会放在经济社会发展的突出位置，建立和完善有利于节约资源和保护生态环境的政策和机制。要继续加强生态公益林保护和建设，加强主要公路沿线可视范围、河流两岸及饮用水源地的生态环境保护。要认真制订林业产业发展规划，研究林业管理体制、林业利益分配机制，充分调动林农、企业的积极性，壮大林业基地规模。要大力实施沼气建设工程，巩固天然林保护和退耕还林成果，保住绿水青山，维护生态安全。要加大环境污染综合治理力度，完善有利于节约能源资源和保护生态环境的法律和政策。要加强饮用水源保护区和重点水源保护，落实节能减排工作责任制，坚决治理县城、景点不达标的乱排乱放乱倒。要加快河道治理工程和排污工程建设。要严格环保准入审批，发展清洁生产，推动产业结构优化升级，建设生态文明，形成节约能源资源和保护生态环境的产业结构、增长方式、消费模式，增强可持续发展能力。

启示四：传承侗族文化精华，大力发展以旅游业为重点的第三产业。加强以侗族大歌文化为代表的民族文化保护传承工作，加大保护宣传工作力度。鼓励境内侗族歌舞表演队伍到国内外参加各类比赛和交流活动，对乡镇及民族村寨举办民族民间文化活动、建设民族文化活动场所给予适当补助。充分发挥侗族文化群众团体和研究机关的作用，积极开展侗族文化挖掘整理研究工作。发挥民间歌师、戏师、艺人作用，使民族文化得到保护和弘扬，完善旅游发展规划。围绕打造精品景区，做好景区景点建设规划和旅游精品线路设计。以侗族文化为主体和核心内容，实施旅游精品战略，将侗族文化打造成世界级旅游品牌。加强旅游宣传推介。有针对性地到周边大中城市、泛珠三角地区、国内外主客源地进行文化展示和旅游宣传促销，扩大侗族旅游资源的知名度和影响力；加强旅游人才培养，逐步建立与旅游业发展相适应的旅游人才队伍；认真治理旅游业发展软环境，为企业投资旅游业和景区景点开发，为旅行社和游客的进入提供良好环境。

第四节 侗族生态文化思想的形成

侗族与自然的关系表现出顺应自然的特点。由于受自然环境的制约和知识水平的限制，侗族人对自然的关系，在意识上崇拜自然、敬畏自然和神话自然；在行动上利用自然、道法自然和顺从自然；在侗款制度上保护森林、保护动物和保护自然。因此，侗族人的在生产、生活中处处表现出崇拜自然、敬畏自然、迷信自然、道法自然、模仿自然、顺应自然等特征，是一个以"自然为本"的民族，用今天的话来说，侗族是一个以"生态为本"的民族。侗族文化中具有丰富的生态文化思想，其宗教文化、侗寨文化和侗款文化与生态文化中的生态意识、生态行为、生态制度相对应，形成了侗族文化中"三位一体"的生态文化思想，

一、侗寨文化中的生态思想

侗寨选址有山脚河岸型、平坝田园型和半山隘口型三种类型，三者都有一个共同的规律，即依山傍水。依山傍水而居，是侗族历史形成的早期时代就获得的生态经验，构成了侗族村落环境的典型特征，是侗族千百年来认同的理想环境模式。这种依山傍水而居的格局，坚持结合自然地形，不破坏自然形势的原则，明显带有盆地农业文化生态节制的典型特征。侗族依山傍水居住格局体现出明显的生态节制，使整个侗族村落环境显出一种紧凑感，即田园、山水、林木、道路、村落、人家是一个整体，它们共同形成了侗家人的生态观、生命观、文化观和族群认同。在侗家人看来，村落不是一个抽象的概念，是由田园、山水、林木、道路、坟场、木楼、鼓楼等构成的物理空间，是一种文化的隐喻形式和表达形式，而这种隐喻和表达的理念就是生态和谐（余达忠，2009）。

（1）侗寨布局中的生态思想。依山傍水而居的侗家人，很讲究山与水的配置、谐和。从侗族风水观念来看，他们把绵延起伏的山脉比喻为龙脉，龙总要朝向水，朝向开阔之地，侗族村寨就建立在这样的龙脉之上。他们把山势（即龙脉）绵延而来至坝区或溪流边戛然而止之地称为"龙头"。龙头前面是环绕的溪流和开阔的坝子，龙头后面是起伏跌宕、来势凶猛的山脉（龙脉），侗族村寨就立在这样的龙头处，侗家人称为"坐龙嘴"。后山山势来势凶猛，侗家

人便在后山多蓄古树箐竹，作为风水林，以镇凶邪，以保清吉，以祈福祉；溪涧源源流去，隘口穿风而过，会把财源带走，会让福气漏掉，侗家人便多在溪涧上架设福桥（也称花桥、风雨桥），封住财源，在隘口多建凉亭，堵住风口。山、水、树、桥、亭、路，是侗族村寨的重要配置，是侗族村寨的重要的文化符号，共同构成了侗族村寨的地理空间和文化空间（余达忠，2009）。

（2）生活区的树木保护。生活区位于龙头之地，侗族人称"坐龙头"，以鼓楼为中心，包括鼓楼坪、木楼、萨坛、戏台、歌堂、村巷等在内环绕鼓楼的生活区域，这是由人创造的文化空间，与自然相较，具有突出的人文特征。村寨中的树木，为人们提供了避风避荫等功能。侗族人认为，村寨中树木高大古老，是一个村寨兴旺发达的标志，是荫庇一方村可安康、寨出能人、民可富庶、世代繁昌的保护神。因此，村寨中的树木和古树都受到良好保护。

（3）生活缓冲区的风水林和坟场林保护。生活缓冲区是直接环绕村寨的自然和人文环境，包括村寨后面的"龙脉"地带及两侧的风水林、风水林旁边的坟场、村寨周边的水井、出村道路和山坳的凉亭、村寨周边祭拜物（如土地、巨石、古树、桥梁等）、寨前的鱼塘、凉亭、建在寨前溪流上的福桥等，这个缓冲区域对村寨直接形成保护，将村寨与自然环境隔离开来，使村寨形成一个独立人文生态系统，一般意义上的村落环境就是指生活核心区与生活缓冲区连在一起的物理空间。

（4）生产区的生态农业和生态林业模式。生产区是整个村落的外部物理空间，包括水田、坡地、林地、溪流等。这个区域也可以称为村寨的资源区域，村寨的生存、生活都依赖这个区域提供的资源，村寨的生态环境主要由这个区域体现，同时也是村寨与村寨的边界，这个区域构成了村寨间的生态距离。侗族是一个以生产水稻为主，兼营林业的一个民族，捕猎和采集只是维持生计的一种辅助。农业上主要有水稻耕作、稻田养鱼、田埂种豆、林粮兼作生态模式，林业上主要经营杉木林、油茶林、桐油林、杂木林、竹林等。

（5）"打标"行为的生态意义。由于没有自己的文字，侗族人民在生活中，往往"刻木为信，结绳记事"。"打标"就是他们使用的语言符号，表达自己意思的一种方式。"打标"侗语称为"多标"，是一种有约束力的习俗，方式为随便拔几棵芒冬草或其他植物打上结，放在某物或某处表示某种含意。有林标、水标、田标、鱼标、路标、恋爱标、狩猎标等。侗族是一个以种植水稻和经营林业为生的民族，侗族人喜欢保护树木，房前屋后、村头路边、塘边田边、山上山下，如见到杉木、松木等幼树，特别樟树、楷木等难育苗的珍贵树种，都要在幼树上打上草结，以示保护。侗族人爱鸟，在有鸟窝的树木上打上草结，

以示保护鸟窝（张文真，2010）。

二、侗款文化中的生态思想

侗款是侗族社会特有的产物，是侗族人民的自治和自卫组织，它以氏族血缘关系为核心，以地域为纽带，既保留着浓厚的原始民主议事痕迹，又带有自治联防职能，是具有部落联盟性质的社会组织制度和组织形式。有学者用"三最"来概括侗款文化，"最高效的政府行为"、"最低廉的行政成本"、"最民主的管理方式"。直到新中国成立以前，历代侗族过着结款自治、联款自卫的生活，是一种"有款无官"的社会，因此，侗族社会也被称为"一个没有国王的王国"（邓敏文等，1995）。

从目前收集到的侗款来看，各地流行的款约不尽相同，但基本内容都大同小异。如广西三江县的《约款法》共18条，分六面阴（重罪类）、六面阳（轻罪类）、六面威（礼仪道德类）三大部分。湖南通道县《约款法》共12条，分六面阴（重罪类）、六面阳（轻罪类）两大部分（邓敏文等，1995）。

《侗款》有许多林业经营的规则，以规范林木种植和利用行为。森林是人类发展的摇篮，侗族人民与森林有着密切的联系，很早就有"靠山吃山，靠山养山"的爱林护林传统。森林被侗族视为"衣食父母"，并把森林、土地和人及万物等放在一个共生的、相互关联的生态体系中，由此形成了独特的森林经营方式（何丽芳、黎玉才，2004）。侗款主要从以下几个方面来规范林业生产行为。

（1）林权地界的确定。《侗款》高度重视林地的疆界，任何人只要破坏了原有的林地疆界，都会受到重罚。比如"第十层第十步"规定："屋架都有梁柱，楼上都有川枋，地面各有宅场。田塘土地，有青石作界线，白岩作界桩。山间的界石，插正不许搬移；林中的界槽，挖好了不许乱刨。不许任何人推界石往东，移界线往西"；"山坡树林，按界管理，不许过界挖土，越界砍树。不许种上截，占下截，买坡角土，谋山头草。你是你的，由你做主；别人是别人的，不能夺取。屋场、园地、田塘、禾晾，家家都有，各管各业；各用各的"。以上款约把维护林业经营权的稳定作为人人必须遵守的基本行为准则，其宗旨是强调"让得三杯酒，让不得一寸土"。正因为款约中规定了林业界石和界槽人人都得保护，避免了林木产权的混乱和纠纷的发生（潘盛之，2001）。

（2）重视林权纠纷。《侗款》中的很多款约除了强调林地地界不可侵犯外，有的款约还明确纠纷的处理原则。如款约第十三款说："向来山林禁山，各有各的，山冲大、梁为界。瓜茄小菜，也有下种之人。莫贪心不足，过界砍树，乱拿东西，谁人不听，当众捉到，铜锣传村，听众人发落。"在侗族村寨中家族内的林权纠纷更可以通过习惯法得到处理，家族与家族间的林权纠纷可以通过习惯法加以协调和解决。林权纠纷是林业经营中经常遇到的社会问题，在《侗款》中非常注重对林权纠纷的调节。"约法款"中开宗明义道出了处理林权纠纷的重要性："不讲别的村款，只讲双江、黄柏、龙头、吉利村，只因文传、听说八万、古州（今榕江）将古来规矩破坏，无人恢复。鹰鹰相斗、兄弟相敌，为十二根小树也相争不宁；坏了双江、黄柏龙头吉利这个村，引来争论。一起进村来，共同整好寨，讲完了双江、黄柏村的款"（《侗款》，1988）。十二棵小树，林农看来价值并不大，但款约却把他放在开款的位置，足见对林事纠纷的高度重视。

（3）规范林业生产行为。清水江流域的侗族林农习惯封山育林，称这类山林为"禁山"。禁山有禁约，不准随意砍伐林木，严禁破坏森林行为。封山禁林的条款制定得十分具体，在执行中也严格彻底。为维护林区的封育状态，《侗款》中有诸多关于节令的条规。如规定："向来正月带刀斧上山砍柴，二月斗笠蓑衣，三月用钉耙……"（《侗款》，1988）。明确规定了林业和农业的生产月令，1、2、3月是林业的操作期，林间的间伐和疏伐安排在1月完成，而林间的中耕则安排在2、3月完成。4月以后才开始大田农作。这样的月令安排，除了林间的必要的管理期外，一年中绝大部分时间，林区完全处于封育状态，这样做确保了林木的生长和林区的安全。

（4）保护森林。侗款制度保护森林主要体现在两个方面：其一是利用各种形式与手段唤起人们对森林资源的爱护，使人们形成一种保护森林资源的意识；其二是对破坏森林资源者要严惩不贷。如三江县《约法款》六面威规的六层六部规定，"若那家孩子，鼓不听捶，耳不听劝，不依古礼，不怕铜锣。他毁山毁林，毁了十二个山头的桐油树，毁了十二个山梁的杉木树。寨脚有人责怪，寨头有人告发，我们就跟他当面说理，我们就跟他当面论罪"（邓敏文，1995）。在清水江流域侗族地区，各个家族还有专门管山员，管山员一般是由"活路头"充任，管山员忠于职守，不徇私情。对于违规者，由家族长或款首召家族大会或"开款"众议，按照家族的规约或款组织的款约认真处理。对于轻犯者要处以鸣锣认错，犯者要手拿铜锣，边敲锣边高声叫喊"为人莫学我，快刀砍禁山，这就是下场"（罗康隆，2006）。

三、宗教文化中的生态思想

侗族社会没有形成统一的宗教，信奉自然神和泛神论，万物有灵和灵魂不死是其宗教信仰的思想基础，主要有自然崇拜、灵魂崇拜与祖先崇拜、萨神崇

拜等（廖君湘，2009）。自然神源于原始社会后期，将不可驾驭的自然体和自然力人格化和神格化，包括日月星辰、河流山川、动物植物等。我们平时所说的太阳神、月亮神、山神、河神、天神、雷神、鱼神、花神等，都属于自然神。泛神论是指把神和整个宇宙或自然视为同一的宗教理论，相信万物有灵，认为自然界各种物类和自然现象都有神灵主宰，并影响人们的生产和生活。从根源上来说，自然神和泛神论等，都来源于对自然的崇拜和对自然的敬畏，是将自然与神一体化的结果。侗族与生态保护有关的崇拜有树木崇拜、森林崇拜、动物崇拜等。

（1）树木崇拜。侗族崇拜自然，相信万物有灵，特别是古树。树木的生命力、繁殖力极强，寿命可达几千年，所以，古树是有灵性的，是神。因此，侗族都崇拜树木。后龙山的古树，千百年来，人们就让它在那里自生，自长，自灭，没有任何人去打扰它，更不用说砍伐了。即使一棵古树枯干了，也没有谁会去砍了当柴烧，如果谁冒犯了古树，那是要遭到报应的，古树成了侗族人的神灵。在侗乡随处走走，你都可以看到古树脚下，祭祀时焚化香、纸留下的密密麻麻的痕迹（杨政熙，2006）。

（2）森林崇拜。侗族人民的生产生活与森林有着密不可分的联系。他们是在依赖自然、认识自然与改造自然的过程中，逐步意识到森林是人类生活的丰富资源，侗族人民依附森林，从森林中摄取生活资料。侗族的居所主要是伐木取材、修房造屋，直到现在绝大多数仍居住在自制的木质吊脚楼中。植树造林、爱林护林是侗族传统的良好习俗。侗族人在森林经营中，也有一些独特的方法，如"柴山"、"放牛坡"，女儿出生后栽"十八杉"等（罗康隆，2006）。

（3）动物崇拜。侗族还有着众多的动物崇拜，如鱼崇拜、蛇崇拜、牛崇拜、蛙崇拜、鸟崇拜、蜘蛛崇拜等。这些崇拜有些来源于自然崇拜，有些来源复杂，如鱼和鸟崇拜来源于原始生殖崇拜，鱼崇拜也与水崇拜和广泛食用有关，蛇崇拜来源水崇拜和龙崇拜，蛙崇拜来源水崇拜和祖先蛙郎崇拜，蜘蛛崇拜来源于太阳神崇拜（杨昌岩等，1995）。

（4）禁忌文化。严格来说，禁忌文化来源于宗教崇拜，二者之间有明显的因果关系。侗族禁忌可能来源于侗族先民对自然的崇拜和敬畏，也是对破坏自然环境后引起的作物产量下降、自然灾害频发等因果的反想。由于人们当时不能对这些现象做出合理的解释，因而将其归于"神灵"，并希望通过一定的宗教仪式和禁忌，来强化人们保护自然的价值观。侗族在许多方面都有禁忌，形成了一些比较牢固的禁忌观念，这些禁忌对生态环境保护起到了法律规范、制度措施所不能比拟的积极作用。侗族崇拜自然、敬畏自然的禁忌有许多，如禁忌砍伐古树、禁忌破坏风水林，禁忌动用坟场的一土一木，禁忌伤害鸟类和蜘蛛、禁忌捕食青蛙和蛇，这些禁忌对森林保护、生物多样性保护等作用巨大（闵庆文等，2008）。

四、侗族文化中"三位一体"的生态思想

生态文化是一种有关人与自然关系的文化，其主要体现在生态意识、生态行为和生态制度等 3 个层面上。侗族文化与自然的关系，可以从对自然的认识、对自然的实践和对自然的总结等三个方面去考察，简单地说就是生态意识—生态行为—生态制度等三层次。首先，从意识的层次上说，与当前人类中心主义相反，侗族的自然观反映了敬畏自然的特点。敬畏自然的侗族在生产、生活中处处表现出顺应自然的特点。其次，从行为的角度说，侗族十分注意起居地域与自然环境的和谐，注意水、树木、鸟的保护，注意房屋建筑、道路修造、森林水塘配置等与环境的相融和谐。再次，从制度的层次上说，侗族人民经过全体村民协商制定了一整套《约款法》，对森林保护、林业经营等都有明确规定，并通过款约，按约调解处理纠纷等。

（1）宗教文化与生态意识。生态意识是人与自然和谐发展的一种新的价值观念。侗族的宗教文化主要包括宗教信仰、宗教崇拜、宗教禁忌等，集中地体现在人们的意识层面上。侗族崇拜自然、敬畏自然、禁忌破坏自然的宗教文化，深刻地影响、左右着侗族人民的思想意识，进而影响人们的行为方式。侗族人从出生、成长到去世，一生都是在敬畏自然，"万物有灵"这种宗教文化的长期熏陶下，其思想意识完全被宗教化。

（2）侗寨文化与生态行为。侗寨是侗家人生产和生活的区域，是侗家人行为的集中体现。侗族以侗寨为生活中心，建立了相对稳定的人与自然群落之间的平衡关系。他们有选择地进行渔猎，取之有度，用之以时，体现了他们对生态真理的认识，只有人类和动植物保持平衡，两者才能并存。侗家人在千百年的生产实践中积累了许多宝贵的经验，诸如稻田养鱼、田埂种豆、林粮兼作等等。这些经验模式的基本特点是因地制宜，地尽其利，做到对资源的循环利用。

（3）侗款文化与生态制度。侗款文化是一种制度文化。侗族人几千年来长期处于"有父母无君巨"、"有款首无国王"的状态，其统治管理方式完全依赖于侗款。侗款制度是侗族原始氏族社会遗留下来的传统文化，最具制度文化特征，是一种原始民主自治制度。侗族还注重侗款制度的宣传活动，侗族社会在每年农历"三月约青"、"九月约黄"的"讲款"活动，不仅要全体家族男性成员参加，而且还要邀请各位神灵出席，利用宗教仪式强化讲款活动的庄严性。

如黎平县的"十洞"十三寨的侗款文化，早在清乾隆二十二年（1757），竹坪、岩洞、述洞、新洞、朋洞、铜关、寨拱、四寨、坑洞、迷洞、平甾、三龙、己炭等十三个村寨的头人便议定了款规款约，并在竹平村罗汉坡脚竖立了《款禁碑》，内容包括勤耕苦读、家庭和睦、邻里团结、善待游客、公平交易、保护生态环境、传承文化等内容，刊刻款碑（周志光，2009）。

侗家文化是一种"以自然为本"的生态文化，侗家历史正是一部崇拜自然、神化自然、道法自然的诗歌，侗家人孜孜追求的是一种"自然和谐"的生活。也许是历史的巧合，也许是侗家人的智慧，他们所追求的"生态和谐"的理想，已经成为了全人类共同追求的发展目标。

第五节　侗族古树崇拜文化现象调查

古树木自古以来都是侗族人最为敬畏的生命，这在侗族规训歌和尚存的习俗中可以获见。

侗族人民的生产生活与森林有着密不可分的联系。他们是在依赖自然、认识自然与改造自然的过程中，逐步意识到森林是人类生活的丰富资源。侗族人民依附森林，从森林中摄取生活资料。侗族的居所主要是伐木取材、修房造屋，直到现在绝大多数仍居住在自制的木质吊脚楼中。

植树造林、爱林护林是侗族传统的良好习俗。植树习俗形成的原因，除美化生活环境、增加经济收入及生活资料使用外，原始的宗教信仰——古树崇拜是爱林护林习俗的主要原因。

侗族人民对生长在村寨靠山、寨口、路旁、井边、河畔的古树，崇敬如神。尤其是被巫卜确认为命中五行缺木的孩子，还要"拜祭"一棵古树，认古树作"保爷"。有的还要修桥补路并在桥两头或路边种植景观树木，精心管护。待这些树木长大后，还要在树下安置石凳或木凳，供人乘凉歇憩，以此象征"积德"。

侗族各村各寨到处都有被崇拜为神树的古树木，都流传着有关"神树"的故事。黎平县茅贡乡腊洞村是侗戏鼻祖吴文彩的故乡，其寨口、路旁、井边、河畔那一棵棵古老而高大的红豆杉（国家一级保护树种），一直被村民崇敬如神。

侗族村寨四周、寨口、寨脚，都挺立着高大的枫树、木荷树、杉树、楠木等树木。这些繁茂苍劲、枝叶婆娑的古树，将侗家村寨环绕得像一座座绿色的城堡，给过往行人提供了休憩和娱乐的场所，并成为村寨的标志。这些风水树也是村寨兴旺发达象征。所以寨民们非常爱护先人种植和保护下来的这些风水树，有的还有村规民约或祖训约束，不允许对风水树有任何轻慢的言行举止，更不允许对风水树进行砍伐，甚至树上掉下的枯枝败叶也不会有人拾去当柴火。

在侗族人的潜意识中，这些树木乃是先人的遗泽，尊敬古木也就是对祖先的怀念与感恩。崇拜古树的深层文化涵义是：在这些雄伟挺拔的风水树木中，寄栖着他们祖宗的灵魂，这是庇佑村寨的力量。侗族社区百分之九十以上的自然村寨都有风水林，这也是侗族古树崇拜文化的遗产。如黎平县坝寨高场木兰科含笑属古大树林，是国内目前发现的保存最为集中的天然含笑林。又如德顺平甫侗寨的古松林等，也是广西保存较好的古松林。

侗人古树崇拜文化传承至今，其宗教意识浓重的祭仪式已不多见，多半是村民个人搞的一些简单的祭拜活动。如小孩生病时，到古树前烧香许愿，祈求附在古树中的"树神"保佑孩子康复。一旦如愿，则择日到古树前置酒设供，焚香祭拜，给古树挂红布以示还愿。

在侗族聚居区，爱树护林、崇敬古树的意识虽然带有原始宗教信仰的内容，但从客观上讲，它确实起到了保护森林资源的作用。"文革"曾给森林资源带来一次浩劫，把一切传统文化都视为"四旧"，不分青红皂白地"横扫"，人们对古树神秘崇拜的精神意识及规约也被"横扫"。如今，在现代市场经济的冲击下，人们对物质生活的刻意追求突破了传统的道德规范，崇敬古树的文化意识不能再成为约束人们行为的力量，古老的林木资源正受到严重威胁！

第六节　侗族崇尚自然保护的原因

随着人类面临土地沙漠化、资源短缺、生物多样性锐减等严峻的环境问题时，人类越来越反思自我在发展进程中对环境的破坏。然而走进侗乡，映入我们眼帘的则是另一幅画卷：村落、稻田、鱼池、竹林、青山、绿水、人与自然和谐共处的生态环境美不胜收，心旷神怡。这一"世外桃源"的形成与保存在很大程度上应归功于侗族良好的传统习俗道德风尚对保护环境的作用。

在侗族生活的区域，至今仍保留有许多原始森林，有天然绿色宝库之美誉。而这些绿色的资源能得以千百年的延续保存，却得力于当地的一些少数民族传统习俗风尚。侗族人民以其鲜活、具体、独特的形式在侗区环境保护过程中，弥补了国家相关法规由于宏观、抽象而留下的空白，为保护侗乡优美和谐的生态环

境起到了跨越历史时空的作用。侗族聚居地区林海浩瀚，树木葱茏，村寨周围古木森森，沿河两岸林相蔚然。这是一个百鸟禽兽栖息、人与环境和谐的人间乐园。这种景象的形成，在很大程度上要归功于侗族民间传统的生态意识。侗人在长期适应和改造自然的生产生活实践中，逐渐养成了爱护环境、美化环境的良好美德和独特的生态意识，对当代的生态保护具有重要启迪价值。

一、侗族生态保护的神灵崇拜

侗族是一个经历过长途迁徙的民族，他们的祖先作为百越民族的一个支系——骆越人，最先居住于古代西瓯、骆越等地，后因战乱迁入黔、桂、湘毗邻地区。侗族在饱经迁徙艰辛后才在深山密林中觅得一隅栖息之地，这使他们非常珍惜自己的生存环境，珍爱自然资源。他们深深地明白，离开大自然，他们就无法生存，他们像爱护亲人那样爱护自然，保护自然，使得大部分侗族地区山常绿、水长流、人长寿。在这种背景下，侗族族群形成了诸多沿袭至今的护林、护井、护燕（栖息在人居房屋中的鸟类）等古朴而良好的环境道德风尚习惯。

侗族环境保护意识首先源于神灵崇拜禁忌。侗族先民在长期与自然相处的历史实践中形成了"萨岁"的神灵崇拜。在他们看来，"萨岁"是神灵，是自然和社会的主宰者。"萨岁"是侗族地区的最大神灵，侗族村寨普遍建有祭祀"萨岁"的祭坛。侗族环境宗教禁忌规定：在萨坛周围绝对禁止乱砍乱挖和洒便浇粪，绝对禁止在圣地建厕所、猪牛圈，违者会受到众人的谴责。

侗族人认为，山川河流、巨石古树、桥梁、水井、土地、坟山、动物、植物都是有灵之物，都是崇拜的对象。因此，有些山岭，特别是侗族村寨的后龙山不能动土挖掘，古树不能砍伐，巨石不能开凿和爆炸。如果谁侵犯了，则认为损伤地龙神，败坏风水和侵犯神灵，会给村寨带来灾难。坟场被视为与祖先直接相关联的宝地，在周围的小环境内禁止各种活动，包括伐木、采集和狩猎。很多动植物禁忌现象在侗族村寨普遍存在，他们认为这些动植物都有"神灵"依附，不可随意伤害。他们把村寨附近的大古树，如杉木、枫香、银杏、榉树、樟树等信奉为"神树"，是一寨兴旺发达的标志，也是荫庇一方平安的保护神。若经常培土覆根，精心呵护，便全村安泰，寨出能人，民可富庶、世代繁昌。若小孩拜祭古木巨石，能使小孩得到"神树"、"石神"的保佑，不生疾病，容易养育成人。

他们常常把自己村寨附近的山信奉为"神山"，即"神居住的地方"。这个地方的动植物都是"神的生灵"，是"神的伴侣"，任何人不能侵犯。这里的动植物应当受到保护和崇拜，以求得"神"的保佑，消灾灭难，保障家园的平安。

这种崇拜至今仍然保留于侗族民间信仰系统之中。从表面上看，这是一种自然崇拜的封建迷信习俗，但却包含着深刻的早期人类生态观念，是人类崇拜大自然的结果。借助"神"的力量去保护人们的康宁，以求得人与自然环境的和谐一致，是人类早期与自然环境之间相互作用的结果。

二、"款"、"标"习俗的传统生态保护

"款"或"侗款"是侗族村寨中具有农村公社性质的社会组织，相当于氏族联盟或部落联盟。侗款有大、小款之分，小款由几个或几十个相邻的村寨组成，大款由上百个村寨联合。侗族的约法款主要体现在"六面阴六面阳"、"六面厚六面薄"、"六面上六面下"的规约中。其内容包括族规、族约、社会治安、民事、刑事、生产管理以及封山育林、保护庄稼等各方面的条款。约法款对维护侗族社会安定团结、惩善扬恶、保障生产生活正常有序起到重要作用。通过民众协商制订的款约条款有的刻在石碑上，立在村寨鼓楼旁并受到保护，以示众人遵守。侗款尤其重视对村寨周边山石、树木、植被的保护，并大力提倡植树造林。这些具有法规性质的侗款，的确保护了侗寨的平安，保护了生态的平衡。

凡到过侗族地区的人都可以见到：在道路旁、河岸边、水井边经常有人用青草扭成田螺形状的"草标"挂在或放在那里。这也是侗族地区特有的民间习俗。这种标记告诫人们：此物已经有神灵保护，不许随意破坏，更不许随意拿走。尽管这种"标记"十分简单，但对维护当地社会秩序和生态环境却起到了意想不到的效果。

三、合理的轮歇制度

历史上，侗族的轮歇制度是将自己的薪炭林地划分为若干片，其轮歇方法有两种形式：一是根据各自用材目的以及每年各自需要多少烧材确定砍伐面积。将薪炭林砍伐后，种植 2～3 年的旱粮作物，3 年以后进行人工造林。一般用材树种为杉木，油料植物为油茶等。二是薪炭林砍伐后，让其自然恢复。在恢复的林地内允许牛群进入，牛在林地内啃食植物枝叶、践踏和排泄粪便等活动，有利于植被的更新，增加土壤有机质，吸引一些生物尤其是昆虫和土壤微生物的进入，并起到了传播种子的作用。

在当地优越的自然条件下，轮歇制度是一种合理的林地管理系统，它是侗族地区历史上山地无退化林地的主要原因。此外，侗族人民砍柴时，都有意识地保留一些有价值的树种，如杉树、樟树、果树等优质或有用的树种。

四、乡规民约的作用

乡规民约在侗族地区历史悠久，它是侗族地区传统生产、生活中的一种法律。这些乡规民约是由一个村寨或几个村寨民众共同协商议订并盟誓执行的。乡规民约从保护本民族利益的原则出发，通过"立法"——盟款的手段制订。其内容广泛、具体、实用、可行，包括政治、经济和社会生活中各种行为规范，用以维护本民族的社会秩序、经济秩序和人际关系，也包括对自然生态的管理和保护，等等。这些乡规民约，构成了一整套侗族古老的法律体系。为了世代遵守，有的还将这些通过民众协商制订的乡规民约条文刻在石碑上，以示众人共同遵守。如清同治八年（1869），贵州省黎平县侗族聚居的潘老长春村立下的碑文载："吾村后有青龙，林木葱茏，四季常青，乃天工造就福之地也。为子孙福禄，六畜兴旺，五谷丰登，全村聚集于大坪饮生鸡血酒盟誓，凡我后龙山与笔架山上一草一木，不得妄砍，违者，与血同红，与酒同尽"。

当然，这些乡规民约有时也为封建统治者利用，但客观上对维护当地社会秩序、生产秩序以及保护当地生态环境都曾起到过积极作用。

五、独特的"防火"措施

防火隔离带是侗族刀耕火种农业和保护森林的重要设施。侗族将防火隔离带设在两块林地之间，宽数米至数十米，在烧地时起到"防风防火"的作用。每年还有烧养牛坡的习俗，养牛坡是固定的地点，也同样设置防火隔离带。因此，历史上的侗族地区极少发生森林火灾。

侗寨周围及寨里分布着许多池塘，常年蓄满着水，放养鱼儿。这些池塘并不专为养鱼，主要是为了防火。特别是上百户的大寨都要在寨子中间修建池塘，一口连一口，构成了独有的侗寨风光。

六、注重靠山养山

侗族人靠山吃山养山，民间素有植树造林、封山育林、爱林护生的优良传统。许多侗寨都流传着营造儿孙林的习俗，每当新生孩子，长辈亲人都要上山为孩子种上几十甚至上百株杉树，让孩子与树木一同成长。待孩子长大成人，杉树也长大成材，当地人称为"十八杉"或"女儿杉"。侗族民间世代流传有一首歌谣唱道："十八杉，十八杉，姑娘生下就栽它。姑娘长到十八岁，跟随姑娘到婆家。"

在侗族地区的沿河两岸，有的地方可以说是整个流域都有护岸林。护岸林是侗族地区较为常见的一种农业生态林，或天然林，或人工林。它是侗族地区农业生态的重要组成部分，严禁砍伐。

侗家人民就是这样，以"前人栽树，后人享福"的朴素观念，表达了一种可持续发展的生态观念。在这种观念的驱使下，形成了非常独特的生态行为和生态智慧。

从以上调查可以看出：

（1）侗族传统的环境保护是侗族人民在长期历史发展中适应其独特的自然生态环境的产物。它既是侗族社会生活条件和产业特点的反映，又是侗族传统文化和民族特点的重要内容，具有鲜明的民族特色和地域色彩。这些传统习俗和意识作为历史遗产，有其历史的必然性和合理性。这份独特的遗产，我们应予以认真地挖掘和总结，汲取精华，并与有关森林法和环境保护法规结合起来。这在侗族地区民族文化生态调适和重建过程中，将会收到事半功倍的效果。

（2）侗族传统的生态保护行为，在参与侗族地区人与环境关系的调适和整合中曾发挥重要作用。它在约束人们的掠夺性行为、保护环境和维护生态平衡方面起了积极作用。这些环保习俗、生态观念至今仍在侗族民间运作之中，继续发挥着生态平衡的功能。侗族人世世代代以其传统环保习俗和生态智慧，较为成功地维系着他们与自然环境的和谐共生关系，奠定了侗族传统文化特征的基础。侗族传统环保习俗和生态意识对侗族文化的可持续发展起了基础性的支撑作用。很难设想，没有这些传统习俗的规约和整合，侗族人能够创造和保存像鼓楼、风雨桥这样一些独特的人文生态景观和侗族大歌这样一些民族艺术瑰宝。文化艺术是民族精神的再现，侗族的建筑艺术、音乐艺术及其他艺术形式，无不从不同侧面折射出侗人传统生态智慧的光芒。

第七节　侗人心身和谐的艺术文化

一、歌伴一生的民族

侗族人与生俱来就伴随歌唱走过一生。或许这是因为特别的生态环境造就了侗族是一个唱着歌生活的民族。

人的五种感觉器官，只有"听觉"是在出生前就能感觉到的。侗族人能有幸在母亲的肚子里就能听到优美的歌声。侗族人生活在歌的海洋里，一方面是来自大自然的歌声，那是知了和布谷鸟的和声等等；另一方面是侗族人长期生

活在世代相传、人人会唱的河海之中。

侗人一出生，还在妈妈的背上，无论是在田地上劳动，还是在家里纺纱织布，都会在妈妈的歌声里醒来或者睡去。

侗人的童年，就会跟着哥哥、姐姐在游戏中习唱他们的童谣。

青年时代的侗族人，正是展现歌喉的时候。他们或一个人哼唱，或与同伴合唱，或与异性对唱。他们常常彻夜不眠地唱。谁唱得最好，最美姑娘就会嫁给他，最帅的小伙子就会去娶她。

人到中年，歌是补充体能、减轻疲劳的最好"能源"，也是化解纠纷、排解矛盾的最好"凝结剂"。

到了老年，他们通过唱歌把生产生活经验以及为人处事的道理传给后人……

侗族人认为，唱歌不仅仅是一种娱乐方式，也是一种生活方式，一种认识世界和改造世界的方式。歌中充满善意和同情，充满朴实和真诚的爱。唱歌可以把生存的道理轻松地加以解说，可以换来社会的清醒。唱歌是一种最高雅而有趣的精神活动，它可以赋予生命的真正意义。

二、幸福着的歌者

也许他人无法理解侗族人的生活方式，误认为歌唱是属于浪费生命的一件事情，因为歌唱要学、要练、要记，会花上很多时间，特别是像侗族大歌，需要一大群人长期在一起训练才能唱好。但侗族人不是这样认为，他们把唱歌看成像吃饭一样重要，看成一种充满善意和同情的认知世界的方式。他们认为，只有通过唱歌，才能进入那个充满善意与同情的世界，并在这个世界里获得愉悦和幸福。

侗族人认为，幸福并不仅仅是通过物质的享受获取，精神需要的空间更为广大，幸福的来源更多种多样。确切地说，通过物质享受所获得的幸福是短暂的，是形而下的。比如捕到鱼、猎到物，快感来得很快，消失也迅速。但歌唱的幸福感是持久的，长年不断的。所以，侗族人在歌唱中获得的幸福感是真实不虚的，是一种纯粹的纵身陶醉！

学习唱歌也是一种幸福。比如学唱侗族大歌就有无数的技巧需要攻破，每一个小小的进步，每一个技巧的突破，总是伴随着无限的喜悦和幸福。经年累月地将自己控制在某一种创造的氛围中，这本身就组成了一个独特的世界，同时他又在创造一个幸福的世界。那些酷爱唱歌的人，一生基本上把休闲的时光耗在了歌唱上。唱歌为何有这么大的吸引力？为什么能把这些人的心牢牢地锁住呢？如果没有一种比获得物质享受更大的幸福感，他们能坚持吗？

喜爱唱歌的侗族人认为，歌唱是这个世界上最高雅而有趣的一种精神活动，是充满着真正生命意义的工作。他们也不理解那些整天劳碌忙着赚钱的人们究竟是为了什么？在唱歌人的心目中，给予是一种幸福，歌唱就是给予他人快乐和幸福，所以他们将自己的心整个献出来。歌者还认为，真诚也是一种幸福，如果歌者不全身心地拥抱世界和听者，他的歌唱怎能会受到欢迎呢？只有把心交给听者，才能引起听者的共鸣，这就是真诚。

三、理解着的哲人

唱歌和听歌能使我们去理解他人。唱歌和听歌的过程，就是一个理解他人的过程。如果你要去学习唱歌的话，只有在那种极其心平气和的环境里，在字斟句酌中，你才会领略其中的道理，你才能设身处地替人着想，才能最公正无私地理解某一件事和某一个人。特别是那些处于弱势群体中不幸的人们，他们的苦难，他们的悲情，你会特别敏感，特别多情，常常会因一件小事让你泪流满面。

一个歌唱者善于理解他人，善于洞悉人性的所有弱点，这是因为他把自己放得很低。他歌唱的时候从不认为自己是一个何等伟大而有身份的人。他总是小心翼翼、聚精会神地服侍着他的听众，就像一个奴仆服侍他的主人一样。因为在侗族的歌唱中，人和动物、人和人、人与自然、人与森林，人与大山之间的关系是连成一体的！歌是大自然的化身！

歌者对"歌"的探索是美妙无限的，不管一生中有否成就与建树，但他会变得通情达理，善解人意。从这一点来说，唱歌对完善一个人的品质和性格是非常有帮助的。在侗族社会里，那些不讲道理、薄情寡义、冷酷变态的人肯定是不会唱歌也听不懂歌的。反之，一个有情有义、温润待人、感情丰富、善解人意、尊重生命、正义凛然的人常常是最受敬重的歌者。

歌者的爱怜之心，有时候会泛滥成灾。所谓怜香惜玉，爱屋及乌，他在歌唱中对所有人的命运都会一视同仁地同情和哭泣。当一个歌者与他所创造的人物一同悲欢的时候，他获得了世界，并拥有了人间最为宝贵的真理、宝贵的爱以及悲悯和自尊。

林田相依

【第十四章】
黎平侗乡生态保护与经济发展

侗族聚集区山清水秀，具有良好的生态、丰富的资源和深厚的文化底蕴，保留了子遗的世界文化遗产。但由于过去长期封闭，经济社会发展滞后，仍然是全国少数"欠发达、欠开发"的地区之一。工业化、城市化和农业现代化正在起步；基础设施薄弱，铁路、公路、水利、电力和通讯等历史欠账较多；农村贫困面最大，贫困程度深，绝对贫困人口较多；市场体系不完善，社会事业发展滞后，基本公共服务不足，教育、文化、卫生、体育等方面软硬件建设滞后，城乡居民就业不充分。在全面建设小康社会的新时期，如何根据侗族聚集区的实际，发展民族特色经济，走出一条欠发达地区经济社会可持续发展的路子，是亟待探讨的重要问题。

贵州黎平县是全国侗族人口聚居最多的具。截至2010年，全县总人口52万，其中侗族人口36万，占全县总人口的70%，占贵州、湖南、广西侗族人口总数的13%。全县国土面积4441平方千米，辖25个乡镇，403个行政村，其中侗苗等少数民族人口46万，占全县人口的85%。侗族是传统文化保留最得好的地区之一，沉淀了丰厚的历史文化，保留了许多独特的侗族与汉族相互融合的文化历史遗产。黎平在"十五"时期，纳入国家扶贫攻坚计划，作为贵州、广西九万大山重点扶贫县，正在探索生态与经济双赢的道路。

第一节　弘扬侗族文化与发展林业经济

黎平是全国侗族人口最多的县和侗族文化的中心腹地。侗族人口占全县的70%。全县森林覆盖率达74%，素有"杉乡林海"之美誉，被命名为国家级风景名胜区和国家森林公园。这里的森林与侗族人相依相存，林业成为人们生活中不可缺少的主旋律，这里的文化自然而然与林业息息相关。

一、侗族文化与林业的渊源

侗族文化的显著特征是其生态属性，这是侗乡林业得以发展的重要基石。

其一，侗族人尊重自然规律的认识，是林业生态环境得以保护的重要基础。

侗族人世代居住在深山老林里面，大自然是他们生活的源泉。因此侗族文化趋向于与他们的生存环境和谐共存。尽管侗族也要改造环境，从自然中获取资源，但是他们中间存在着一种着眼长期的使用模式，能够相对稳定地

雨后山庄

建立起人口与自然群落之间的平衡关系。由于生产力低下而产生的对自然的依赖性，以及对现成资源有限性的直观体验，侗族人认识到只有遵从自然界的规律和本性，自然资源才会得到永续利用。因此侗族人很早就产生了适量的消耗动植物、适时采伐自然资源的观念，对动物的猎杀、植物的采摘持非常谨慎的态度，以保持其自我循环的基本要求。侗人"取物以顺时"，按时采伐，认识到根据自然资源的数量与自然季节合理发展生产以满足人类物质需要的做法，对林业生态环境的保护是积极的。侗家人在千百年来的生产实践中积累了许多宝贵的经验，在科学技术不发达的情况下，既发展了生产，又保护了自然，维持了自然界的生态平衡，使矛盾双方在彼此制约的过程中达到统一。

其二，侗族人热爱树木的思想，是林业得以发展的动力。

侗族人不善经商，但他们勤劳善良。侗族人在采伐林木以取得自身需要以后，他们会重新栽上树木，这是一种自然经济条件下永续利用的朴素认识。在植树造林上，许多侗寨都流行营造儿孙林的习俗。每当有人家生了孩子，长辈亲人都要上山为孩子种几十上百株杉树，让树木与孩子一同成长，待孩子长大成人，杉树也长大成林，称为"十八杉"或"女儿杉"。姑娘出嫁时，这些树木可以通过采伐利用或出售为女儿办嫁妆。因此，侗族地区林木繁茂，植树造林、封山育林、爱林护林蔚然成风。走近侗寨，给人的第一印象便是有山皆绿，整个寨子都被树林包围。由于侗家人祖祖辈辈对林业都有特别的偏爱，植树造林成了一种风尚，因此1995年黎平县就曾获得国家绿委表彰的全国造林绿化"百佳县"、"千佳村"的称号，侗族人对林业的热爱由此可见一斑。

其三，侗族人"仕山、靠山、吃山"的生活取向，是林业得以发展的重要保障。

自古以来，侗乡山区人民起房造屋、烧柴烧炭都从森林中获取，木材的商品化流通，更使森林成为民生源泉。据史料记载，黎平杉木材以商品形式进入市场交易起始于明代，至清乾隆初年，外销量日益扩大，达到"商贾络绎于道"的盛况，因此历史上林业与黎平人民的生产生活息息相关。据《黔南识略》记载，清乾隆十四年，当地林农即从生产实践中摸索出一套杉木选种、育苗、造林的生产技术，并积累了许多丰富的经营林业的经验。侗族人在选择好造林地后，往往先用火耕方式清除林间杂草杂树以改善造林苗木生长条件和提高土壤肥力；在植树之前先种一、二年小米或包谷，以改良土壤结构，提高造林后苗木的生长速度；在苗木培育过程中，他们会把密度过大、生长不壮和弯曲的苗

木一律拔弃，以得到壮苗用于造林。在侗族高超的育林技术下，经过三五年杉木便可成林，"十八杉"便可成材。民间流传的"正月栽竹，二月栽木"便是侗家人营造林的经验结晶。在侗款或村规民约中，我们不难发现许多黎平侗族人民"住山、靠山、吃山与护林"的规定。正因为有了前人对森林的依赖与爱戴，才为我们积累了许多营造林及森林保护的经验，才有黎平长期以来的"杉乡林海"。

二、打造侗乡林业生态产业

黎平是长江和珠江的上游，可以说黎平良好的生态环境为我国珠江三角洲、长江中下游的可持续发展作出了重要贡献。但是侗乡人民生活在林区，森林关乎民生问题，他们在保护生态的同时，也需要改善生活条件，满足物质文化的需要。黎平位于这一特定的生态区域上，林业就承载着生态建设和致富奔小康的双重使命，这就要求我们必须寻求一条既能解决生态平衡问题，又能满足致富要求的"两全"途径，以实现生态、经济双赢的科学发展。因此，我们要在发扬侗族人尊重自然、热爱生态、依赖森林的生态文化的基础上，打造侗乡生态经济产业。

其一，优先发展侗族文化生态旅游。

侗族地区不仅有着良好的生态环境，还有着丰富的原生态侗民族文化以及红色文化。随着黎平机场通航和"两高"（贵广快速铁路和厦蓉高速公路）的修建，更为黎平发展侗族文化、红色文化生态旅游创造了条件。因此，我们要大力发展旅游业，通过发展旅游经济，减少对森林资源的消耗，促进生态的保护。

其二，优化传统的林业优势产业。

杉、松、竹是黎平最传统、最具特色、最具优势的产业，也是目前林业产业中经济总量最大的产业，很多外商就是奔着黎平的杉、松、竹慕名而来。杉、松、竹不仅具备生态效益，而且经济效益也十分显著。但是，由于历史的原因，如大灭荒时期的粗放造林，黎平现有的人工杉、松、竹林质量低下，一些杉林每亩蓄积量仅为 4 ~ 5 立方米，竹林不到 150 根 / 亩，未及丰产高效林的 1/3。低下的林分质量，不仅浪费了极为宝贵的林地资源，而且林分的卫生条件也差，给森林的生存带来了很大隐患。黎平是全国杉木主要产区，是全国杉木良种繁育基地，群众掌握着先进的培育技术，在发展上不会存在技术上的风险。因此，我们要利用这个有利条件，增加投入，加大现有低产林的改造，营造杉、松、竹速生丰产林，以优化并强化这一传统的优势产业，做大做强林业经济。

其三，大力发展以"两茶"（油茶、茶叶）为主的生态经济型产业。

黎平发展林业自然条件得天独厚，而且侗乡人民都有着深厚林业情结，这对发展生态产业十分有利。因此，我们要在着眼于为民族生态旅游服务的基础上，大力发展生态经济型产业。油茶和茶叶都是传统的生态经济型产业，但是随着科学技术的不断进步，一些传统的品种已经不能满足经济发展的需求。因此，我们要在科学规划、统筹发展、稳步提高的前提下，加快"两茶"产业的发展，到 2030 年"两茶"基地至少要达到 100 万亩。根据适地适树、分类经营、分区施策的原则，实行"造、封、管"结合，宜乔则乔、宜灌则灌、宜果则果，用好用足"两茶"以外的土地资源，改善黎平生态环境，提高农民经济收入。

总之，侗族文化为过去黎平的发展创造了辉煌，继承和弘扬侗族文化的精华，将为黎平生态经济发展和现代化建设作出更大贡献。

第二节　以"生态为本"的侗乡发展思路

侗族素有"生态为本"的发展传统，与"生态文明"的方向完全契合。如何发扬传统，是侗乡改变发展思路、谋求可持续发展的一种途径。侗家人有"山林为主人为客"的说法，也就是说，自然是主人，人只不过是匆匆过客。这种说法彰显了侗家人"生态为本"的生存发展理念。

黎平侗乡是侗族文化最发达的地区之一。在侗族文化中有丰富的生态保护内容，如在侗族大歌、琵琶歌、侗款、民族信仰等方面，处处可见。黎平侗乡以山区为主，因而侗乡的发展实际上就是山区的发展。在新的发展时期，如何在当前"生态文明"战略思路的指导下，发展"九山半水半分田"的侗乡，具有现实意义。

一、以"生态为本"的山区发展内容

（一）维护和改良生态环境

以改善农村生产条件、生活质量和生态环境为重点，切实提高农村人居环境。调整能源结构和产品结构，大力减少森林资源的消耗量，以保住青山绿水。开展以"清洁水源、清洁田园、清洁家园"和改厕、清理垃圾、清理河道、村庄绿化为主要内容的农村环境综合整治，实行系统整治、全面整治。加快农

村生活垃圾清理,逐步推进卫生改厕,减少农村生活污染。

(二)发展特色农业经济

所谓特色农业经济,就是能够形成核心竞争力、相对独特的农产品生产、加工链条,使农村经济在市场竞争下立于不败之地。黎平县针对农村资源禀赋情况,立足当前,突出特色,按照基地化、产业化、特色化的要求,重点发展"两茶"即茶叶、油茶生产基地。按照规划,全县将建成 20 万亩有机茶叶基地、100 万亩油茶基地,实现生态常在、资源永存、财富永驻,形成黎平县农业经济发展支柱。

(三)构建循环经济

循环经济是一种遵循自然生态系统的演进和社会、经济发展的客观规律,运用系统工程的方法,模拟自然生态系统内部的物质与能量的循环转换而构建起来的一种经济模式。

对黎平县来说,就是要通过捻粗、拉长农业产业链条,在全县范围内形成"原料—产品—废弃物—原料—产品……产品"的链条,建立起多层次、多元化、多形式的物流通道,使整个社会系统的内部联系更加密切、运转更加协调,步入良性循环。

(四)保护文化多样性,发展乡村旅游

黎平县面积广阔,世居民族有侗族、苗族、瑶族、水族等民族。由于地域和民族的分异,形成了黎平县较为丰富的民族、区域文化多样性,也形成了许多各具特色的乡村生态文化区,差异性相当明显。利用这种差异性,适当布局,利用即将开通的"两高"的辐射作用,大力发展乡村旅游,带动农村经济全面发展。目前,黎平县肇兴、地扪等地的乡村旅游已经初具规模,对全县有着显著的示范效应。

(五)改善基础设施条件

以强化农村环境硬件建设为切入点,增加农村交通、环卫投入,改善交通、环卫设施。争取在一定年限内实现油路"村村通",减少人员、物资流动的障碍。同时,加快相关垃圾中转站规划及建造工作,建立"组保洁,村收集,镇运转"的农村垃圾集中收运处理体系。总之基础设施建设,使农村变得进出快捷、安全,环境美化、卫生,成为名副其实的"社会主义新农村"。

二、以"生态为本"的侗乡农村发展组织推动形式

(一)以项目为龙头带动区域整体发展

目前,黎平县的农业经济呈现出"散、小、乱"的局势,无法形成合力。

要实现山区农村经济的跨越式发展，必须集中人力资源、物力资源，实施一些具有产业带动作用的农业综合开发项目，符合"产业带动"要求的项目包括农产品市场、农产品加工、农产品物流等三大类。

要实施项目带动战略，必须做到以下几点：一是领导重视。在项目立项和融资担保，需要县委、县政府领导作出具体安排，为争取项目走出非常重要的一步。二是要有组织保障。在项目立项、批复、实等整个过程中，应成立项目实施领导小组，明确专人负责项目建设，并合理划分职责，协调有关单位的行政职责，保证项目的正常实施。三是实行项目法人责任制。项目实施过程中明确项目法人，全权负责项目方案的制定，设立项目资金管理专账和专户，明确专人管理项目资金和负责工程建设，保证项目建设任务按时完成，强化建后管理，发挥应有的效益。五是整合资金，多方筹资是效益。对黎平县来说，除扶贫资金、农发资金外，还要积极争取其他资金，从而达到整合资金、功能完善、效益显著、资产增值的效果。

（二）以市场为导向推动农业产业发展

山区的农产品生产，必须考虑市场的接受程度。市场适销对路，才可能真正增加农民的收入，才可能扩大再生产，逐步形成规模经济。因而，以市场为导向，不是思路，而是一条"生路"。要大力培育与市场接轨的农产品营销企业和专合组织，支持引导农产品专业营销企业闯市场、建基地、发展深加工，延伸产业链条，提高农业效益。

除了被动地适应市场外，还要积极主动地培育、开发市场。培育市场的方式一是积极开拓市场，打好生态牌，参加各种农产品展示展销会，推行以销定产，搭建销售平台，发展订单农业，使山区农产品走向市场、走向世界；二是要实施农产品品牌战略，通过整合地域性标志、打造拳头产品、开展有声势的宣传推介等各种方式，树立起黎平侗乡农产品特色、优质、安全的品牌形象，增强市场竞争力。

（三）以企业为载体带动农户发展

单独的农户，应对市场的途径少、能力弱，唯有以企业为载体，才能具备足够的竞争力，共同面对市场。以企业为载体有两种形式：

一是"公司＋农户"形式。这是一种简便易行的形式，目前在国内比较普遍。按照这种形式，公司与农户建立相互合作关系，合作双方通过资金、劳力、场地、技术、管理等的优化组合，实行优势互补，资源互补，形成一股合力，使广大农户通过公司这个桥梁进入大市场，在激烈的市场竞争中，公司与农户携手合作共同发展。

二是由农户自发联合，组成新型的农业合作组织。目前，在黎平山区农村整合生产要素组建股份制企业缺乏可操作性，但具备组成合作组织的相关条件。组成新新合作组织具有诸多优势：其一，降低农业生产成本，增强农业生产的计划性，提高农业抵御经济风险的能力，有效地提升山区农业的市场竞争力；其二，有效地吸引和培养管理人才，解决农村高级人才极度短缺的困境；其三，充分调动农民创收的积极性。

三、建立山区农村发展支撑体系

（一）行政支撑体系

农村基层行政机构，已从过去以征收农业税为主要工作内容过渡到现在的以综合服务为主要工作内容，行政职能已经出现了较大的变化。尤其是近年来，我国致力于建设和谐社会、社会主义新农村，政府的服务特色将更加突出。为此，要推动以"生态为本"的山区农村建设，就必须加强政务服务，围绕产品营销、信息、技术、融资等发展现代农业亟须突破的瓶颈，建立新型社会化服务体系，为农业农村进一步发展提供有力支撑。

（二）政绩评估支撑体系

以"生态为本"的山区农村发展是一项系统工程，是在多种利益面中敢于取舍的具体行为，不是一朝一夕、一蹴而就，需持之以恒，这就必须将各级党政、各级各部门的政绩评估，由现行的以GDP论英雄，逐步调整到以保护生态为目标的评估体系，逐步规范各种利益的行为取向，使生态建设成为国家一切建设行为的前提和目标。

（三）科技支撑体系

对于以"生态为本"的山区农村建设来说，科学技术尤其重要，尤其不可或缺。对于黎平县来说，要以科技局、科协为骨干，整合其他各县直机关、乡镇政府的科技力量，构建强大的山区农业科技支撑体系。

这一支撑体系必须履行以下职能：一是强化农业新品种示范推广；二是以壮大特色产业为出发点，以省内外高等院校科研单位为依托，认真调研、筛选、包装项目，解决农业生产中关键性、综合性技术难题；三是坚持"实用、实际、实效"的原则，因地制宜，有针对性地对农民开展科技培训，不断提高农民接受和应用农业新技术的能力。

（四）金融支撑体系

实施以"生态为本"的山区农村发展战略，需要巨额资本支持，但与我国其他地方农村一样，黎平县长期以来农村资金供给和需求存在很大的缺口，资金大量外流。导致农村资本大量外流的渠道，大多是金融方面的。所以，统筹城乡发展亟待完善农村金融支持体系。

建立农村金融支撑体系，是一个大局工作，应该在国家层面上进行改革。笔者认为，应该从以下几个方面着手：一是进一步推进农信社改革，使农信社成为农村金融支持体系的主体；二是加大农业发展银行的支农力度，使农业发展银行成为农村金融资本支持体系的有力支柱；三是引导商业银行为农业提供商业性金融服务；四是允许民间资本进入农村金融支持体系。

（五）品牌支撑体系

以"生态为本"发展山区农村，就是要彰显山区的"生态"特色、"绿色"特色，大打"有机"品牌，并持之以恒，竞数年之功，打造成具有黎平山区特色的农产品品牌。

对黎平来说，拥有丰富的民族文化，拥有被称为天籁之音的世界非物质文化遗产——侗族大歌。这些，都可以与农产品品牌联系起来，丰富品牌的内涵，使山区农产品具备强大的产业竞争力和市场号召力。

四、山区农村发展回报预期与风险难度评估

（一）回报预期

（1）经济回报预期。作为资源匮乏地区，黎平县的山区农村尝试多年，却一直没有走出产业化的路子。以"生态为本"推动山区农村建设，进行大幅度的产业结构调整，在改善山区农村生产生活环境的同时，可以明显地改善生产条件，拓宽发展路子，增加经济收入。

（2）文化发展预期。"生态文化"是黎平县民族文化的重要组成部分。以"生态为本"推动山区农村发展，将唤醒沉睡多年的"生态文化"，实现民族文化的大发展，有利于农村和谐社会的建设。

（3）社会发展预期。以"生态为本"推动山区农村建设，将从经济发展、文化发展、政府体制改革等多个渠道实现山区社会的整体发展，推动物质文明、精神文明直接发展到"生态文明"这一最高形态，是黔东南州建设"国家级生态文明试验区"的重要补充。

（二）风险与难度评估

以"生态为本"，要求山区农村发展主体放弃一些显而易见的短期利益，着眼于长期利益，有可能遭到现行发展模式下既得利益者的抵制。对这一难点，可以通过对部分项目进行补贴、完善社会保障体系等途径来解决。

另一方面，金融体制、行政体制改革的滞后，也势必影响到山区农村按照

以"生态为本"这一新型模式发展的速度和效率。

五、结论与建议

（一）评价结论

以"生态为本"建设山区农村，具有保护生态大局、改善农村生产生活条件、提高农民收入等优势，具有很重要的战略意义，也具有较强的操作性和可行性。

尽管按照该理念建设山区农村具有各种难处甚至风险，但都在可控范围，可通过国家层面上的体制改革来解决，且顺应时代发展潮流，符合国家改革的方向，属于新时期国家改革的范围。

（二）相关建议

（1）加快县、乡两级政府体制改革步伐，进一步突出政府的服务职能，使其更有利于山区农村的发展。

（2）大力改革农村金融体制，使更多的资金向农村倾斜，吸引更多的社会资金进入生态农业领域。

（3）通过国家、地方立法，保护农村生态环境，将生态补偿政策纳入法制轨道并落到实处，使以"生态为本"的理念获得法律支持和农民的自发支持。

第三节　侗乡林业的发展与未来思路

黎平是侗乡最著名的林区。早在明清时期，就以向朝廷进贡大径级木材而闻名。新中国成立初期，黎平林业为国家经济建设提供了大量的木材和林产品，为国民经济恢复发展做出了贡献。改革开放以来，特别是天然保护工程、退耕还林工程实施以来，黎平县林业得到了长足的发展，取得了一定的成绩。 2006 年森林二类调查显示，森林覆盖率达到 71.82%；全县活立木总蓄积量 1930 万立方米。2008 年全县国民生产总值 17 亿元，其中林业总产值 1.735 亿元（按林业部门统计口径，林业总产值 10 亿元）；财政收入 1.167 亿元，林业税收 1500 万元；农民人均纯收入 2347 元，其中林业人均纯收入 480元。从 2002 年以来的近十年来，黎平县累计林业投资 30849 万元，其中：国家、省、州、县投资 29549 万元，社会投资 1300 万元。完成人工造林和封山育林 80 万亩（其中人工造林 48 万亩，封山育林 32 万亩），常年森林管护面积 430 万亩。

一、林业为侗乡发展提供了良好的生态屏障

（一）生态环境明显改善

2006 年第三次森林资源二类调查显示，黎平县森林覆盖率由 1999 年的 58.44% 跃升到 2006 年的 71.82%，上升了 13.38 个百分点，年递增 1.67%。水土流失面积由 1999 年的 170 万亩减少到 2008 年的 70 万亩。通过监测，土壤侵蚀模数由工程实施前 1265.4 吨 /（平方千米·年），下降到 2008 年的 473 吨 /（平方千米·年）。降雨量、水流量明显增加，山体滑坡、大涝、大旱现象明显减少。野生动植物数量增多，一些绝迹已久的物种已再现林区，现在黎平到处都是郁郁葱葱的林海景象。

（二）林业产业体系初步形成

通过国家、省、州县项目、资金、政策等方面的扶持，激发社会投资，黎平林业资源得到快速增长，资源结构和林业产业结构也发生了重大变化，新的林业产业体系已初步形成，经济效益逐步显现。

一是林木资源质量和数量稳步提高，林业潜值增加。2006 年森林资源调查数据表明，活立木蓄积由 1999 年的 1100 万立方米增长到 2006 年的 1930 万立方米，单位蓄积由每亩 2.66 立方米，提高 4.14 立方米。1999 到 2009 年森林蓄积量预计增长了 906 万立方米，林木潜值 10 年间增加 18.12 亿元。此外，经济林面积 20.82 万亩，年产值也在 4000 万元左右。

二是林木资源的增长，使林木经济的可持续利用得以实现。根据现有人工林蓄积量，按"十一五"黎平县年森林蓄积采伐限额 56.5 万立方米计算，不考虑林木继续增长因素，轮伐期可达到 26.3 年之久，超过了速生丰产林的轮伐周期，可以说林木资源的开发利用已步入可持续发展时期。

三是林业收入和资产比重发生了重大变化，占林农和财政收入的份额明显增多。其一，随着林业资源的不断增长和林产工业的兴起，林业在农村的资产和收入比例不断增加，林业占林农资产的份额在 30% 左右，收入占到了 20% 以上；其二，县级财政收入中，林业收入的比重已大大增加。

四是林产工业异军突起，形成了新的经济来源。目前全县引进和培育木竹材精深加工企业 8 家，2008 年生产指接板、细木工板、出口楼板、墙板、地板和儿童木屋等产品 8 万立方米，年产值 1.6 亿元以上；油茶、茶叶、山核桃、松茯苓、松香等非木质森林资源加工企业年生产能力 4000 吨以上，年产值 2622 万元以上。林产工业的形成，既增加了林农就业机会，也使林农得到了最直接

的收益。

五是生态旅游发展迅速，形成了新的财源。据统计，2008 年，在黎平县进行生态游的旅客人数达到 48.12 万人次，比 2003 年增长了 22.9%，实现综合收入 8830 万元，并解决了农村就业 1 万个以上。2010 年全县共开发以生态旅游为主的景区有 10 余处，景点若干处。在开发的这些旅游点中，许多是群众借助优良的生态环境，开展农家乐、休闲度假山庄等，不仅解决了农村就业，还增加当地群众的收入。如八舟村利用八舟河景区内优良的自然生态环境开办休闲度假山庄，年收入在 30 万元以上；飞龙洞休闲山庄，年收入在 100 万元以上。

六是林业项目的实施，是农民得到直接收入的主要源泉。如退耕还林工程至 2008 年止，累计向退耕农户兑现粮食 2175 万千克，困难补助 1078 万元，粮食拆现金兑现 8671 万元，共有 356 个村、2.3 万户农户直接受益。其他林业工程项目的实施，不仅使林农的林业资源得到快速增长，形成了新的潜在资产和收入渠道，而且通过劳务投入也直接增加了就业和收入。

七是多数林农通过发展林业走上脱贫致富之路。2010 年，龙额乡利用九万大山造林绿化项目发展罗汉果 1790 亩，使古邦、亚罕、平金等十余个村 462 户 1620 余人受益，种植户的收入由 1250 元跃升到 10735 元；敖市镇蒙村 2001 年利用退耕还林项目营造的优质茶叶基地，现亩均年产值达 3000 元，全村户均年增收 5000 元以上；高屯镇利用退耕还林种植油奈、梨等水果，亩产值达 1000 元，种植户年均增收 2000 元以上；高屯镇小里村发展油茶 1000 亩，现初步进入盛果期，亩产值在 1200 元以上，种植户年均增收 3500 元以上；德顺乡平甫村共发展优质小香桔 2350 亩，户均 12 亩以上，目前部分橘园已开始进入盛果期，而大部分则刚进入初果期，即便如此，仅小香橘一项平均每户每年就可净增收入 2000 余元。

（三）林业建设和管理理念不断更新，林业科技含量得到普遍提高

一是"八五"期间通过世界银行贷款国家造林项目的实施，确定了良种壮苗和大穴整地造林是提高造林质量关键的理念，从此之后，工程造林良种壮苗供应率和大穴整地率均为 100%，造林成活率达 95% 以上。

二是通过退耕还林项目的实施，探索了"林—茶"、"竹—阔"、"林—药"、"林—菜"、多树种混交及荒山造林"栽乔、抚幼、留灌"等生态建设治理模式，制定了《黎平县常用造林树种种子和苗木质量标准》、《退耕还林工程效益监测技术规程》、《黎平县楠竹速生丰产林造林技术规程》、《黎平县山核桃造林技术规程》、《黎平县鹅掌楸造林技术规程》、《黎平县油茶优质高产栽培技术规程》、《黎平县优质茶园基地建设质量技术规程》、《小香橘丰产高质栽培技术规程》、

《黎平县退耕还林工程治理模式》、《马尾松切根苗育苗技术规程》等技术规范在县内试行，使黎平县营造林步入了具有区域特色的标准化、规范化轨道。

三是通过人工商品林采伐试点，使林木采伐进入了"作业设计—审批—凭证采伐—山场验收—台账管理"等规范化程序，彻底结束了商品林乱砍滥伐、无证采伐的历史。

四是运用地理信息系统等先进的技术手段，使黎平县资源、天保、林权管理等方面实现了数字化管理。

五是东风林场杉木良繁进入了高世代阶段，始终走在全国前列。

六是在南京林业大学、中国林业科学研究院亚热带林业研究中心等科研单位的技术支撑下，培训林农和基层管理干部3万多人次，使绝大多数基层管理干部和林农都掌握了油茶、茶叶、楠竹等造林技术规程和管理办法，为林业建设提供了技术保障。

（四）林业生态保护意识和法律意识普遍增强

一是通过大力宣传天保政策和生态文明教育，深化了全民对森林在人类社会的生态价值和应对气候变化的特殊地位认识，增强了人与自然和谐相处的理念，生态文明意识明显提高，保护意识大大增强。二是通过天然林保护"严管林"系列政策的实施以及强化林政执法、森林防火、病虫害防治等各项措施的落实，森林资源得到了全面的有效保护，林业大案、要案与过去同比大大下降，森林火灾受害率年平均仅为0.12‰，与过去同比下降0.1‰，病虫害成灾率年平均为3.04‰，防治率年平均为77%，依法治林初步成为全社会的自觉行动。

（五）林业服务体系进一步完善

一是基本完成了集体林权制度改革的主体改革，建立了林业要素市场，为林农提供有关林业信息服务平台；成立了林业担保投资公司，初步解决了林业投资难问题；简化了林木采伐审批程序和办证程序，彻底清理了不合理收费项目，减轻了林农负担；落实了林木所有者的处置权。二是把开展林业科技服务和市场信息、林业政策及法律服务上门，印发相关宣传资料到户，作为林业日常工作来抓，使绝大多数林农都能就地就近地享受到林业方方面面的服务。三是随着天保工程的实施，林业办公设备、森林管护体系、森林公安执法体系、森防检疫体系、信息系统等建设大大改善，林业执行能力大大增强。

通过近十年林业生态建设和产业建设，黎平县共获得国家级"全国森林防火指挥部先进单位"、"全国先进林业站（坝寨乡林业站）"、"全国农业标准化示范区"、"全国农业标准化示范区建设工作先进单位"、"全国退耕还林先进单位"、"全国绿色小康县"、"全国首批林业科技示范县"等多项荣誉；获得省级"全省

绿化模范县"、"全省营造林质量一等奖"、"国家重点林业工程政策与社会经济效益监测退耕还林工程全省一等奖"、"全省国有林场工作先进单位"等多项荣誉。

二、狠抓林业发展的关键措施

（一）加强领导，成立机构，落实责任，实行目标考核管理

一是县委、县政府始终把林业工作列入全县经济社会发展的重要内容，同部署、同安排、同落实、同检查；二是成立县乡两级天保、退耕等重点工程领导小组和专门的办事机构，明确各工作部门职责，落实编制，落实人员，落实经费和明确各相关部门的工作职责；三是实行重点工程目标责任制，签订目标责任状，严格兑现奖惩。

（二）加大工程宣传力度，为工程实施创造良好的氛围

为有利工程实施，把重点工程宣传工作作为一项重要的日常工作来抓。一是每年都利用广播、电视、报纸等新闻媒体和各种会议，宣传天保、退耕等重点工程建设的重要意义和政策。二是通过制作标语和永久性固定宣传碑牌等方式进行宣传，10 年累计印发张贴标语 4 万多条，制作永久性碑牌 602 块、日历画册宣传资料 20 多万份发放到户。三是及时宣传天保、退耕工程实施期间涌现的先进人物和事迹，同时对违反天保、退耕和其他林业政策、法规的案件及时曝光。这些大量的宣传工作使重点工程政策做到家喻户晓、人人皆知，为重点工程实施创造了良好的社会环境。

（三）制定政策和管理办法，促进林业生态和产业建设健康发展

一是在天保、退耕等重点工程实施初期，县委、县政府出台了《关于进一步加强对天然林保护的紧急通知》《关于禁止砍伐天然林烧制木炭和使用木炭、薪材作生产原料的通告》《关于加强退耕还林工作的意见》，2005 年，县委、县政府又出台了《关于加快林业发展的意见》，2007 年，县人大作出了《关于对全县旅游生态公益林区实施保护的决定》和林政、木材经营管理、森防、检疫等政策性文件十余个。二是县政府印发了《黎平县天然林资源保护实施方案》、《黎平县退耕还林实施方案》和天保、退耕相关管理办法 30 余个，从项目的设计、实施、管理、检查验收、档案管理、资金运行等各个环节和各个层面都作了规范，保障了工程健康实施、资金安全和工程质量，促进了林业生态建设和产业建设健康发展。

（四）典型引路，以点带面，实施标准化建设，推动林业事业的全面发展

一是县乡两级领导带头抓典型示范引路。10 年间，共创办县乡领导退耕还林油茶示范点、工业原料林示范点 80 个，面积 16000 余亩。其中县级领导

点 14 个，乡镇领导点 30 个，县林业局等涉农部门领导点 20 个。示范点的创办领导都经常深入山头地块解决实际问题和困难，把示范点建成了精品工程。二是在示范点的辐射带动下，掀起了退耕还林油茶基地建设高潮，10 年时间全县共完成退耕还林工程 21.5 万亩，新建油茶基地 3700 亩，使全县 25 个乡镇 3 个国有林场 365 个村 2.3 万农户得到了实惠。三是按照国家标准化委员会授予黎平县农业标准化示范区的建设标准，着力实施退耕还林工程标准化建设。退耕还林的标准化，推动了全县林业项目工程的高标准、高质量实施，使林业建设步入了标准化、规范化的新时期。

（五）以天然林禁伐为主，有效实施森林资源保护

为使森林资源得到有效保护，一是严格执行天然林禁伐政策，关闭所有以天然林资源为原料的加工企业和市场。二是建立了县、乡、村三级管护组织，常年聘请管护员 923 人，对管护人员实行定岗定责，签订管护责任状，严格奖惩制度。三是加强林政执法队伍建设。成立副科级森林公安分局，设立五个基层森林公安派出所，落实编制，纳入财政开支，按地方公安标准解决工作经费。四是充实木材检查 20 人，强化边境木材流通管理，严禁非法木材流通。五是实行分级林政执法，由林业局委托乡镇林业站负责辖区林政执法，县政府责成乡镇人民政府组织管理。六是高度重视森林防火。以县委书记带头，四家班子成员分片负责，实行责任追究等高位抓森防机制。与县武装部联建森防应急分队，成立专业和义务扑火队共 300 支，人员 1600 余人，全县各乡镇、村组都建立了森防村规民约，部分村组结合林改还建立了户与户联防协议。火险期实行广播、鸣锣喊寨制度，重点路段设卡守护，严格执行"见烟就问，见烟就查，见火就抓"。五是实行相关部门和乡镇病虫害防治目标责任管理。

（六）大力调整林业产业结构，夯实产业基础，培育绿山富民产业

一是巩固传统的杉、松用材林产业，在提升种苗质量的基础上，实施杉、松速生丰产基地建设；同时，以苗代补鼓励和扶持社会造林。10 年间营造杉、松速生丰产基地 13.26 万亩，无偿提供杉、松苗木社会造林 347 万株。二是结合生态建设，按照适地适树的原则，大力发展生态、经济两用林。据统计，十年间共营造楠竹、茶叶、油茶、山核桃、优质果品、中药材、罗汉果等 10.5 万亩，生态经济型林业初具规模，初显成效。三是大力发展楷木、鹅掌楸等工业原料林基地和适度营建珍稀树种基地。十年间共新造工业原料林基地 8.66 万亩，珍稀树种 0.37 万亩。四是依托优越的自然生态条件、丰富的民族文化资源，开发生态、民族文化旅游业，培育森林蔬菜基地，使林业经济的内涵不断丰富。

（七）大力发展林产工业，推进林业产业化经营

一是建立以木材加工为主的轻工业园区，制定优惠政策，积极招商引资，创办木材精深加工企业。近年共引资 7800 万元，创办上规模木材精深加工企业 8 家，其中省级龙头企业 3 家，年生产能力 10 万立方米。二是积极发展非木质加工企业。目前有非木质加工企业 64 家，其中茶叶加工企业 57 家，加工茶叶能力 3000 吨；油茶精深加工企业 1 家，加工能力 1500 吨；山核桃加工企业 1 家，加工能力 10 吨；楠竹加工厂 4 家，加工能力 10 根；松茯苓加工企业 1 家，加工能力 1000 吨。2008 年总销售产值 12676 万元，税费收入 2250 万元。

林产工业的兴起，不仅大大提高了森林资源的综合利用率，同时有力地促进了森林资源的培育，为林业产业化建设注入了新的活力。

（八）加大森工企业改革力度，大力扶持森工企业、国营林场，促进减免转型

国家从天保工程实施以来，累计投入社会养老统筹金 962.53 万元，用于缴纳国有林场、森工企业职工的社会养老保险金，使国有林场、森工企业职工解除了老有所养的顾虑，并于 2006 年开始对国有林场和森工企业职工参加医疗保险、工伤保险等社会保险每年补助 151.5 万元，2006 ~ 2008 年累计补助 454.5 万元。使国有森工企业和林场职工全部参加社会养老保险、医疗保险和工伤保险等社会保障体系，职工各项社会保险得到进一步保障。

天保工程实施初期，给国有森工企业和林场带来了很大的冲击，大量职工因天保工程的停伐减产失去就业岗位成为下岗职工，为使工程顺利实施，保障国有林场和森工企业顺利过渡，从 2000 年至 2002 年，累计为国有林场和森工企业下岗职工 961 人发放生活补助费 282.62 万元。

富余职工分流安置方面，主要是一方面累计分流国有森工企业和国有林场富余职工到森林管护岗位 3137 人，年均安置 313 人到森林管护岗位，6 人到公益林建设，有技术有能力的富余人员通过单位推荐到其他单位岗位就业 60 余人。另一方面，于 2001 年通过一次性安置政策，共安置职工 352 人，发放一次性补偿金 643.6 万元，解除了一次性安置职工与企业的劳动关系，卸掉了国有森工企业职工人数过多的包袱，减轻了企业的经济负担。再次对暂时无法安置的富余职工发放基本生活费，保障富余职工的基本生活开支。

（九）加强林业基础设施建设

十年来，共投入林业基础建设资金 1491 万元，新建、改造和维修林业工作站 24 个、木材检查站 1 个、瞭望台 12 座，维修加固或新开设防火线 152 公里，林区公路维修 400 千米，骨干苗圃基地 200 亩，良种基地 1 个，配置车辆 19 台，电脑 139 台、打印机、传真机 70 台，复印机 5 台，摄像机 7 台，数码

相机 37 台，开通了可视电话，建立了局域网。

三、侗乡林业未来的发展思路

新的历史时期，要认真贯彻执行党和国家的林业政策，按照生态建设产业化、产业建设生态化的思路，面向市场，依托科技，适地适树，逐步调整林业结构和林种结构，坚持生态优先，优化产业布局，创新林业发展机制，提升林业整体素质，打造林业大县和强县。

在生态建设上，一是依托天保工程，对 457 万亩森林实施有效保护，特别是公益林区的保护。二是进一步加大林业执法力度，强化森林公安执法的主导地位，充分利用乡镇人民政府行政职能，委托林业站行政执法职能，属地管理森林资源，控制乱砍滥伐现象发生。三是加强已建生态工程的后期管理，实施好在建工程，积极争取新的生态建设工程，确保森林覆盖率、森林蓄积量稳中有升，森林质量明显提高，水土流失进一步的到有效控制。四是进一步抓好森林防火、森林病虫害防治工作，确保森林火灾受害率控制在 0.5‰ 以下，病虫害防治率达 75% 以上。五是积极探索生态公益林区补偿机制，和更新改造方式，逐步解决好公益林区林农收益权和处置权相关问题。

在产业建设上，一是科学编制好正在进行的县级森林经营方案和"十二五"采伐限额。二是编制详细的资源培育规划，按照适地适树的原则，大力培育资源。继续捆绑涉农资金发展两茶基地建设，巩固发展杉、松竹为主的速生丰产用材林，大力营造鹅掌楸、桤木为主的短期工业原料林，适度发展中药材，开发森林旅游和种苗花卉产业。三是大力发展林产工业，鼓励精深加工，扶持龙头企业，做大做强木质加工业。

在林业体制机制改革上，一是科学确定林业人员编制，解决林业经费，尽快充实林业执法和科技人员，解决好林业长期以来"小马"、"老马"拉大车的问题。二是加快制定林改配套政策，特别是林木林地流转政策，畅通市场渠道，保障林农的收益，使林木林地依法合理流转。盘活林木林地资源。三是进一步规范税费征收政策，还利于民。

在生态文化建设上，一是要加强全民生态安全、生态文明教育和生态道德教育，提高公众保护生态环境的意识和自觉性。二是要加强对传统生态文化的保护，挖掘和弘扬民族传统文化中的生态文化内函。三是要广泛开展生态文化的宣传教育，增强全民保护森林和野生动植物的意识，使"人与自然和谐"成为全社会的共同理念。五是要加强城镇绿化，创建园林城镇，不断改善人居环境。六是要依托义务植树造林法定活动，规范义务植树造林。通过义务植树造

林，进一步增强全民爱绿、植绿、护绿的意识。

第四节　侗族村寨的旅游开发

——以黎平肇兴侗寨为个案

一、概论

（一）旅游开发

景区旅游开发，是指将景区作为旅游项目经营的对象，并以获得收益为目的所开展的一系列经营活动。景区旅游开发的内容，应包括以下三大要素：

（1）投资组合方式。涉及民族文化旅游项目的投资应有三部分：民族文化及其载体；货币资金；基础设施。相应地，项目的投资主体也应包括三个部分：创造和传承民族文化的当地居民；货币资金的投入者；基础设施的建设者——政府的风景管理部门。投资组合方式，就是如何构建这三者关系的方式，或者说三者合作方式的问题。应立足于选择采取松散的或紧密的合作方式，将这三者有机地结合起来，在正确评估三部分投资的市场价值的基础上，通过股份合作制使相互独立的三个主体形成一个利益共同体，实现共同的经济目标和社会发展目标。

（2）投资各方互动机制。民族村寨旅游项目，涉及的货币资金投资者、政府和当地居民三个主体。投资各方互动机制，就是要明确三方面的关系，界定三方面的权利、职责及义务，以及履行义务的方式和条件，使系统的"生产者"和"利用者"之间各得其所，建立互信、互助的互动机制，以符合系统论"系统大于个体之和"的理论基础。

（3）利益分配机制。意指以投资和劳动为基础，以利益为杠杆，调节项目主体的价值取向和工作状态的机制，具有激励或约束各方积极性等作用。从经济学的角度来看，科学的利益激励机制，可以把外在的强制变为内在的驱动。从肇兴景区来看，利益分配机制必须做到激励当地居民保护和传承民族文化、货币投资者增加投资和改善经营的内在动力。从某种意义上来说，利益分配机制是经营模式的核心内容。

（二）文化生态系统

文化生态系统是指旅游村寨的主要旅游资源——传统民族文化本身及其产生、存在及传承发展所依赖的环境，以及环境各要素之间互相影响的机制。自

然生态系统由生产者、消费者和分解者三要素组成，具有传承、保护传统民族文化的"文化生态系统"则由以下三要素组成：传统文化的生产者——当地居民，传统文化的利用者——投资企业和政府，传统文化的享用者——旅游者。

自然生态系统具有演替的特性。当生态系统的任何要素发行变化，都必然导致系统的自发演替。民族村寨的文化生态系统也一样，三要素中的任何一个要素，无论是量上的变化，还是质的变化，都会导致系统的演替和突变。旅游村寨的开发经营，必须考虑如何调整系统三要素之间的关系，重构新环境下的文化生态系统，以保证系统向有利于旅游可持续发展的方向演替。

（三）理论提出

旅游开发中的民族村寨不断与外界交换信息、物质和能量，是一种典型的开放系统。旅游项目的经营不可避免地要改变传统文化生态中的诸多因子，诸如村民的生产环境、生活方式等，使整个系统处于一种远离平衡的状态，生产环境、生活方式等因子将自发地变化并超过其阀值，导致系统三要素从量到质的变化，最终导致系统的突变，进而形成一个新的并持久稳定的宏观有序结构。

在旅游开发热潮中的失控状态下，或商业模式不合理规划的情况下，民族旅游村寨的传统文化生态系统将受到剧烈影响。通过一系列作用机制，极有可能导致传统民族文化的逐步淡出，形成通俗化、同质化的村落文化，演替为全

新的稳定的村落文化生态系统。

要实现民族旅游村寨的可持续经营和发展，民族文化的传承与保护是前提。而这种前提，必须通过旅游商业模式的合理规划来实现。旅游商业模式的规模，就是要重构民族村寨的文化生态系统，使其从外界获得物质、能量和信息，形成保护和传承传统民族文化的自发机制，使其演替为旅游开发状况下的稳定的、良性循环的文化生态系统。

二、肇兴侗寨生态系统描述

（一）侗寨基本情况

肇兴侗寨位于贵州省黔东南苗族侗族自治州黎平县，是侗族地区最大的侗族村寨之一。占地18万平方米，居民800余户，4000多人，被称为"黎平第一侗寨"。肇兴侗寨四面环山，系一个东西走向的山间盆地，一条小河穿寨而过。寨中房屋为干栏式吊脚楼，全部用杉木建造，硬山顶覆小青瓦，鳞次栉比，错落有致，古朴美观实用。居民全为陆姓侗族，分为十二大房族，称为十二个"斗"。十二个房族分居五个自然片区，当地称之为"团"，即仁团、义团、礼团、智团和信团。

肇兴的民族文化丰富多彩、博大精深，引起了世界范围内的关注和兴趣。属于物质文化的包括民居、村落、鼓楼、花桥、萨坛、戏台等，属于非物质文化的包括民族音乐、侗款、侗戏、节庆习俗、生产生活方式、宗教等。

近年来，肇兴的旅游蓬勃发展，扮演了贵州省民族文化旅游的"旗舰"角色，其知名度也迅速攀升。1993年，肇兴被省文化厅命名为"鼓楼文化艺术之乡"；2001年，肇兴鼓楼群被列入"上海基尼斯世界大全"；2003年，国家文化部将肇兴纳入全国首批民族民间文化保护项目；2004年，以肇兴为中心的黎平侗乡风景名胜区被国务院批准为"国家重点风景名胜区"；2005年，在《国家地理杂志》发起的评选"中国最美丽的地方"活动中，名列第三；随后，又在"中国最美的乡村古镇"评选中，名列第四；2007年，被中国《时尚旅游》杂志和美国《国家地理旅行者》共同评选为全球最具诱惑力的33个旅游目的地之一；同一年里，还被国家建设部和文物局列为第三批中国历史文化名村。

（二）肇兴民族文化生态系统描述

类比自然生态系统，肇兴侗寨的民族文化生态系统也应由三个部分构成：

生产者：旅游村寨提供给世人的主要"产品"是特有的民族文化，包括他们的音乐、戏剧、生产方式、生活习俗、传统宗教、娱乐形式等等。没有这些具有明显差异性的文化产品，村寨就不成其为旅游目的地，就没有旅游开发的意义。

这种"产品",是村寨成为旅游目的地不可或缺的内容。文化生态系统的生产者理所当然应该是当地居民,他们只要有再生产文化产品所必需的物质和能量,享受着逐渐提高的生活水平,就会源源不断地生产出符合市场需求的文化产品来。

利用者:在文化生态系统中,有两类群体是文化产品的利用者,其一是从事旅游及相关项目的经营者,有企业,也有个人,他们希望通过文化产品的利用,获得自身的发展;其二是地方政府,希望通过文化产品的利用发展区域经济,获得税收。

享用者:享用者实际上是最高一级的利用者,其角色就是对生产者所生产的"原材料"进行高一层次的利用,使其还原为生产者进行文化生产活动所必需的再生产能力,这个过程称之为"享用"。文化生态系统的享用者应当是各种类型的游客,他们通过享用"利用者"所提供的旅游文化产品,为系统提供能量和物质——旅游收益,使系统得以完成"文化再生产"。

三、商业模式各要素对文化生态系统的作用机理

(一)肇兴现有旅游发展商业模式

(1)投资组合方式。目前,肇兴景区由一家旅游投资企业独家经营。该公司与县政府签订了投资经营合同,投资将原乡政府大楼改建成肇兴宾馆,并新建了艺展中心和停车场等设施,组建了消防、保卫、艺术表演等机构。

(2)投资各方互动机制。目前的互动机制可概括为"政府推动、企业经营、群众参与"。即政府作为产业发展的推动者,制订发展方案,投资基础设施,开展宣传促销,对景区进行规划管理;企业经营管理肇兴宾馆,提供饮食、住宿、文艺表演等服务;群众在必要时参与由政府牵头、企业资助的文化活动,少部分有条件的群众从事民居接待、餐饮、旅游工艺品销售等经营活动。

(3)利益分配机制。根据投资企业、政府及村委会三方签署的合作合同,企业本身通过提供饮食、住宿、文艺表演等服务获得投资回报;政府通过景区经营获得收益,因处于起步阶段,尚未征收门票和特许经营管理费,还没有任何收入;无论盈亏,企业以鼓楼为单位向当地居民分配经营利益,每个鼓楼的收益以一万元为基数,每年按一万元的幅度逐年递增。

(二)现有商业模式对传统文化生态系统的作用机理

(1)对系统"生产者"的作用机理。因为未对作为系统主要产品的传统民族文化进行资本化,系统的生产者没有成为景区经营项目的投资主体和收益的分配主体,其生产产品——传承民族文化的积极性没有利益驱动,也没有契约上的制约。再加上强势文化的侵入,当地居民根本就无法培育和保持自己固

最大侗寨肇兴（摄于2013年11月）

有的文化认同感和自豪感。在村寨旅游发展上缺乏主人翁精神，普遍认为传承民族文化是在为外来投资者尽义务，增加外来投资者的收入，与自己的利益无关。这样，"生产者"的生产能力将大为降低。另外，随着过境的"厦蓉高速公路"和"贵广快速铁路"的建成通车，将迎来一个游客蜂拥而来的"井喷"发展时期，大量的游客涌入村寨，使系统的"利用者"无力提供足够的饮食、住宿等服务，便会有大量的"生产者"自发地转变角色成为"利用者"。这样，"生产者"的数量将急剧减少，系统将在不远的将来实现"突变"。一旦"突变"，村寨的民族文化将完成由"独特化"向"通俗化"或"同质化"的演替，部分或完全失去吸引"享用者"所必须的"文化差异性"，肇兴景区将成为徒有鼓楼花桥吊脚楼、没有人文内涵的"空壳"景区。

（2）对系统"利用者"的作用机理。系统"利用者"包括投资者和地方政府。目前，政府对促进旅游发展的心理可以四个字来描述：心急如焚。基础设施建设、宣传促销、品牌打造等，全由政府一肩挑了起来。单纯从投资回报考虑，投资企业的一般选择必然是维持低投入、低成本、高回报，坐等市场发育，并限制其他企业进入同一景区，以维持垄断性，追求在可预期的未来获得超额回报。这种选择与政府的区域、产业发展战略背道而驰。因为发展目标的不一致，势必演变为政府与投资企业之间的矛盾。按照政府与投资企业的协议，企业每年以鼓楼为单位与居民分成，从 1 万元 / 鼓楼逐年增加到 50 万元 / 鼓楼，前 10 年的收入相当低，居民个体感觉不到收入的增加，只有极少部分居民从经营民居接待、餐饮及旅游商品销售等业务中实现了收入的增加。在居民看来，他们是所有的旅游资源的主人，还要履行各种保护旅游资源的义务，却仅从旅游发展中得到微不足道的实惠，心理上自然就不平衡，与投资企业之间不可避免地要出现隔阂。 与此同时，根据景区规划、经营的要求，当地居民又受到了来自政府的种种限制，尤其在改善居住条件等方面，自然而然地对政府产生了一些抵触情绪。这种情形如果任其发展下去，势必形成政府、企业与居民之间互相猜疑、互相抵触的格局。这种格局一旦形成并得以持续，"生产者"完全失去生产传统文化产品的积极性和自觉性，其所提供的"产品"将远远不能满足"利用者"发展旅游的需求，最终导致系统利用价值的丧失。

（3）对系统"享用者"的作用机理。随着系统"生产者"的减少，生产能力的迅速下降，作为系统"享用者"的游客也将逐渐失去光顾该村寨的热情和兴趣，"生产者"和"利用者"都将得不到足够的物质和能量——旅游收益，进而失去发展文化旅游的条件。

以上三个机理全部作用或部分作用，都势必导致文化生态系统的演替。这种演替积累到一定程度，必然导致整个文化生态系统的崩溃，使民族村落迅速演替为同质化、通俗化的普通村落，建立新的系统平衡。人类历史发展的规律表明，这种演替是单向的，新的平衡一旦建立，就不可能回到原来的平衡状态。

四、重构文化生态系统的基本要求和途径

（一）维持系统"生产者"的生产能力

一个稳定的生态系统，必须拥有足够的生产者，才可能满足一定数量的"利用者"和"享用者"的存在。同样，民族村寨这样一个"文化生态系统"，其具备旅游开发价值的前提也是拥有足够的生产者——热衷于保护和传承传统民族文化的当地居民。毫无疑问，让足够数量的当地居民保持传承和保护传统民族文化，是传统文化生态系统得以延续的前提和基础。

要让当地居民甘于担任民族文化"生产者"的角色，避免其外出打工或转变角色而成为生态系统内的"利用者"，就必须采取经济杠杆，通过对门票收入、特许经营管理费的合理分配，使其获得稳定的回报，以维持该系统的足够的"生产能力"。唯其如此，才可能保持民族文化旅游的可持续发展。

（二）调整系统"利用者"的数量与质量

调整系统"利用者"的数量和质量，主要针对投资者而言。此处所说的控

制，包括前期设法增加数量和后期限制数量两方面。无论是增加数量，还是限制数量，都应通过设定准入门槛来实现。目前的当务之急是打破垄断的同时设定准入标准，让更多的符合现代旅游发展要求的企业进入景区，按照科学的规划开展旅游项目的经营，使系统获得必要的物质和能量。

另外，可考虑在传统村寨附近建立商业缓冲区。要延缓迅速增长的"利用者"对文化生态系统的负面影响，商业缓冲区的建立显得十分必要。商业缓冲区，以承载传统村寨旅游开发所必须的商业、行政功能，将商业元素尤其是规模投资企业屏蔽在传统村寨之外，同时还可以部分满足民族文化"生产者"改善居住条件的需求，缓解"生产者"与"利用者"发展诉求上的矛盾。

（三）控制系统"享用者"的规模

一定数量的"享用者"是文化生态系统完成传统文化"再生产"的保证。一般的做法是加大宣传力度和基础设施建设力度，提高景区的知名度，改善景区的可进入性，增加游客的数量。

对于肇兴来说，必须预见到"厦蓉高速公路"和"贵广快速铁路"贯通后，游客蜂拥而入的"井喷"时期将会迅速到来。过多的游客将使景区不堪重负。景区内其他景点的开发也迫在眉睫，将有利于分担肇兴单一景点的负荷。另一方面，要提高景区的市场定位，将客源市场定位在高端市场，既稳步增加游客的数量，保证单个游客提供物质、能量的能力，又使其不至于超过负荷。

五、重构肇兴侗寨传统民族文化的商业模式思考

（一）投资组合方式

投资组合的目的，是建立一种合理的资产核定方式，有效地整合社会资源，使文化生态系统的"生产—利用—享用"三要素处于良性循环状态。因而，这种组合必须以一种科学合理的商业模式来实现，即在正确评估各方价值的基础上，以股份制的形式成立由系统的"生产者"和"利用者"共同组成的经营主体，双方共同分配"享用者"向系统提供的物质和能量。

投资者投入的货币资金固然是投资的重要部分，用于必要的旅游设施的建设，以及经营所必须的流动资金等。与此同时，投资者带来的先进经营管理技术也可以作为投资的一部分。

按照我国现行宪法，景区资源为国家所有。基础设施建设则属于景区经营范畴，景区资源的经营收益应由政府获得。政府的行政支出作为公权的一部分，将从税收获得回报，不能作为投资来看待。

景区资源的国有性质，不能排斥当地居民的经营主体地位，毕竟民族文化

旅游是由当地居民祖祖辈辈创造、积累下来的，并有赖于继续传承和发扬光大。少了当地居民的参与，这种资源也就无从谈起。因而，必须明确居民在景区资源方面的收益地位。只有这样，当地居民才具有传承传统民族文化的热情和义务。

（二）项目各方互动机制

确定了旅游项目的投资主体，相应就应该界定投资各方的权利和义务，让各方都明确自己的投资者身份，清晰自己的职责。货币资金的投资者，如果是同类项目的经营者，应以其为核心组建经营管理班子。如果是单纯的投资者，则应由投资各方共同聘请专业人员，组建经营管理班子。无论怎样组建起来的经营管理班子，必须对所有的投资者负责，对货币资金、民族文化及基础设施等一视同仁，不能轻此薄彼。要有大局观念，有长远观念，维护整个系统的稳定和合理演替，追求项目整体价值的保值升值，绝对不能单纯追求某一部分价值的短期增长。

政府具有基础设施建设者和市场"守夜人"的双重身份，这两种身份必须完全分离开来。其"守夜人"角色属于公权性质，公权的行使由政府或相关执法部门来完成，负责维护利用者利益和市场秩序，保证旅游市场的可持续健康发展；政府作为投资者的身份则由风景管理部门来履行，根据有关法律法规为项目的经营发展提供各项相关服务，并获得相应的回报。

民族文化的生产者——当地居民，其首要职能是全面传承和发展民族文化，大力维护项目的盈利基础和经营价值。要有效地履行这一职责，必须将当地居民有效地组织、发动起来，使保护和传承民族文化成为其常态、自觉的行

作者2009年在侗寨考察

2013年11月，作者（右一）与家人在肇兴侗寨考察

为。在目前的市场经济体制下，村、组组织机构的职能已高度弱化，其组成人员的自然人属性远大于法人属性，个人属性远大于集体属性。因而，要充分尊重侗族社区延续了上千年的自治传统，组建以"寨老"、"族长"为主体的旅游发展协会或其他非政府组织，实现对居民的组织和管理，规范居民的行为。

（三）旅游收益分配机制

货币投资者追求投资回报最大、投资回收时间最短，这是无可非议的，但任何要求和目标都必须适可而止。民族村寨经营作为典型的长线投资项目，追求短时间的暴利是不现实的，也是对旅游行业健康发展的极端不负责任。投资企业必须有"双赢"、"多赢"的概念，同时谋求项目各方利益的最大化。

根据国家《风景名胜区管理条例》，投资企业的收入来源是其项目经营的收益，政府的收益则是景区经营的收益。景区收益可从门票收入和管理费收入中获得。

居民的收入关系到其传承民族文化、参与旅游活动、维护景区秩序的积极性，必须慎重对待。作为生产者，不直接从事经营行为，可通过两种形式获得收益：其一，将民族文化资本化，核定其在旅游项目中的份额，利益共享，风险共担；其二，从维护文化生态系统的稳定性出发，必须维护生产者收益的"刚性"，同时也落实其作为景区资源生产者的应得的回报，宜从景区经营收益中分配一定份额。唯其如此，才能建立当地居民与政府之间的互动、互信机制，树立当地居民传承民族文化的自觉性，培养其民族自豪感和认同感，使景区的核心价值生生不息，永葆活力，才谈得上构建一个稳定的、良性循环的文化生态系统。

第五节　侗家人保健品——甜茶的开发

黎平侗人食饮甜茶历史悠久，种植和保护甜茶树养成习惯。1975 年，经中国科学院地球化学研究所资源环境测试分析中心对甜茶叶进行测试分析得知：甜茶叶含有用于人类抗衰老、抗癌症的微量元素，其中含硒 11.2%，含锌 19.9%；蒸处理过后含硒 11.2%，含锌 21.9%。同时分析测试报告结果显示：甜茶叶的水鲜氨基酸十分丰富，都是人体生命所必需。蛋白质 7.39%，总糖 1.92%。这一检测结果证明：甜茶叶不仅具有饮用价值，而且对疾病具有辅助治疗的药用价值，如抑制和治疗"三高"（高血压、高血糖、高血脂）、糖尿病、肥胖症、衰老症、癌症等出乎意料的效果，引起了社会各界的广泛关注。

甜茶树又叫多穗石栎，甜茶树的叶被侗族人民习惯称为"甜茶"。分布于我国长江流域以南各省区。印度、泰国亦有。需要指出的是，甜茶树的"甜茶"与另一种也被侗族人称为"甜茶"的植物不是一个种，后者为草本。这里研究的是指甜茶树的"甜茶"。

黎平县处于长江、珠江两大水系的分水岭，境内有较大干流亮江河、洪州河、双江河、孟彦河、南江河、育洞河 6 条，较大支流 78 条，河流总长 3480 公里。林业是黎平的传统产业早在清乾隆四年（1739），黎平开始人工造林，乾隆四十二年（1777），黎平境内"两岸杉木映印，一江巨筏长流"。木材畅销江淮两广。黎平人民积累了丰富的营林经验。由于黎平森林覆盖面积大，原始林和次生林木多，因而野生甜茶树资源丰富。一般称为甜茶。

"甜茶树"是我国 80 年代初药物调查时才开始发现的蔷薇科悬钩子属植物的一个新品种。分布于九万大山地区（包括大苗山和大瑶山），在侗族聚集区也有分布。甜茶在民间应用已久。因其甜度高，口感纯正，无异味，过去少数民族常用来代糖加工食品（每千克干叶粉相当 10 ~ 15 千克蔗糖的甜度），民间入药仅限补肾降压。近年来因其甜度高、热量低，糖尿病和肥胖者常用于代糖服用。由于功效众多，被誉为"神茶"。广西将其与罗汉果、合浦珍珠、广西香料等并列为十大名品。据广西技术监督局分析测试研究中心等单位测试结果证实：甜茶叶含 18 种氨基酸，每 100 克干品含氨基酸总量 331.54 毫克；含微量元素成分主要有钙 0.84%，锌 105.5 毫克 / 千克，硒 17.2 微克 / 千克，锗 5.5ug 微克 / 千克、还含有钾、镁、磷、铁、钠、铜、铬、锂。

据研究，甜茶树特别能吸收土壤中的硒，所含的硒、锗元素，均优于一般绿茶和苦丁茶；还富含 Vc、Vb1、Vb3、超氧化物歧化酶，特别是鲜叶中含维生素 c 的含量达 115 毫克/100 克。其主要甜味成分为甜叶悬钩子苷，在干叶中含量达 3%～5%，甜度为蔗糖的 114～300 倍(最佳采收时间为 7～8 月份，过早采摘影响甜度)。20 世纪 80 年代初，日本专家田中三郎等考察甜茶时就说过："甜茶的口味人们最容易接受，是世界上难得的高级甜味剂。"甜茶性味甘、平、无毒，具有抗癌、抗衰老、增强免疫力、清热生津、润肺利咽、祛痰止咳之功效。用于对癌症、阴虚燥咳、咽干口燥有显著疗效，并对糖尿病、肥胖症、体弱多病、高血压等均有辅助治疗作用。甜茶叶根还有止血、消肿生肌之功效，是伤口生肌良药。治疗暑热烦渴，可用甜茶配绿茶泡开水饮用。甜茶配伍菊花、决明子、山楂、丹参、何首乌等煎服，可治疗老年肥胖高血压。

日本对甜茶进行过深入研究，据《中国保健食品》杂志 2003 年 8 月报道，日本三得利公司是供应我国甜茶原料的公司，自 1995 年起就经营甜茶提取物。由于蔷薇科悬钩子属的甜茶中含有 god 型鞣花单宁，对花粉性鼻炎过敏症尤为有效，在 1999 年的日本过敏反应症学会上该公司公布了甜茶有缓解预防花粉症状的研究成果。每到樱花盛开的季节，那些因花粉过敏而致鼻炎、咳喘的人就以寻求中国的甜茶作为防治花粉过敏和祛痰的保健原料，其保健功能得到认可。甜茶在日本的糕点甜食中的需求量很大，在健康食品方面的用途和市场交易量也在明显增加。为此三得利公司决定，今后将甜茶提取物制品不局限于花粉症的季节生产，将常年性地组织生产和销售。目前日本已有数家生产厂以广西甜茶作为防治花粉过敏症的保健食品推向市场，每年从广西进口数百吨甜茶，有的制成甜茶丸，每克售价 20～100 日元，有的制成颗粒，每瓶 180 粒，售价达 3800 日元，出口到欧美国家。

研究人员还发现，甜茶提取物的化妆品可改善皮肤的瘙痒，并抑制皮肤及血管壁内透明质酸的下降，间接地湿润皮肤，并能防止由于年龄增加而并发的动脉硬化，改善关节炎（在欧美也开始应用）。日本资生堂用甜茶提取液制成"欧珀莱—柔和洁面膏"，用于抑制透明质酸的分解，使肌肤保持弹性；香港某公司也开发一种"甜茶靓白面膜"，防止皮肤衰老。广西科技厅早在 90 年代初就组织进行甜茶研究，结果发现甜茶不仅具有上述功能，还具有清火和降脂的特殊效果。广西科技人员在研究工作中发现甜茶的降脂作用和清火作用相当强，口腔溃疡喝一袋甜茶即可，可作为保健食品开发。并已经从中分离出抗花粉过敏的 god 型鞣花单宁物质。甜茶甜贰分子结构与甜叶菊有别，并有民间长期安全服用的历史。广西在《广西中草药资源开发利用规划及实施方案的研究》中建议将甜茶作为我国新型的天然甜味剂开发，多年来先后组织原料和半成品出口日本，并能提供从原叶—袋泡茶—浸膏—喷干粉—甜甙共五个样品。

以通用的袋泡茶形式防治花粉过敏症为例，一天三袋，每袋 1.5 克，每人日用量 4.5 克。每袋冲泡三次，按汤药头煎 30%、二煎 15%、三煎 5% 的利用率计算，有一半的资源是被浪费掉了。如果将甜茶加工成粒径小于 100 微米（300～800 目）的粉末直接服用，其用药量只相当于常用量的 20%～30%，也就是说只要 1～1.5 克就行了。除了节约资源，其最大的特点还在于原汁原味，即保持中药的基本特性（四气、五味、归经、功效）不变；保持一味中药就是一个小复方不变；保持中药的多效性和多部位、多靶点综合调节的特色不变。因为颗粒小、对肠胃的黏附作用加强，中药粒子在肠内停留时间会增长，也有利于药物吸收。对于贵重的、资源匮乏的药材，采用微粉技术比采用提取物可保留更多的活性物质，明显提高生物利用度，又不用加辅料就可以装胶囊服用，还可节约成本。因为 1 千克甜茶微粉相当 15 千克蔗糖，可直接作为甜味剂使用，比提取物的保健功能更好。鉴于我国甜味植物品种较多，仅广西民间传统利用的其他甜味植物叶子的就有多穗石柞叶、蛇葡萄嫩叶、甜叶算盘子嫩叶、野甘草（又称冰糖草）嫩叶，此外还有引种的甜叶菊等等。它们都具有各自不同的药用功能，只要上网一查，就可查到名叫"甜茶"的数百条信息，但再细查学名和植物科属时就知道它们跟"甜茶树"有本质的区别。

黎平县的现代地理环境十分优越，誉称为"神奇之地"、"金不换的宝地"。处于中亚热带，贵州高原东南缘向东南丘陵和广西盆地过渡地段，西高东低的群山地貌，静风而冬无严寒，夏无酷暑，无霜期长，太平洋暖湿气流逐步抬升而雨量较丰且较均匀。由于地质年代长期隆起而出露地层最为古老，多为前震旦纪浅变质的碎屑岩(包括变质砂岩、浅变质的板岩、变余砂岩、变余凝灰岩)为主，发育厚度达数千米。在这样的地质构造上形成的土壤，土层深厚，土质疏松，持水能力强而终年保持湿润，微量元素丰富，特别是含硒量高于其他地区许多，宜林程度最高，是我国乃至世界上最为优良的山区林业发展之地，可以建成中国社会主义新林区的典型样板——林业特区，成为我国林业的"金三角"。所以，种植和发展甜茶是有条件的。

第六节 乌饭树价值考

一、乌饭树

乌饭树又名南烛，是杜鹃花科越橘属灌木树种。乌饭树在侗族地区有着悠久的应用历史，无论是作为食品，还是作为药物，都是很有特色的。侗人用乌饭树叶泡水得出的汁，用来浸泡糯米，蒸煮熟后成油黑发亮色的饭，侗人称乌饭。也有人称牛饭，是指食用之后，将健壮如牛。侗人还用乌饭树叶和果种治痢疾，用嫩芽叶当茶饮，可提神。

二、侗族乌饭节

乌饭是侗族民间传统的保健食品。时至今日，每年农历三月初三或四月初八，侗家人都要蒸煮乌米饭，侗族称之为乌饭节。如黎平县岩洞镇竹坪侗寨将每年农历四月初八定为"敬牛节"，家家户户都要蒸乌饭，并集结上山去"敬牛"。由于乌饭既有补益作用，又很可口，深得侗人的喜爱，人们也常蒸些乌饭送给亲友。有的侗人还用乌饭来喂牛，认为牛食用以后才会健壮，才可以开始新一年的耕作，而且再多的田也能耕好。还可用乌饭来酿酒，这种酒称作乌饭酒，是上等佳酿，色黑绵软，甘甜圆润。

三、本草著作中有关乌饭的记载

乌饭制作是在梁代（公元6世纪左右）我国早期药物学家陶弘景在其所著《登真隐诀》中就已经有了比较详细的记载："以生白粳米一斛五斗舂治，渐取一斛二斗，用南烛木叶五斤，燥者三斤也可，杂茎皮煮取原汁，极令清理冷，以溲米，米释炊之，从四至八月末，用新生叶，色皆绿，九月至三月，用宿叶，色皆浅。可能时进退其斤两，又采软枝茎皮，于石臼中捣碎，假令四、五月中作，可用十许斤熟舂，以斛二升汤浸染得一斛也，比来只以水浸一二宿，不必用汤，漉而炊之，初米正作绿，蒸过便如绀色，若色不好，亦可淘之，更以新汁炊之，惟令饭作正青色及止。高格曝干，当三日蒸曝，第一辗以青法溲令。每日可服二升，勿复血食，填胃补髓，消灭三虫……"

《上元宝经》云："子服草木之王，气与神通，子食青烛之津，命不复殒，此之谓也，今茅山道士也作此饭，或以寄远，熏蒸过食之，甚香甘也。"

唐代陈藏器所著《本草拾遗》中说："取南烛茎叶捣碎，浸汁浸粳米，九浸九蒸九曝，米粒紧小，黑如瑿珠，袋盛，可适远方也。"

《日华子本草》中也说："乌饭草，益肠胃，持浸米晒，干服，又名南烛也。"

在宋代《开宝本草》中，对乌饭制作也有与《本草拾遗》相似的描述，并强调其具有"坚筋骨，能行"等强力健体的作用。

李时珍在《本草纲目》中说："采其叶，渍水染饭，色青而光，能资阳气，谓之青精饭。"

从以上的引述中可以看出，乌饭为历代本草学家所熟悉，并已有约2000年的历史。它不仅作为普通食品，而且具有一定的保健功能，尤其具有滋补强壮、抗衰老的作用。

四、本草著作中有关乌饭树药效的介绍

乌饭树除了作为保健食品用以外，还有一些独特的药用功能，因此是一种药食兼用的植物。

唐代陈藏器所著的《本草拾遗》中首次指出："南烛枝叶，味苦平，无毒，止泄除睡，坚筋益气力，久服轻身长年，令人不饥，变白去老。"

宋《本草图经》附有唐代孙思邈所著的《千金月令》中南烛煎一方云："南烛煎，益须发及容颜，兼补暖，三月三日采叶并蕊子，入大净瓶中，干盛，以童子小便浸满瓶，固济其口，置闲处，经一周年取开，每用一匙，温酒调服，一日一次，极有效验。"

《太平圣惠方》中也有关于南烛的附方，一方是春夏取南烛子枝叶，秋冬取以根皮，细锉五斤，水五斗，慢火煎取二斗，去渣，净慢火煎如稀饴，瓷瓶装之，每温酒服一匙，日二服，久服轻身明目，黑发驻颜；另一方是入童子小便同煎，功效同上。再一方，用南烛根烧研，熟水调服一线即下，专治误吞铜铁不下。

李时珍在《本草纲目》中加以推荐。他对南烛果实也作了介绍："南烛子酸甘平，无毒，坚筋骨，固精驻颜。"

清代著名医学家沈金鳌在其所著《要药分剂》中对南烛枝叶和果实的功用作了进一步的说明："《纲目》于南烛枝叶载有止泄、除睡、变白三条，而子载有固精，驻颜二条，其强筋，益力，子与叶同，此殆互文，非若他药之主治，或子或枝或叶有绝不相同，余尝以南烛子治痢血日久，次治饭后瞌睡，可知止泄、除睡、不独枝叶为然也。又尝以子治痢血，日久疟，亦效，此为本草所未及者，曾制一方，用南烛为君，制首乌为臣，谷芽生售各半，除疟加用，加入

痢加黄连、木香、诃子，久泻加山药、建连，除睡加益智、远志，痢血加黄连、槐花、当归、地榆、真是如斯响应。"

古书中记载了乌饭树的叶和果实都有用途，既能保健，又具有治疗作用，是一种很有研究和开发价值的野生植物。

五、现代对乌饭树及其同属植物的研究

乌饭树属于杜鹃花科越橘属，是该科内一个比较大的属，全世界约有 400 多种。美国、加拿大、德国、法国等从 20 世纪 40 年代开始对本属中的多种植物进行了开发性研究，不少种类已经成为重要的水果和药物。例如对我国新疆有分布的黑果越橘颇为重视，认为其中的花青素是一种很有医疗价值的成分，对于人体的血液微循环有很好的调节作用，特别在疏通血液方面有明显功效；对心血管系统的疾病有很好的防治作用；对眼血管疾病及糖尿均有很好的疗效。直到现在这种植物制成的药物，仍是欧美各国十分重视而且需求量很大的药品。在我国东北地区，有一种分布广、蕴藏量大的该属植物越橘。目前已用其果实生产饮料，也从果实提取出天然红色素——越橘红，供食品工业应用。

乌饭树是该属中在我国分布最广、蕴藏量最大的一种。主产西南、华南、华中至华东地区，常分布在丘陵地带或海拔 400 ~ 1400 米的山地，常见于山坡林内或灌丛中，是酸性土（红壤）上的指示植物。整个侗族聚居区域都有分布。

据报道，乌饭树的枝叶含有花青素、无羁萜、无羁萜醇、槲皮素、异荭草素、对羟基桂皮酸、内消旋肌醇及卅一烷、鞣质等。果实含糖分 20%，游离酸 7.02%。乌饭树的枝叶渍汁浸米可以煮成黑色的乌饭，这是因为其中含有天然黑色素的缘故。这种黑色素在实验中已经取得，但尚未在生产中应用。对这种黑色素的成分组成，看法不一，有人认为主要是环烯醚萜，也有人认为主要是靛类色满氧杂萘满。不少学者还认为其枝叶的色素与同属其他种植果实中的色素相近，为多种花色苷类。众所周知，天然色素对当代人类生活有着特别重要的意义，而天然黑色素则更加难找。在食品工业和制药工业方面都是很需要的。最近研究表明，乌饭树色素的染色并不只限于米粒。这种天然黑色素不是仅仅作为一种色素而存在，其所含的花色苷还是一种很好的药用成分，因此有着广泛的开发利用价值。

侗乡的乌饭树资源非常丰富，乌饭树所具有的保健治疗作用，是侗族人民对乌饭树长期应用实践的结果。期待在不久的将来，乌饭树的开发利用为国民经济和人民的健康做出重大贡献。

第七节　侗族生态环境的自我保护意识

随着改革开放的不断深入，国家高度重视生态环境保护与建设工作，采取了一系列有效的战略保护措施，加大了生态环境保护与建设力度，一些重点地区的生态环境得到了有效保护和改善。但由于中国人均资源相对不足，地区差异较大，生态环境脆弱，生态环境恶化的趋势仍未得到有效遏制。因此，我们侗族原生态也受到一定的冲击。

一、侗族人的原生观念

根据侗族人古歌追溯，侗族早先生活于珠江中下游的水乡泽国，那里有宽宽的田坝，密密的江河，但田在高处，水在低处，侗族先民不知道怎样引低处的水来灌高处的苗。《根源歌》唱到："要问我们侗族的祖先，当初住在什么地方？当初我们侗族祖先，住在那梧州一带；当初我们侗族的祖先，住在那音州河旁。梧州地方田坝大，音州地方江河长。可惜真可惜，田地都在高坎上，引水不进田，河水空流淌。茫茫大地棉不好，宽宽田坝禾不旺。女的吃不饱饭，男的缺衣少裳。怎么办呀怎么办？公奶商量定主张，这个地方不能住，另外去找幸福的村庄。"为了寻找高处的水，所以侗家祖先开始了历史上最为悲壮的迁徙。在侗族文化长河里，山和水不仅仅是一种物质存在，而是一种具有象征性和隐喻功能的文化符号。在《人类起源歌》里，水是侗家人关于生命的来源："起初天地混沌，一片荒芜，世上还没有人，遍地是树蔸。树蔸生白菌，白菌生蘑菇，蘑菇化成河水，河水里生虾子，虾子生额荣，额荣生七节，七节生松恩。"作为最早人类的松恩就是从"山林"、"河水"的母体中诞生的。侗族先民认为，人类祖先是由树蔸、白菌、蘑菇、虾子等混沌原始生物衍化而来的，其实也就是从山林和河水中诞生的，人类先祖与山林、河水存在一种血水相连的亲缘关系，即山林、河水是人类的"本源"和"母体"，是生命最初的来源。

侗族古歌还说，姜良姜妹开亲后生下一个肉团团，姜良一气之下，将肉团砍碎，到处抛撒，"肉团里的血水，流进大河与大江，血变成汉族，汉族住在大江大河旁。肉团里的肉，有硬也有软，肉变成侗族，侗族住在依山傍水的地方。心、肠、腰、肺变成瑶族，瑶族穿的是花衣裳。骨头硬，像青冈，骨头成苗族，苗族住在高高山顶上。"

依山傍水作为一种生态存在，已经融入侗家人的生命意识和生存实践中，既是侗族生态经验的折射，更是侗族文化的一种选择和表达方式。侗家人居住要有树，种田要有水。正因如此，侗家人注定要与山水有不解之缘，他们不得不具备严格的自我环境保护意识，只有这样，侗家人的子孙才得以繁衍、生存和发展。

二、侗族人的特殊组织形式

俗话说："靠山吃山，靠水吃水"。当然，自觉是有限度的，没有规矩不成方圆，没有规章制度及行为规范的约束不可能管理社会和管理自然。"款规款约"就是传统侗族社会对自然自我保护的典范。这些民间规约，对违章挖山、砍树、挖笋、毒鱼（用药毒鱼）都有非常严格、具体的处罚措施。而且多半是各村各寨自己制订，自己处理。如砍一棵树要补种若干棵树，在本寨河里毒一次鱼要向全寨公众检讨等等，在私人田里毒鱼也一样。而且这种处罚多半是由本家或本房族的父老或兄弟监督执行。这样，既教育了本人，也教育了群众。为维护族人的尊严，执行起来也十分严格。除了"人督"之外，还有"神督"。如某人砍伐了一棵"神树"（风景树），一旦此人生病，大家就认为他是得罪了"树神"，是"树神"给予他的惩罚。这种无时不在、无影无踪的"神督"比某时某地、可见可避的"人督"厉害多了！这在一定程度上保护了大自然原生态模样。这也是侗家人聚居区自然环境得以保护的一个重要原因。为了更好保护生态环境，笔者认为可从以下几方面入手：

（1）原有的"款规款约"除应保留其民间约束力外，还应使其具有公约和成文的法律效力。

（3）就相关环保内容加强宣传。如以文艺下乡、侗戏、侗歌、举行重大节日纪念活动等。

（3）加大旅游业的开发与推广，用经济效益来调动人们对侗族地区原生态的自我保护意识。

三、侗族居住的地理环境

侗族主要分布在贵州省、湖南省及广西壮族自治区交汇处。根据 2000 年第五次全国人口普查统计，侗族人口为 2 960 293 人。

侗族自称"Gaeml"（发音近似于汉语的"干"、"伋"或"更"字），依据联合国倡导的"名从主人"的原则，国际标准译名为"Kam"、"Kam People"。侗族的名称，最早以汉字"仡伶"记侗语自称见于宋代文献。明、清两代曾出现"峒蛮"、"峒苗"、"峒人"、"洞家"等他称。新中国成立后统称侗族。民间多称"侗家"。

侗族使用侗语，属汉藏语系壮侗语族侗水语支。侗语分南、北两大方言。原无文字，沿用汉文，1958 年创造了用拉丁字母拼写的侗文方案。现在大部分仍通用汉文。

侗族地区的人文生态及自然生态保护得相当完好。如贵州省黔东南苗族侗族自治州黎平县双江乡黄岗村，是一个拥有 1600 多人的纯侗族村寨。黄岗村位于黎平县与从江县交界之地，全村清一色的双层木楼，五座鼓楼耸立其间，保持了较多的原生态文化、空间结构较完整的典型侗族村寨。这里的侗人主种糯稻，稻田养鱼，不用化肥和农药。收割不用镰刀而手摘禾；碾米不用机械而用舂米；吃饭不用筷子而用手指；厕所不在室内而建在鱼塘上；谷仓不在家里而在寨外。黄冈是迄今为止发现的中国稻作文化原生态保持最完整、最原始的第一寨。在独特的自然环境与人文环境的相互作用之下，形成了一个独特的人类生活模式。

四、侗族人独特的生产、生活方式

侗族人主要从事农业，兼营林木。林业以产杉木著称。以生产粳稻为主，并选育栽培有本民族独特优质的水稻品系——"香禾糯"（Kam Sweet Rice）。侗族人善用稻田养鱼，创造和传承了以"稻鱼鸭共生"为特点的侗乡有机农业文化遗产。鼓楼、风雨桥、凉亭是侗族村寨的主要标志。风雨桥因桥上建有长廊可遮蔽风雨而得名。黎平县著名的地坪风雨桥，被定为国家级重点文物保护单位。桥上建有三座多脚宝塔，通道两侧有栏杆，形如游廊。桥梁结构不用一根铁钉，只在柱子上凿穿洞眼衔接，斜穿直套，结构精巧，十分坚固，令人叹为观止。这些建筑形式符合原生态的环境，符合自然发展规律。

五、侗族的风俗习惯

侗族人民以大米为主要食物，原来以糯米为主，现则多食籼米，有客人则以糯米款待客人。这些也是侗家人保留原生态的一种方式。侗族人普遍喜食辣椒和酸味，侗人自行加工的"腌鱼"、"腌肉"贮藏十数年而不坏。用油茶待客是侗族人民的一种习惯。

侗族的村落依山傍水，以南部地区最富有特色。村头寨尾多蓄有古树，又是风景树，它不仅可以防旱、乘凉，还可以净化空气。溪流上横跨"风雨桥"，可供人们遮风挡雨。寨中鱼塘密布，可以养鱼放火。侗人喜欢按族姓聚居，鼓楼耸立其间。传统侗寨民居都是"干栏"房，楼上住人，楼下关养牲畜和堆置杂物。侗族人大多都能处理好自家的垃圾，每到节日则统一打扫环境卫生。

侗族的丧葬习俗一般如同汉族，行土葬。个别地区还有停葬习俗，人死入殡后将棺材停放在郊外，等本族与死者同年同辈的都死亡以后才一同择日安葬。

20 世纪 70 年代以前，所有侗家儿女、村村寨寨每天晚上都可以听到人们练习或演唱大歌的声音，每逢节日鼓楼里都有男女青年对唱大歌的活动，几乎人人都会演唱大歌。现在，会唱大歌的青年男女已经为数极少。

六、建立侗族自然保护区是维护原生态环境的良好途径

建立自然保护区是保护侗族原生态环境和自然资源最重要、最经济、最有效的措施。侗族地区生态保护涉及领域广泛，制定政策和措施需要大量的基础数据和信息。目前我国生态保护科研力量有限，尤其是生态监测尚处于起步阶段，信息不足，渠道不畅，难以为管理提供良好的支撑作用，为此，建议采取如下两点措施。

（1）建立健全原生态法律保护体系。制定有关生态保护、生物安全、土壤污染等方面的法律，制定生态环境质量评价、生态脆弱区评估、自然保护区管理评估、生态旅游管理等法规和标准。把生态环境保护和建设纳入国家法制化管理体系之中，加大对生态破坏案件的查处力度。

（2）大力开展生态保护宣传教育。加大生态环境保护宣传力度，弘扬环境文化，倡导生态文明，努力营造节约自然资源和保护生态环境的舆论氛围。加强对各级领导决策者的培训，开展全民生态科普活动，提高全民保护生态环境的自觉性。

总之，侗族有许多的自我环境保护意识。这些传统意识对侗族地区生态环境保护曾产生极大影响。如果保护意识上升为大家共同遵守的法律规章，那效果将会更好。

🔶 我们的文化家园（左一为本书作者邓敏文先生）

第八节　肇兴侗寨绿化规划设计构想

一、肇兴侗寨概况

肇兴侗寨位于贵州省黔东南苗族侗族自治州黎平县，是黔东南侗族地区最大的侗族村寨之一。占地 18 万平方米，居民 800 余户，4000 多人，号称"黎平第一侗寨"。肇兴侗寨四面环山，为一个东西走向的山中盆地，一条小河穿寨而过。寨中房屋为干栏式吊脚楼，鳞次栉比，错落有致，全部用杉木建造，硬山顶覆小青瓦，古朴实用。肇兴侗寨全为陆姓侗族，分居五个自然片区，分为仁团、义团、礼团、智团、信团 5 个团。全寨共有 5 座鼓楼，5 座花桥和 2 座戏台，分别属于 5 个团。

肇兴侗寨是黎平侗乡风景名胜区的核心景区。由于侗族音乐文化、建筑文化等在世界范围内的广泛传播，肇兴侗寨在世界旅游市场上也声名鹊起，海内外游客纷至沓来。近几年来，肇兴先后获得"中国最美丽的地方"、"中国最美丽的六大乡村古镇"、"全球最有诱惑力的旅游目的地"等称号，正逐步成为的贵州省民族文化旅游的"旗舰"。

肇兴位于黎平县的南面，属都柳江水系。从气候特征来看，肇兴属典型的南亚热带气候。年平均气温 16.5℃，最高气温 36.5℃，最冷的时间为 1～2 月，月均温分别为 4.3℃和 5.6℃；最热的是 7～8 月，月均温分别为 25.9℃和 25℃。降雨主要发生在 5 月和 6 月，其次为 4、7、8 月，其他月份有零星降雨，年降雨量 1100 毫米。冬季偶有降雪，持续时间短。无霜期限 290～300 天。

从植物区系上来看，肇兴为亚热带向热带过渡的地段，同时拥有热带树种——华南五针松、观光木（宰柳、萨岁山）等，以及亚热带的大量树种，属南亚热带植物区系。

二、绿化原则

（一）自然原则

肇兴侗寨作为一个民族村寨，一个农业村寨，寨内的绿化必须"道法自然"，遵从自然的、乡村的合理性，从根本上规避人工痕迹，从无序中体现有序，也就是说，要实现一种匠心的随意，匠心的自然。根据这一原则，肇兴寨内的绿化不能有任何的园林化趋向，不能刻意追求整齐、规整，避免列植、规整丛植等手法，不采用花台、花坛等园林手法，总之，要让人感觉这是地地道道的村寨，而不是公园。

（二）本地化原则

村寨的绿化是地方文化的重要组成部分。肇兴要打造成具有独特文化内涵的旅游村寨，必须全方位地考虑其文化独特性，包括绿化方式、绿化树种方面的独特性，必须使用当地乡土树种，尽量不要从外地引种，绝对不能使用核心商圈、主要商圈范围内的主要绿化树种。

（三）多样性原则

南亚热带的特点是植物树种繁多，因而作为南亚热带地区的民族村寨，其植被特点也应该是百花齐放、姹紫嫣红。根据这一原则，肇兴寨内的绿化，不能局限于几种树种，应尽量满足多样性的要求。

（四）实用性原则

肇兴侗寨，首先必须是一个侗寨，其次才是一个景区。侗寨的主体是侗族村民，绿化的着眼点也应该是侗族村民。树种的选择、绿化方式的设计，应以当地村民的要求为目标，有用于侗族村民，以村民的审美情趣为出发点。

（五）主要树种选择

主要乔木树种可选择：

南方红豆杉（*Taxus chinensis*），国家一级重点保护野生植物，黎平乡土树种，可在寨外旅游节点处孤植或丛植；

乐东拟单性木兰（*Parakmeria lotungensis*），可以寨内旅游节点处孤植或丛植，既作绿化树种，又作香源树种；

观光木（*Tsoongiodendron odorum*）我国特有的古老子遗树种，在贵州仅黎平、从江有分布，系优良的庭园观赏树种和行道树种，可在寨内旅游或景观节点丛植；

红豆树（*Ormosia hosiei*），又名花梨木，系国家二级珍稀濒危树种，肇兴的特色树种，可在寨外景观节点处丛植；

樟树（*Cinnamomum camphora*），国家二级重点保护野生植物，可在寨外景观节点处孤植或丛植；

栾树（*Koelreuteria paniculata*），春季嫩叶多为红色，而入秋叶变黄色，是理想的观赏树木。栾树是肇兴的乡土树种，可在寨外景观或旅游节点处列植或丛植，也可以寨内景观或旅游节点处丛植；

鹅掌楸（*Liriodendron chinense*），国家二级保护稀有树种，其叶奇特，秋季变黄，季相明显，系黎平乡土特色树种，可以寨外或寨内景观、旅游节点处丛植；

枫杨（*Pterocarya stenoptera*），系黎平乡土树种，河道绿化树种，可在不影响行洪的河床上丛植，或在河道两侧列植；

垂柳（*Salix babylonica*），系传统的河道绿化及庭园树种，可在河道景观节点处或保水塘边孤植或列植。

主要小乔木或灌木树种可选择：

慈竹（*Neosinocalamus affinis*），肇兴特色树种，可作河道或山体下部的绿化树种；

檵木（*Loropetalum chinensis*），春季赏花，夏季赏叶，季相变化较为明显。选择地径 10 厘米以上的老树桩，在寨内景观或旅游节点处丛植，表现肇兴的悠久历史和深厚的文化底蕴；

杜鹃（*Rhododendron simsii*），世界上最著名的花卉之一，黎平乡土树种，与继木一样，选择地径 10 厘米以上的老树桩，在寨内景观或旅游节点处丛植，表现肇兴的悠久历史和深厚的文化底蕴；

小叶女贞（*Ligustrum quihoui*），抗多种有毒气体，是优良的抗污染树种，是黎平乡土树种，可作为庭院绿篱树种或河道堤岸壁绿化树种；

栀子（*Gardenia jasminoides*），是侗家人常用的天然食品、工艺品染料，还是侗族草医用药物，其叶秋季变色，可作庭院绿化植物；

吴茱萸（*Fructus evodiae*），果实为侗家人食用牛羊瘟、烧鱼时的消毒用品，可作庭院绿化树种；

花椒（*Zanthoxylum bungeanum*），果实为侗家人常用佐料，可作庭院绿化，或在景观节点孤植或丛植；

大果红花油茶（*Camellia semiserrata*），树高 8 ～ 10 米，可观花、果，还可衬托、推介侗乡重要特产山茶油，可作庭院绿化，亦可以旅游、景观节点处孤植或丛植；

桃树（*Prunus persica*），我国著名的庭园树种，可观花观果，彰显侗乡"桃花源"的文化内涵。可作庭园绿化，亦可在旅游节点或景观节点丛植；

南天竹（*Nandina domestica*），树姿秀丽，翠绿扶疏。红果累累，圆润光洁，是常用的观叶、观果植物，无论地栽、盆栽还是制作盆景，都具有很高的观赏价值，可作河岸、水塘边点缀绿化。

藤本及草本植物可选择：

玉叶金花（*Mussaenda pubescens*），"玉叶"为白色变态叶，"金花"为花萼，具有较高的观赏价值，还可药用，可用堤岸或堡坎绿化植物；

金银花（*Lonicera confusa*），是著名的庭院花卉和药用植物，花叶俱美，

常绿不凋，适宜于作篱垣、阳台、绿廊、花架、凉棚等垂直绿化的材料，还可盆栽，既美化环境，又提高村民的收入；

三角梅（*Bougainvillea spectabilis*），三角梅花苞片大，色彩鲜艳如花，且持续时间长，宜庭园种植或盆栽观赏，可作寨内景观节点的高位绿化，孤植；

迎春花（*Jasminum nudirlorum*），以其在百花之中开花最早、花后即迎来百花齐放的春天而得名，与梅花、水仙和山茶花统称为"雪中四友"，是中国名贵花卉之一，可作为河岸壁绿化或景观节点高位绿化；

牛筋草（*Eleusine indica*），茎秆丛生，斜升或倒卧，有的近直立，抗压、耐践踏，生命力强，可作道路、广场或堤岸绿化草种；

菖蒲（*Irisen sata*），喜阳光充足，喜湿润及富含腐殖质的微酸性土壤，性耐寒，系黎平乡土植物，可作为池塘绿化植物；

荷花（*Nelumbo nucifera*），多年生水生植物，根茎（藕）肥大多节，横生于水底泥中，有"出污泥而不染"之誉，可作池塘绿化植物；

地衣（*Tyebouxia* 和 *Discomycetes*），多年生植物，是由1种真菌和1种藻组合的复合有机体，可作为河岸、塘岸或新砌堡坎的绿化材料。

三、绿化设计构想

（一）河道绿化

河床绿化。在河床宽阔、不影响行洪的河床地段，丛植或顺河岸列植枫杨或垂柳。

河岸绿化。在河岸开阔、不影响通行的地段，列植垂柳或丛植慈竹，河岸较窄处，丛植南天竹或小叶女贞。

河岸壁绿化。在寨内河道内不便绿化的河岸壁，用电钻穿透浆砌层直至实土，扦插小叶女贞、迎春花或种植金银花。

（二）池塘绿化

池塘绿化。在池塘角或沿岸，丛植或列植菖蒲。池塘中间，在不影响鼓楼倒影的位置，孤植或丛植荷花。

塘岸绿化。在宽阔且不影响视线的位置，丛植慈竹或孤植垂柳。对视线有特殊要求的位置，可丛植檵木树桩或杜鹃树桩。

塘岸壁绿化。可用地衣或耐水蕨类植物进行绿化，使生硬的新砌岸壁显得富有生机。

（三）道路及广场绿化

主街道绿化。为不影响摄影视线，宜在空旷地段孤植檵木树桩、大果红花油茶等小乔木或灌木树种。

寨外新建公路绿化。为了满足遮阴及掩饰的需要，宜种鹅掌楸、樟树、观光木、红豆树等乔木，道路堡坎壁宜种玉叶金花、或迎春花等植物，使其不显得生硬。

进寨步道绿化。为满足遮阴的需要，宜在河岸对面一侧开阔处植红豆杉、鹅掌楸等乔木。

步道路面绿化。可在石块间留足够的缝隙，充填泥土，再铺上本地特有的牛筋草草皮。

（四）庭院绿化

村民房前屋后，宜种植桃、花椒、吴茱萸、栀子等树种。

（五）节点绿化

景观节点绿化。为游客不能到达、但视线所及的重要位置，宜根据情况种植栾树、鹅掌楸、三角梅等树种。在侗寨风口位置，宜种植乐东拟性木兰、观光木等香源树种，以香化整个侗寨。

旅游节点绿化。旅游节点，即要考虑遮阴和美化等功能，寨外可考虑丛植或孤植红豆杉、鹅掌楸、观光木、红豆树等高大乔木，寨内则可考虑丛植慈竹、大果红花油茶、檵木等小乔木或灌木。

现有樟树、桂花等绿化植株，宜暂时保留，待设计植株成活并达绿化预期目标后，再有选择性地移走。对现有其他绿化植株，原则上应全部保留。对权属及管理方面，应注意庭院树种，或位于农户自有土地上的绿化植株，可考虑把产权无偿过渡给农户，由其全面管理。在公共用地上的绿化植株，则由景区经营、管理部门管理。

依山傍水的肇兴侗寨

第十五章

建立"侗族原生态文化保护与发展试验区"的构想

侗族在长期的历史发展过程中，创造出了绚丽的民族特色和地域特色文化。在研究中发掘的侗族原生态文化是独具特色、珍贵稀缺的文化遗产，具有巨大的保护价值。然而。这些具有原生性、唯一性、多样性的民族文化，正面临消失的危险。建立侗族原生态文化保护与发展试验区工作应当提上议事日程。

第一节　重要意义

从侗族生态文化的研究发掘中，我们将侗族生态文化的"珍宝"，归纳为十个方面：即："山、水、林、田、屋"（青山、绿水、森林、良田、木屋）、"鼓、桥、节、会、歌（鼓楼、花桥、节庆、坡会、大歌）。

山，就是青山。侗族地区青山连绵，群峦叠嶂。有了青山，不愁吃穿，青山是大自然赋予人类的财富之源。

水，就是绿水。侗族地区清泉汩汩，绿水长流。有了绿水，就能滋养万物，使生命迸发无限活力。

林，就是森林。侗族地区森林茂密，树木葱茏。有了森林，万物就有了庇护所，就能繁衍生息。

田，就是良田。侗族地区依山而建的千万亩良田，既是世代先民顽强生存的历史见证，也是至今人们生存发展的衣食之源。

屋，就是木屋。侗族地区以木材起房造屋，木结构房屋遍布侗乡，这种广泛使用可再生建筑材料的生活方式，符合绿色发展的方向。

鼓，就是鼓楼。侗族地区村寨的标志和聚会的场所，其独特的造型、迥异的风格、精湛的木工技艺堪称民族瑰宝。

桥，就是花桥。侗族地区艺术化的交通纽带，人与山水和谐的象征，其精巧的工艺、独特的造型，是又一民族瑰宝。

节，就是节庆。侗族地区节庆活动丰富，几乎月月都有节，沉淀了悠久的历史文化，色彩斑斓，反映了侗族的多彩文化和侗人乐观向上的精神。

会，就是坡会。侗族地区以游山对歌、互赠订物的约会方式，传递爱情、结交友情、是民间有着历史积淀的独特生活活动。

歌，就是侗族大歌。是世界文化遗产，我国传统文艺的精华之一。被认为是"清泉般闪光的音乐，掠过古梦边缘的旋律"。

这十项珍宝，是侗族地区最有代表性的地理和文化标志，是人类的共同遗产。但是目前很多珍宝濒临消失，需要各方联合行动，加以保护，防止宝贵的文化多样性丧失。

第二节　保护试验的区域范围

"侗族原生态文化保护与发展试验区"是综合性、跨行业、跨区域的保护试验区，以侗族集中聚集地区为保护区域。可在贵州黔东南苗族侗族自治州的凯里、黎平、锦屏、天柱雷山、从江台江、剑河、榕江、三穗、镇远等县；黔南苗族布依族自治州的都匀、独山、三都、荔波等县，湖南怀化的芷江、新晃、通道、靖州、会同、绥宁、洞口、城步等县；广西桂林、柳州的三江、龙胜、融安、罗城、融水等县；湖北鄂西的宣恩、恩施、利川、咸丰等地，选择一定区域，或以地州为单元，或以县市为单元，建立具有高保护和试验价值、分别具备不同保护内容的"侗族原生态文化保护试验区"。

建立"侗族原生态文化保护与发展试验区"的目的是保护侗区的青山绿水，遏制生态破坏；保护具有历史印迹的耕作传统（如山水梯田）和生态制度，防止文明传统消失；保护具有一定先进内容的生活居住方式（如木结构用房），防止逆向演变；保护优秀的传统文化和习俗，防止文化遗产丢失。同时，开展原生态文化改造试验示范，即在保留其最有价值的部分的同时，改造其不适宜部分或落后的部分。

第三节　保护试验的重点内容

保护重点是具有侗族原生态文化地理标志和文化标志的内容，即本书归纳为十大珍宝的"山、水、林、田、屋，鼓、桥、节、会、歌"，即是：青山、绿水、森林、良田、木屋、鼓楼、花桥、节庆、坡会、大歌。

主要内容是：让优秀传统文化获得新生和活力。即对侗族具有悠久历史传统的原生态文化进行深度研究和挖掘，充分发挥其对侗族地区经济发展的作用。具体保护试验内容有以下几个方面：①侗族村寨人与山水和谐的传统弘扬与现代化改造；②侗族木结构用房的保护与现代民居改善；③侗族山水林田屋和谐一体的自然景观保护；④侗区稻田四季蓄水的耕作传统保护与现代耕作制度试验；⑤稻、鱼、鸭共生的农田生态系统的保持与维持；⑥侗族地区的自然

生态保护与生物多样性保持；⑦侗族地区生态建设与产业协调发展试验；⑧侗族地区木结构标志性建筑保护和生态文化符号（如古树）保护；⑨侗族山水和谐的文化载体（大歌、节庆）保护和发展。⑩侗族地区天然产品与有机农业发展试验。

第四节　保护试验的政策与组织实施

一、政策理念

侗族地区开发较晚，经济发展滞后，如果经济长期得不到发展，就没有能力实现对文化的保护和传承，相反，侗族地区经济发展了，就能更好地弘扬传统文化，让经济、社会、文化协调发展。侗族地区森林茂密，山清水秀，气候温和，雨量充沛，自然风光秀丽，大力发展以生态为依托的生态农业、生态工业、生态旅游业，生态服务业，是形成区域特色经济，促进经济社会发展的"王牌"，有了这张王牌，产品就具备强大的竞争力，就能进入大城市，进入国际市场，提升创造价值。在发展侗族地区的经济中，关键是树立三个理念。

第一，树立生态是资源、生态是商品、生态是优势的观念。在产业、产品，生产、生活上，打出生态品牌，形成独特的竞争优势。应立足生态资源、基因资源，景观资源，气候资源的优势，大力宣传优美的生态环境，标志性生态品牌商标，通过建设若干无农药、无化肥绿色食品、有机食品供应带，旅游休闲观光带、高端工业原料基地等，引导生态经济快速发展。

第二，树立民族文化是资源，是优势的观念。大力发展民族文化产业、民族旅游产业、民族特色商品。要以民族文化品牌为载体，为经济社会繁荣发展搭建各种平台。例如，侗族每个月都有节日，这是来自民间具有历史传统的活动，它远比现在很多地方"人造"节日更有生命力，如果把这些节日的文化内涵和地方经济发展、第三产业结合起来，大力发展旅游、会展等经济，将迸发出强大的生命力。

第三，树立跨越式发展的观念，走绿色发展的道路。作为西部具有生态资源、后发优势的区域发展，不应盲目模仿其他地区的发展模式，处处办工厂、到处冒黑烟，完全可以走自己的发展道路。例如，可以借助侗族地区建成支线机场、干线公路的机遇，大力发展"临空经济"（利用直线机场快捷到达的优势发展各种服务业）；利用侗区生态良好、空气清新、山水宜人的优势大力发

侗寨

展"绿色经济";吸引国内外客人，发展旅游观光、展览展示、宜居房地产业，休闲服务业，体验服务业，高端设计业等"会展经济"，办成"珠江三角洲"的后花园。也可以为工业化提供贸易服务，充当工业的基础和链条。总之，要以提高第三产业的比重为突破口，构建绿色产业优势，跨越"冒黑烟"的原始工业阶段，实现绿色发展。

二、政策内容

要在保护试验中，发挥政策的激励、导向作用，可以考虑在以下几方面进行试验。

（1）扶持侗族山水村寨建设。在新农村建设中扶持人与山水和谐的传统侗寨建设。并积极探索在村寨建设中保留传统风格基础之上的现代化改造。使依山傍水、融入自然的村寨色彩更浓郁，为侗族地区的山水旅游开发奠定基础。

（2）制定保护和鼓励木质民居政策。为保留现在的木质结构侗族民居，应大力宣传和引导木质民居建设，鼓励使用木材作为建筑材料，刺激造林营林和木材使用，节制水泥、砖石建筑。

（3）出台四季水稻田生态补偿政策。鉴于四季水稻田作为人工湿地的重要作用，政府对耕种四季水稻田的农户，按面积给予每亩 200 ～ 500 元的政策补贴。鼓励农户保留传统耕作方式，保护侗区的自然生态环境。

（4）加强天然林保护和自然保护区建设。严格保护侗区的天然林，对具有保护价值的野生动物、植物和各种生态系统，濒临灭绝的物种、生态系统和生物遗传资源，加大保护力度，切实保护生物多样性。

（5）鼓励退耕还林和生态建设。对 25 度以上坡耕地加大退耕力度，积极争取国家退耕指标，加强对生态脆弱地区的生态恢复，加强对原生植被的恢复，出台扶持和补助政策。

（6）支持开展侗族地区生态网络监测实验。加强侗族聚集区生态区域观测、数据收集，加强生态定位网络站建设，定期观测和收集生态数据，掌握生态动态变化情况。

（7）支持农田生态系统现代科学试验研究。对四季蓄水的山地水田，具有优秀特色的稻鱼鸭共生系统，与有机农业、生态农业和绿食品基地等结合起来，开展农学、生态学等研究试验。

（8）引导和发展新型产业。鼓励发展"节会经济"（利用民族节日举办的

侗族村寨的禾仓

活动），刺激第三产业；鼓励发展体验经济（利用生态环境优势发展的愉悦身心的休闲保健或探险等活动经济），带动服务业；鼓励发展"临空经济"（利用直线机场直飞小城市的优势发展的高端产业），刺激高端服务业发展。

三、组织实施

建立保护试验区区域组织机构和科技支撑机构。根据侗族聚集区的范围，由贵州、广西、湖南、湖北四省区人民政府组成"侗族原生态文化保护与发展试验区合作共建领导小组和办公室"，领导保护试验工作。由中国林业科学院、中国农业科学院、中国社会科学院和有关高校科研机构的专家，组成科技支撑专家团，对保护试验进行科学指导。四省区地州、县的有关部门共同组织实施。

参考文献

1. 余谋昌 . 环境哲学：生态文明的理论基础 [M]. 北京：中国环境科学出版社 2010.

2. 蒋高明 . 中国生态环境危急 [M]. 海口：海南出版社，2011.

3. 廖国强，何明，袁国友 . 中国少数民族生态文化研究 [M]. 昆明：云南人民出版社，2006.

4.《侗族简史》编写组 . 侗族简史 [M]. 贵阳：贵州人民出版社，1985.

5. 冼光位 . 邓敏文，杨进铨总撰 . 侗族通览 [M]. 南宁：广西人民出版社，1995.

6. 张人位，邓敏文，杨权，龙玉成 . 侗族文学史 [M]. 贵阳：贵州民族出版社，1988.

7. 杨权，郑国乔整理、译注 . 侗族史诗——起源之歌（1—4 卷）[M]. 沈阳：辽宁人民出版社，1988 年 .

8. 邓敏文，吴浩 . 没有国王的王国——侗款研究 [M]. 北京：中国社会科学出版社，1995.

9. 湖南少数民族古籍办公室 . 杨锡光，杨锡，吴治德整理译释 . 侗款 [M]. 长沙：岳麓书社，1988.

10. 黔东南苗族侗族自治州文艺研究室，贵州民间文艺研究会 . 侗族祖先哪里来 [M]. 贵阳：贵州人民出版社，1981.

11. 侗族文学资料（第五集）. 贵州省民间文艺家协会编印，1986.

12. 竹坪村志 . 贵州省黎平县岩洞镇竹坪村党支部、村委会、老人协会编印，2009.

13. 廖君湘 . 南部侗族传统文化特点研究 [M]. 北京：民族出版社，2009.

14. 黎平县志编纂委员会 . 黎平县志 [M]. 贵阳：贵州人民出版社，2009.

15. 刘雁翎 . 贵州侗族环境习惯法渊源研究 [J]. 西南政法大学学报，2009.

16. 何丽芳，黎玉才 . 侗族传统文化的环境价值观 [J]. 湖南林业科技，2004，31（4）.

17. 江泽慧 . 中国生态文化的内涵与方向 // 生态文明建设理论与实践 [M]. 北京：中国林业出版社，2009.

18. 余达忠侗族村落环境的文化意蕴 . 黎平县远程教育，2009-7-3.

19. 闵庆文，张丹 . 侗族禁忌文化的生态学解读 [J]. 地理研究，2008（6）.

20. 何丽芳，黎玉才 . 侗族传统文化的环境价值观 [J]. 湖南林业科技,2004（4）.

21. 罗康隆. 侗族传统社会习惯法对森林资源的保护 [J]. 生态环境人类学通讯，2006（3）.

22. 潘盛之. 论侗族传统文化与侗族人工林业的形成 [J]. 贵州民族学院学报，2001（1）.

23. 杨政熙. 侗族古树崇拜文化探析 [J]. 侗族，2006-1-20.

24. 周志光. 侗款文化：黎平民族文化的一个新亮点 [N]. 黔东南日报，2009-9-30.

25. 杨昌岩，裴朝锡，龙春林. 侗族传统文化与生物多样性关系初识 [J]. 生物多样性，1995（1）.

26. 张文真. 侗族"打标"文化解码 [J]. 锦屏家园网，2010-04-27.

后 记

　　我自小在侗族聚集区的贵州黎平出生长大，直到以后上大学离开家乡到京工作。对侗族聚集区的地理环境、文化习俗、风土民情等有着天然的亲切感。

　　研究侗族生态文化，探究其中丰富的自然科学与社会人文科学思想，是我长期以来的一个愿望。这个想法是基于我对家乡的感情和热爱，基于长期以来对侗区发展和外界发展的对比观察，基于对侗族习俗和文化现象的再认识，以及对当今中国与世界发展现象的一些思考。侗族主要分布在湘、黔、桂三省吡邻地区，具有相对独特的社会历史背景，相对独立的地理环境，富有特色的人文习俗。侗族聚集区是中国南北文化和东西文化的交汇处和结合部，传统文化发达，人文荟萃。远在春秋战国时期，大诗人屈原就被流放到今湘西南的湘沅一带，并在其名篇《楚辞》中对此地有过描述。后来考证资料，方知侗族是古代越人的后裔，其先民从古越国迁徙至此，在历史上没有建立过自己的独立政权，各支系之间没有发生过相互争战，所以，这一地区很少受到战争烽火的摧残，流动人口不多，商品经济也不发达，直至20世纪末，这一地区自给自足的自然经济，仍然居于社会经济的主导地位。这种相对封闭的发展历史使得侗族保留了古代先民，特别是前秦时期的耕作和生活习俗，蕴藏在其中的生态文化历史积淀深厚，博大精深，具有极大的研究价值，很多都可称为予遗的文化遗产。仅举饮食文化为例，我们自小食用的一些传统食品，如"稻田鱼"（有的称为"禾花鱼"）、"牛瘪"、"乌米饭"、"甜藤粑粑"（三月粑）、"腌鱼"、"打油茶"等极富特色的侗族菜肴和食品，其分布范围超不过几百平方公里，其工艺独特，富有奇特的原生态意蕴，用现在的生活观点看，其天然价值非"绿色食品"所能概括。我到东亚、东南亚一些国家考察，常常发现侗族的某些生产生活习俗与其有某些相似之处。这愈发使得我对习以为常的侗族文化产生探究的兴趣。

侗族文化虽然神奇，但由于历史的种种原因，侗族地区经济社会发展至今相对滞后，人民生活水准较低，与外面差距加大，侗区发展面临着发展道路与模式的艰难选择。今后侗乡发展需要从根本上关注的，就是既要提高民族地区经济发展水平，实现与全国同步，又要保护好侗乡的青山绿水，传承好优秀的传统文化。我们欣喜地发现，侗乡之所以山清水秀，之所以神奇美丽，与许多优秀的传统文化密不可分，今后如果把这一独特优势发挥了，就既能使后发地区经济发展获得制胜的法宝，又能避免走在发展中破坏环境的老路。从这个意义上讲，研究侗族生态文化意义是深远的。因此，我和中国社会科学院邓敏文研究员合作，共同推敲侗族生态文化研究的框架和内容，我们从侗族聚集区的生态环境入手，考察发掘了侗民族的风土民情，生活习俗，居住习惯，生产方式，民间规约等文化现象，并进一步挖掘其原始信仰、道德意识、价值观念等深层次意识文化，完成了这部学术专著。邓敏文研究员主要从事少数民族文化研究，是我国著名的侗族专家学者。他治学严谨，长期在侗族地区研究考察，奉献了自己的研究心血。我们的合作形成了这部仍不成熟、但毕竟为今后进一步研究奠定了一定基础的书作。

　　本书从第一章至第十二章，以及第十五章是侗族生态文化的主体内容，由我和邓敏文先生研究撰稿。第十三章、第十四章是专题研究和田野调查，由贵州黎平的专家完成，我根据本书的形式修改收录。具体作者情况是：第十三章第一节为吴定国、吴家宁；第二节为吴化明、桂凤春；第三节为吴定国；第四节为陈应发；第五节为杨正熙；第六节为郑惠民、吴兴文；第七节为宋维安、杨正熙。第十四章第一节为粟仕奎、吴运辉；第二节为李孝柱、肖金城、杨祖华；第三节为欧平祥、石会昌；第四节为粟仕奎 吴运辉；第五节为杨祖华；第六节为吴定国；第七节为宋维安、杨正熙；第八节为吴明通、杨祖华。本书摄影为陈幸良、邓敏文、杨祖华、吴

定国、赵永正、石光瑞、吴远模、陈本良、陈德胜。

本研究是我应聘担任华东师范大学、中国社会科学院农村发展研究所等共同创设的"农村改革发展协同创新中心"首席专家的首批研究成果。国家林业局公益性行业科研专项"南方集体林改后森林资源变化监测和评价技术研究及示范（2010432）"给予了资助。研究中得到了各位学界前辈和同仁的支持帮助。尹伟伦院士对研究工作给予了指导，并专门为本书作序；莫章海、杨俊、杨胜勇、闵启华、唐浩、刘青、涂刚、周辉、吴远亮、石庆茂、吴远章等领导和同仁对本研究给予了大力支持；中国林业出版社的同事们为本书付梓付出了辛勤劳动，在此一并致谢。

陈幸良

2013 年 11 月

图书在版编目（ＣＩＰ）数据

中国侗族生态文化研究 / 陈幸良，邓敏文著．
-- 北京：中国林业出版社，2013.11
 ISBN 978-7-5038-7236-5

Ⅰ．①中… Ⅱ．①陈… ②邓… Ⅲ．①侗族－文化生态学－研究－中国
Ⅳ．① K287.2

中国版本图书馆 CIP 数据核字（2013）第 246602 号

责任编辑：于界芬

出　　版　中国林业出版社（100009 北京西城区德内大街刘海胡同 7 号）
网　　址　www.cfph.com.cn
E-mail　cfphz@public.bta.net.cn　电　话　（010）8322 4477
发　　行　中国林业出版社
印　　刷　北京卡乐富印刷有限公司
版　　次　2014 年 1 月第 1 版
印　　次　2014 年 1 月第 1 次
开　　本　787mm×1092mm　1/16
印　　张　18.75
字　　数　338 千字
定　　价　68.00 元